ro
ro
ro

Zu diesem Buch

München, 8. November 1939: Alles war sorgfältig vorbereitet. In dreißig Nächten hatte Georg Elser in dem Pfeiler hinter dem Rednerpodium eine Bombe installiert. Doch kurz bevor sie explodierte, hatte Hitler, früher als vorgesehen, den Bürgerbräukeller verlassen. Der Attentäter wird verhaftet.

«Die von mir angestellten Betrachtungen zeigten das Ergebnis, daß die Verhältnisse in Deutschland nur durch eine Beseitigung der augenblicklichen Führung geändert werden könnten.»
Georg Elser, nach dem Verhörprotokoll der Gestapo Berlin

Der Autor

Hellmut G. Haasis, geb. 1942 in Mühlacker, studierte Theologie, Geschichte, Soziologie und Politik. Nach dem theologischen Examen politischer Publizist, Verleger und Rundfunkautor. Thaddäus-Troll-Preis, Schubart-Preis, Civis-Preis. Ebenfalls vom Autor im Rowohlt Verlag erschienen: «Joseph Süß Oppenheimer, genannt Jud Süß. Finanzier, Freidenker, Justizopfer» (rosach 61133).

Hellmut G. Haasis

«Den Hitler jag' ich in die Luft»

Der Attentäter Georg Elser
Eine Biographie

Rowohlt Taschenbuch Verlag

Veröffentlicht im Rowohlt Taschenbuch
Verlag GmbH, Reinbek bei Hamburg,
März 2001
Copyright © 1999 by
Rowohlt · Berlin Verlag GmbH, Berlin
Alle Rechte vorbehalten
Lektorat Wolfgang Müller
Umschlaggestaltung Walter Hellmann
(Foto: Ullstein Bilderdienst)
Gesamtherstellung Clausen & Bosse, Leck
Printed in Germany
ISBN 3 499 61130 9

Inhalt

1 Hitler spricht
unter der tickenden Bombe

Wie seit einigen Jahren üblich versammelten sich am 8. November 1939 ab 6 Uhr nachmittags die «Alten Kämpfer» im Münchner Bürgerbräukeller; eintausendfünfhundert waren diesmal gekommen. Wenigstens einmal im Jahr durften sich die ansonsten machtlosen Putschisten von 1923 feiern lassen. Früher dominierte im Saal das Braun der SA, jetzt sah man vorwiegend das Feldgrau der Soldaten. Denn seit dem 1. September 1939 stand Deutschland im Krieg. Die meisten Teilnehmer der Traditionsfeier waren zum Militär eingezogen, heute abend hatten sie Urlaub. Auf dem Podium, an der Stirnseite des Raumes, spielte Marschmusik. Im Saal standen Wirtshaustische, auf ihnen viele Bierkrüge. Nur an den roten Nazifahnen war zu erkennen, daß es sich hier nicht um eines der üblichen Bierfeste handelte.

Bereits seit Wochen war fremde Literatur auf die Deutschen niedergeflattert, von Ballons transportiert oder von Flugzeugen abgeworfen: englische und französische Flugschriften. Deren Lektüre galt als gefährlich, die Gestapo ließ Schulklassen die Blätter einsammeln und abliefern. Im Oktober 1939 kam eine Flugschrift aus England: «Herr Hitler wies alle Friedensvorschläge zurück, bis er Polen überwältigt hatte, so wie er voher die Tschechoslowakei zugrunde richtete. Friedensbedingungen, die davon ausgehen, Angriffshandlungen gutzuheißen, können unmöglich annehmbar sein. Die in der Rede des deutschen Reichskanzlers enthaltenen Vorschläge sind in hohem Maße unklar und unbestimmt.»

Die Folgerung: «Die Erfahrung hat gelehrt, daß auf die Versprechungen der gegenwärtigen deutschen Regierung kein Verlaß ist.» So bleibe nur eines: Deutschland müsse einen «überzeugenden Beweis seines Friedenswillens» liefern oder die Briten hätten ihre Pflicht zu erfüllen – gemeint war der Krieg gegen Nazideutschland. Am Ende: «Deutschland hat die Wahl!»

Die im Bürgerbräukeller versammelten «Kämpfer» hatten ihre Wahl schon 1923 getroffen: Krieg gegen die Demokratie und den Rest Europas. Und die Nazigesellschaft insgesamt war weit entfernt von der Sorge um den Frieden. Propagandaminister Joseph Goebbels notierte zum 5. November 1939 in sein Tagebuch: «In der Politik herrscht absolute Ruhe. Aber das ist wahrscheinlich die Ruhe vor dem Sturm. Man findet nicht einmal mehr sonderliches Material zur Polemik.»

Bei einem Treffen mit Hitler kurz darauf bekam Goebbels jedoch ein Ziel gesteckt: «Er [Hitler] ist der Meinung, daß England einen k.o. Hieb bekommen muß. Das stimmt auch. Englands Macht ist einfach nur noch ein Mythos, keine Realität mehr. Umsomehr muß der zerschlagen werden. Eher gibt es in der Welt keine Ruhe.» Nachdem Hitler sein erstes großes Ziel, die Revision des Versailler Friedensvertrages von 1919, erreicht hatte, schwebte ihm jetzt ein umfassenderes Ziel vor, wie er Goebbels anvertraute: «Vielleicht gelingt es dem Führer, eher als wir alle denken, den Westfälischen Frieden zu annullieren. Damit wäre dann sein geschichtliches Leben gekrönt.» Beseitigung der Konfessionsspaltung, Neuaufteilung Europas unter der Hegemonie eines weitausgreifenden Deutschen Reichs, eine wahnsinnige Spekulation.

Am 7. November traf Goebbels die neblige Stimmung des Regimes: «Im ganzen Land gehen die tollsten Gerüchte um, was nun geschehen wird.» Gerüchte waren ein wesentliches Merkmal der manipulierten NS-Öffentlichkeit, in der niemand mehr wußte, was da eigentlich Propaganda war und was keine. Selbst Goebbels traute den SD-Berichten immer weniger.

Am Tag darauf flog Goebbels mit Hitler nach München. Während Hitler der mitreisenden Sekretärin seine Münchner Rede diktierte, las Goebbels das Drehbuch des antisemitischen Hetzfilms «Jud Süß» von Veit Harlan.

Hitler stieg in seiner Münchner Wohnung ab, besuchte später ein Café und betrat Punkt 20 Uhr den Bürgerbräukeller. Normalerweise wäre er um halb neun gekommen, dem historisch richtigen Zeitpunkt: Am 8. November 1923 hatte er genau zu dieser Uhrzeit mit seinen schwerbewaffneten Putschisten die Versammlung des bayrischen Kabinetts im Bürgerbräukeller gestürmt. Wie ein Westernheld war er mit gezogener Pistole in den Saal und ans Podium gestürzt, hatte in die Luft geschossen und die «nationale Revolution» ausgerufen. Seit 1933 beschwor er dann jedes Jahr zu gleicher Zeit am gleichen Ort in einer Art Parteigottesdienst die braune «Revolution» mit einer zweistündigen Rede. Heute mußte das Parteivolk allerdings mit der halben Redezeit vorliebnehmen, ohne daß jemand offiziell die Kürzung erklärt hätte.

Wegen des unmittelbar bevorstehenden Frankreich-Feldzuges wollte Hitler rasch wieder in Berlin sein, die Wetterlage war jedoch unsicher, und sein Privatpilot Hans Baur rechnete mit Nebel. Aller Voraussicht nach hätte Hitler am nächsten Morgen nicht das Flugzeug nehmen können. Die Eisenbahnverwaltung sah nur eine Möglichkeit, Hitlers Sonderzug in den Fahrplan einzuschieben: Abfahrt am selben Abend um 21.31 Uhr. Hitler mußte mit seinem Gefolge pünktlich am Bahnhof sein. Er beugte sich dem Fahrplan und legte seine Rede nur auf eine Stunde Dauer an.

Als er mit seinem Gefolge eintrifft, wird ihm die «Blutfahne» vorangetragen, auf der 1923 beim Putsch einige von Polizeischützen Getroffene Blut vergossen haben sollen. Dieses Tuch genoß kultisches Ansehen, jede neue Parteifahne gewann erst durch die Berührung mit dieser «heiligen Fahne» selbst heiligen Charakter.

Hinter Hitler folgt die Parteiprominenz, von der obersten Führungsetage fehlen nur Göring und Himmler, immerhin sind Goebbels, Heydrich, Heß, Ley, Rosenberg, Streicher, Frank und Esser anwesend. Christian Weber, als einer der Marschierer von 1923 bei den Gedenkmärschen am 9. November immer mit an der Spitze, NSDAP-Stadtrat in München, begrüßt Hitler auf krachlederne Art: stockend, unbeholfen, sprachlich grauenvoll, mit einer unfreiwilligen Komik, wie sie sich aus dem Zusammenprall von hohem Sendungsgefühl und einfachem Bierfest ergeben muß.

«Mein Führer, wir sind heute wiederum zum Appell angetreten» – in Wirklichkeit sitzen alle vor ihren Bierkrügen – «an den Tag oder an die Taten der Erinnerung 8./9. November 1923.» Wie? Was? Weber kommt ins Schleudern, er hat sich auf eine freie Rede eingelassen – das Unglück nimmt seinen Lauf: «Heute erübrigt sich alles.» Was denn? Er geht gleich weiter, weil ihm nichts mehr einfällt. «Sie sehen, mein Führer, daß unsere Herzen sprechen.» Er will sich fangen durch Wiederholung, spricht nochmals vom «Appell», zu dem Hitler «hierher geeilt» sei, und dankt «von ganzem Herzen». Eine sechsfache Welle von Heilrufen läßt den Saal erzittern. Alle stehen auf: erneut dreifaches «Heil». Dann will Weber dasselbe noch einmal inszenieren, brüllt «Sieg» voraus, aber im Nu hat ihn der Saal überholt und antwortet dreimal gleichzeitig mit «Heil». Der Choreffekt ist versaut.

Nun ist das Rednerpult vor dem mittleren Pfeiler, dem tragenden des ganzen Saales, frei für Hitler. Der senkt seinen Blick auf das mitgebrachte Manuskript, das vorher an ausgewählte Journalisten verteilt worden ist und vollständig im «Völkischen Beobachter» abgedruckt wird. In Wirklichkeit hält sich Hitler allerdings häufig nicht an den Wortlaut seiner Manuskripte, authentisch ist also nur die Tonaufnahme im Deutschen Rundfunkarchiv.

Hitler spricht anfangs stockend, nicht selten mit Pausen an den falschen Stellen. Dahinter steckt Absicht: Er will den Saal erst später aufkochen, denn er weiß, wenn der Beifall einmal anfängt, gibt es kein Halten mehr. Mit langweiliger Stimme deutet er seinem dressierten Publikum an, es habe noch nicht zu applaudieren. Von An-

Schlußszene der Ansprache Hitlers im Bürgerbräukeller
am 8. November 1939. Die Hakenkreuzfahne hinter Hitler verdeckt
die Säule mit der Bombe.

fang an herrschen bei ihm Stilmittel bescheidener Sprachkunst: Pleonasmus, Wiederholung, Unkonkretheit bis zum Gefasel.

Gleich der erste Satz kommt aufgeblasen daher, dieser Charakter wird sich nicht mehr verlieren: Er, Hitler, wolle heute «die Erinnerung an einen Tag erleben, der für uns von großer Bedeutung war». Eigentlich würde das reichen, aber weil Hitler so sehr von der Masse begeistert ist, schiebt er überflüssigerweise noch einiges dazwischen: «der für uns, für die Bewegung und damit für das ganze Volk von großer Bedeutung war». So kann er Zeit und Wirkung schinden.

Wir sind mitten in einer religiösen Veranstaltung: Der Prediger, durch Goebbels zum Messias des geknechteten deutschen Volks stilisiert, braucht das Heilsereignis nur anzutippen, die Gläubigen verstehen schon. Konkrete Beschreibung, wie der Putsch 1923 ablief, würde die Weihe des Augenblicks nur stören. «Es war ein schwerer Entschluß, den ich damals fassen mußte» – so im Manuskript, nichts über die Mitkämpfer, die hier vor Hitler sitzen und genau wissen, daß er nicht der einzige gewesen war. Am Rednerpult kommen Hitler offenbar Skrupel, frei fügt er hinzu «und mit einer Reihe anderer Kameraden auch zur Durchführung brachte». Es könnte weitergehen, aber das Ritual verlangt weihevolle Vertiefung, am einfachsten durch Wiederholung: «ein schwerer Entschluß, der aber gewagt werden mußte».

Um die Gegenwart in ihrem Glanz herauszuputzen, schildert Hitler zuerst das Negative: «Eine furchtbare Katastrophe war über unser Volk hereingebrochen.» Die Niederlage 1918? Mitnichten, sondern der aufgezwungene Krieg. Von Kriegsschuld keine Rede, höchstens von der Schuld, nicht alles für die «nationale Stärkung» getan und den Krieg zu spät begonnen zu haben. Um die Ursache des Kriegsausbruches von 1914 sprachlich zu verschleiern, versucht sich Hitler in einer halsbrecherischen Logik: Deutschland habe sich zum «Kriege hineinreißen lassen müssen.» Er ist sich bewußt, wie komisch das «müssen» hinterherhinkt, und wirft sich deshalb salbungsvoll mit der ganzen Wucht seiner Stimme hinein.

Ab jetzt gerät der Redeaufbau durche̶   ̶ꝺer. Hitler ̶
ziativ über auf die Gegner, will deren Schuld an den Weltᵣ
mit beweisen, daß er sie als «dieselben Kräfte» tituliert. Sie ̶
den Krieg gegen Deutschland an «mit den gleichen Phrasen u ̶
den gleichen Lügen». Die Niederlage von 1918 war gar keine, nur
ein raffiniertes Manöver der Gegenseite. Nicht einmal auf die Legende vom «Dolchstoß» der Heimat in den Rücken des Heeres
braucht Hitler zurückzugreifen: «Es hat einer großen Lüge bedurft, um
unserem Volk die Waffen zu stehlen.» Die Armeen sind wohl bloß
durch eine Lüge besiegt worden. Engländer und Franzosen hätten
die Deutschen «nicht auf dem Felde niedergezwungen».

Hier taucht Hitlers extremer Voluntarismus auf, auch materielle
Geschichte glaubt er einfach durch eine Willensanstrengung aufhe-
ben zu können. Es dämmert die verheerende Konsequenz für den
Fall der erneuten Niederlage herauf: Deutschland ist im Feld sowieso
unbesiegbar, der eigentliche Kampf findet im Willensbereich statt.
Logische Konsequenz: Das eigene Land wird er am Ende völlig preis-
geben, bis zur Vernichtung.

Wieder springt Hitlers Assoziation weiter, mitten im Abschnitt.
Woher er sein «großes Selbstvertrauen» habe? Nun ist Hitler ganz
bei seinen Veteranen, bei den Soldaten, die vor ihm sitzen, er wärmt
sie und treibt sie zugleich in den Tod. Sein Selbstvertrauen habe er
«im Felde selbst gewonnen». Der Tod wird zum großen Freund. Kein
Gegner war den deutschen Soldaten je überlegen. Warum? Wieder
aus Gründen des Willens: «Weder Franzosen noch Engländer hatten
mehr Mut, hatten mehr Todeskraft aufgebracht als der deutsche Sol-
dat!»

Der rote Faden ist dem Redner endgültig entglitten, deshalb wiederholt er sich. Nun staut sich aber im Publikum Dampf an, den es
gewohnt ist, im Beifall abzulassen. Als Hitler erstmals nebenbei sagt,
heute stehe «eine andere Regierung» als 1914 Herrn Churchill gegenüber, bricht gegen seine Stimmregie Beifall durch. Das Publikum
erleichtert sich und feiert sich zugleich als die Regierungspartei.

Der Bann ist gebrochen, ab jetzt durchziehen Lachsalven und Beifallsstürme die Rede, innerhalb der restlichen 50 Minuten 63mal, durchschnittlich etwa alle 45 Sekunden. Hitler kommt in Fahrt, es tut ihm gut, von seinem Parteivolk mit Beifall überholt zu werden. Sein Ton wird leichter, er setzt Ironie bis Sarkasmus ein, zeigt seine schauspielerischen Fähigkeiten. Streckenweise macht er aus dem Bürgerbräukeller einen Kabarettsaal, freilich einen bayerischen. Von den Gegnern Deutschlands kommt nur England in Sicht. Hitler scheint nicht so recht klar zu sein, daß er einen Weltkrieg vom Zaun gebrochen hat. England wird der Lächerlichkeit preisgegeben, das Publikum freut sich. Heiterkeit und Bierseligkeit begrüßen den Krieg.

Immer wieder kehrt Hitler zum Ersten Weltkrieg zurück, dann zum demütigenden Versailler Vertrag. Wenn es um Englands Größe dank der Kolonien geht, wird er dramatisch, redet schneller, schreit immer lauter. Das Publikum versteht: Der Beifall kommt häufiger, innerhalb einer Minute gleich viermal. Hitler gibt seine dauernden Wortbrüche als Retourkutsche nach England zurück, nur zu England könne er kein Vertrauen haben.

Hitler hüpft hin und her, überläßt sich seiner Laune, eine klare Linie ist schon lange verloren. Er kehrt zurück zu Deutschlands Katastrophe, anfangs verstand er den Kriegsausbruch darunter, jetzt die Nachkriegszeit. Die Niederlage begreift er nur im Rahmen nationaler Ausdehnung: Verlust der Kolonien, des Handels, der Kriegsflotte, von Territorien, von Besitz durch Kontributionen. Das gefühlsduselige Fazit: «Man hat uns in das tiefste Elend gestoßen.» Eine ideale Chance, seine Partei ins Spiel zu bringen: «Und aus diesem Elend ist die nationalsozialistische Bewegung gekommen.» Daß seine Partei erst in der Weltwirtschaftskrise 1929 vielen verunsicherten und aufgehetzten Bürgern als Stohhalm gegen die Linke vorkam, verwischt Hitler mit der Einordnung seiner «Bewegung» in eine Heilsgeschichte.

Mit einem Schlag ist Deutschland Weltmacht. Wenn Hitler seine aktuelle diplomatische Auseinandersetzung mit England anspricht, offenbart die Sprache seinen geistigen Scherbenhaufen: «Unsere ganze Zielsetzung war eine einzige Beschränkung der deutschen Politik im Sinne der Ermöglichung der Herbeiführung einer Verständigung mit England.» Man spürt, etwas Reelles steht nicht hinter diesen Gedankenfetzen. Die «Verständigung» mit Rußland sollte zeigen, was Hitler darunter verstand: Ruhepause und Rüstung bis zum Überfall.

Die zunehmende Lautstärke Hitlers kündigt an, daß ein Nerv seines Machtkomplexes bloßliegt. Er brüllt, wenn es um einen Gewaltverzicht geht – und nennt ihn verfälschend «Lebensverzicht». Leben kann er sich nur als ständigen Kampf vorstellen, als ununterbrochene Serie von Gewaltakten. Deshalb will er «das Leben» des deutschen Volkes «durchsetzen».

Hier bricht Hitlers Expansionsidee durch: «Lebensraum». Eine Begrenzung ist nicht auszumachen, ein endloses Gebiet auf allen Seiten. Eine Nation explodiert, mitten in Europa.

Ab der Mitte dieser denkwürdigen Rede marschiert der Größenwahn. Deutschland sei stark – der Lebensstandard interessiert Hitler nicht. Es sei die größte Militärmacht. Bei diesen Passagen brandet ein Beifallsgebrüll nach dem andern durch den Saal. Das Publikum putscht sich mit auf, nicht nur der Redner. Die «Alten Kämpfer» wollen in den Krieg. Das Volk sei geschlossen wie noch nie, meint der oberste Feldherr.

Erneut schießt sich Hitler auf England ein, das Deutschland wegen seiner fortschrittlichen Sozialpolitik hasse. Als er dann behauptet, England hasse «das Deutschland der Beseitigung der Klassenunterschiede», weiß man nicht mehr so recht, was daran die braunen Veteranen so beifallswürdig finden. Aber es kommt hier nicht mehr auf den Inhalt an, nur auf starken Tobak mit einer provozierenden Stimmlage des «Trommlers». Innerhalb eines Abschnitts hämmert er 18mal das Wort «hassen» ein, zählt ermüdend auf, was die Engländer an Deutschland angeblich hassen. In ruhigerer Umgebung würde allein schon der Ton offenlegen, wer hier von Haß trieft. Nebenbei werden noch die schlichtesten Vorurteile bedient: Die Engländer waschen ihre Kinder nicht, lassen sie verlausen.

Die Kriegsstimmung ist so weit geschürt, daß Hitler auf das Ende zusteuern kann. Bei allem rhetorischen Chaos hat die Rede doch eine innere Logik: Ziel ist das Anheizen der Kriegsstimmung. Als Hitler in den Saal brüllt, in diesem neuen Weltkrieg «wird England erst recht nicht der Sieger sein», da schreit das Publikum so laut wie bisher noch nicht. Der erste Höhepunkt, stimmlich. Ein zweiter Kraftakt derselben Lautstärke, als Hitler sich in eine kollektive Todessehnsucht verrennt: «Wie lange der Krieg dauert, spielt keine Rolle, kapitulieren wird Deutschland niemals, niemals, jetzt nicht und in drei Jahren auch nicht.» Bei dem zweimaligen «niemals» kommt Hitler ins Keifen, seine Stimme drückt sich extrem nach oben, bis sie sich überschlägt und im Aufbrüllen des Saales untergeht. Der totale Krieg bis zur Götterdämmerung wird hier vorweggenommen. Nicht erst die Berliner haben 1943 Goebbels zugebrüllt, sie wollten den totalen Krieg, die Münchner waren schon 1939 dafür. Die Münchner, die im Bürgerbräukeller dabei waren. Ein drittes Todesgebrüll, als Hitler prophezeit: «Es kann hier [im Krieg] überhaupt nur einer siegen, und das sind wir!»

Die Soldaten sind reif zum Selbstopfer, Hitler greift tief hinein in die Kiste seiner mystischen Opferideologie. «Was immer auch im einzelnen uns an Opfern zugemutet wird, das wird vergehen, es ist belanglos. Entscheidend ist und bleibt nur der Sieg!»

Der Gottesdienst geht zu Ende. Hitler bedankt sich bei der «Vorsehung», der er eine Hakenkreuzbinde überstreift. Aus der bisherigen Parteigeschichte schließt er, daß die «Vorsehung das, was geschah, so gewollt hat!». Er bedankt sich bei den toten Soldaten – das Publikum steht auf, ein endloses Stühlerücken –, ihre Opfer haben geholfen, Polen in 30 Tagen zu überwinden.Die verquollene Todesmystik deformiert ein letztesmal Hitlers Sprache zu einem Brei: «Das, was wir Nationalsozialisten als Erkenntnis und als Gelöbnis vom Totengang des 9. November in die Geschichte unserer Bewegung mitgenommen haben, nämlich daß das, wofür die ersten 16 gefallen sind, wert genug war, auch viele andere, wenn notwendig, zum Sterben zu bringen – diese Erkenntnis soll uns auch in der Zukunft nicht verlassen.» Man muß den Satz mehrmals lesen, bis sich der Nebel etwas lichtet.

Hitler beendet seine Rede um 21.07 Uhr. Um seinen Sonderzug zu erreichen, eilt er mit seinem Gefolge auf den Hauptbahnhof. Siegestrunken trägt Goebbels in sein Tagebuch ein: «Tolle Begeisterung durchtobt den Saal. Diese Rede wird eine Weltsensation werden.»

Doch ein anderer, der schwäbische Schreiner Georg Elser, sollte Hitler die Schau stehlen. Während der oberste Befehlshaber der deutschen Wehrmacht auf den nächsten Weltkrieg zuschrie, tickten hinter ihm die beiden Uhrwerke von Elsers Bombe. Zu diesem Zeitpunkt wollte der Attentäter bereits in Sicherheit sein.

2 Der Attentäter
scheitert an der Grenze

Eigentlich hätte Georg Elser schon am 6. November 1939 durch den Grenzzaun schlüpfen können, aber nach drei Monaten nerven- und kräfteaufreibender Arbeit im Münchner Bürgerbräukeller hatte er keine Eile mehr. Der Abschied von der Heimat fiel ihm schwerer als erwartet. Nach langer Einsamkeit in München wollte er noch einmal eines seiner Geschwister sehen. Ursprünglich hatte er sogar geplant, kurz nach Königsbronn zu fahren und sich von seinem gebrechlichen Vater und der Familie Schmauder in Schnaitheim zu beabschieden, bei denen er mit dem Bau seines Sprengapparats begonnen hatte. Diese Sentimentalität wurde zu einer Falle.

Am 6. November besuchte er die Familie seiner Schwester Maria Hirth in der Lerchenstr. 52 in Stuttgart. Er erzählte nur, daß er «über den Zaun», die Grenze müsse, den wahren Grund gab er nicht preis, auch als sie nachfragten. Er konnte noch immer schweigen, brauchte nirgends sein Herz erleichtern, er war mit sich und seiner selbstgestellten Aufgabe im Reinen. Seine Schwester nahm an, er wolle desertieren. Georg Elser tat so, als ob er einfach «auf Wanderschaft» wollte, zur Arbeit in die Schweiz. Das war glaubhaft, denn vom Bodensee hatte er eine Begeisterung für die Schweiz mitgebracht. Auf Nachfragen nach dem Grund sagte er nur: «Ich muß. Es ist nicht zu ändern.» Bei seiner bekannten Hartnäckigkeit war es zwecklos, weiter zu fragen.

Am Abend desselben Tages ging Elser früh zu Bett, er schlief bis

weit in den nächsten Vormittag hinein, völlig ausgepumpt. Die Arbeit war getan, alle Anspannung von ihm abgefallen, er hatte kein Ziel mehr vor sich, das letzte, die Grenze, schien ihm eine Kleinigkeit zu sein. Die noch ausstehende wichtigste Aufgabe hatte er einem mehrfach gesicherten Zündmechanismus anvertraut, die beiden Uhren tickten.

Von vornherein hatte er beabsichtigt, vor der Flucht in die Schweiz die beiden Uhren seiner Sprengvorrichtung noch einmal zu überprüfen. Bei seinen Chefs war er dafür bekannt gewesen, daß er nach einer abgelieferten Schreinerarbeit nochmals zu den Kunden ging und prüfte, ob auch alles wirklich in Ordnung sei. Später sprach man scherzhaft von seiner «Prüfmanie». Als Tüftler mit einem Hang zur Perfektion wollte Elser nicht die Mühen eines Jahres durch Schlamperei oder Zufälle aufs Spiel setzen. Als Uhrenkenner wußte er, daß eine Pendeluhr schon bei einer geringen Neigung des Bodens stehenbleiben kann. Er hatte schließlich den Boden seiner Sprengkammer unter schwierigen Bedingungen und mit primitiven Mitteln ausgeglichen: in einem stockdunklen Saal, nur mit einer Taschenlampe, abgeblendet mit einem dunklen Taschentuch; den Gips hatte er mit seinem Urin angemacht, eine Wasserwaage konnte er für die Ausgleichsarbeiten nicht anlegen.

Wohl mit Absicht fuhr er erst gegen 16 Uhr am 7. November von Stuttgart mit dem D-Zug nach München, er kam spät an. Zum gewohnten Abendessen im Bürgerbräustübl neben dem großen Saal, dem Bürgerbräukeller, reichte es nicht mehr. Vielleicht wollte er auch am letzten Abend von den Kellnerinnen nicht mehr gesehen werden, die ihn inzwischen gefährlich gut kannten. Am Ende seiner dreimonatigen Tätigkeit als «Erfinder», als der er sich während seines Aufenthalts in München ausgegeben hatte, kam er in Stuttgart nur noch mit 10 Mark in der Tasche an. Seine Schwester schenkte ihm 30 Mark, als Dank für die Werkzeuge, Uhren und Kleider, die er ihr überlassen hatte. Seine Habseligkeiten waren ein Danaergeschenk, wie sich später bei den quälenden Verhören der Gestapo herausstellen wird. An der Schweizer Grenze besaß Elser gerade noch fünf Mark.

Um nicht gesehen zu werden, betritt Georg Elser in München am 7. November kurz vor Schließung des Lokals, gegen 22 Uhr, den Bürgerbräukeller durch den Haupteingang in der Rosenheimer Straße. Ihm kommt zugute, daß Ortskundige diesen riesigen Saal trotz seines NS-Kultcharakters gern als Abkürzung zwischen der Rosenheimer Straße und der Kellerstraße benützten. Ein rundherum seltsamer Ort, ideal für einen stillen Attentäter inmitten eines vermeintlich perfekt überwachten Staats.

Georg Elser schlendert durch den Saal, biegt erst am Ende ab zur Galerie, prüft, ob noch jemand im Raum ist, und verschwindet, wie so oft in den Monaten zuvor, in einem Abstellplatz, hinter einer spanischen Wand. Nach dem Abschließen der Saaltüren wartet er wie gewöhnlich lange, ob sich irgendwo noch jemand regt, schleicht zu seinem Pfeiler in der Mitte des Saales, über dem Podium, vor dem morgen abend Hitler sprechen wird, und öffnet seine «Geheimtüre» am Pfeiler. Beide Uhren gehen noch auf die Minute genau. Er ist erleichtert: Es ist geschafft. Was er als Handwerker und Erfinder leisten konnte, hat er getan. Den Rest der Nacht döst er, wie gewöhnlich, auf dem Stuhl in seinem Versteck vor sich hin.

Morgens um 6.30 Uhr kommt er unbeobachtet zum Notausgang bei der Küche zur Kellerstraße hinaus und frühstückt an einem Kiosk am Isartor. Ein winziges Siegesfest mit sich selbst, seit dem Entschluß zum Attentat vor einem Jahr ist er allein. Nun hat er einen Grund zum Feiern, aber er ist auch Schwabe, ein Meister der Sparsamkeit bis an den Rand des schieren Geizes. Heute trinkt er ausnahmsweise sogar zwei Tassen Kaffee, sonst war es immer nur eine.

Georg Elser liebte die Regelmäßigkeit, in Gaststätten saß er gerne immer am selben Tisch, eine Änderung war ihm zuwider. So geht er jetzt gewohnheitsmäßig und aus Sentimentalität, ohne daß es dafür eine Notwendigkeit gäbe, zum Schreinermeister Brög in die Türkenstraße 59, mit dem er sich so gut verstanden hatte, dem er öfter hatte helfen können und der wiederum ihm bei einzelnen Arbeiten behilflich gewesen war. Am Ende hatte Elser bei ihm das Lager benützen und dort sogar übernachten dürfen. Elser will sich nochmals verabschieden: eine Geste der Sympathie und Dankbarkeit. Da Brög nicht in der Werkstatt ist, geht Elser zu seiner Wirtin gleich in der Nähe, zur Rosa Lehmann, in die Nr. 94. Er ist dort schon vor einer Woche ausgezogen und hat sich verabschiedet, es gehe wieder zurück in die Heimat. Nun steht er da unten, etwas bedrohlich mit einem schwarzen Hut, wie Rosa Lehmann nach dem Krieg erzählen wird. Aber da steckt sie mitten im Trauma von «Attentatshausen», wo sich alle Erinnerung ununterscheidbar vermischt hat mit der Angst vor übler Nachrede und Belästigung durch Polizisten, Journalisten und die lieben Nachbarn. Jetzt ruft Elser von unten hinauf, ob Post für ihn gekommen sei. Eine unsinnige Frage, denn schon lange hat er niemandem mehr geschrieben.

Nein, Post sei keine für ihn da. So fährt er um 10 Uhr vom Hauptbahnhof mit einem Bummelzug 3. Klasse nach Ulm, steigt um in den D-Zug Richtung Bodensee und kommt gegen 18 Uhr in Friedrichshafen Hafenbahnhof an. Er hat noch eine gute halbe Stunde Zeit und sucht einen Friseur auf. Beim Grenzübertritt als politischer Flüchtling will er frischrasiert einen guten Eindruck hinterlassen. Einen Fährverkehr nach dem schweizerischen Romanshorn, wie heute, gibt es nicht; das Schiff nach Konstanz legt um 18.30 Uhr ab. Fahrplanmäßig müßte es dort um 20.05 Uhr angekommen sein, wegen des Nebels könnte es einige Minuten später geworden sein.

Sobald Elser Konstanzer Boden betritt, macht er Fehler, so könnten wir heute glauben. In Wirklichkeit sind die Irrtümer schon längst begangen. Sie liegen in einer falschen Beurteilung der Grenzlage, in der selbstgewählten Abschottung gegen jede Hilfe beim Grenzübertritt und in einer tiefen Erschöpfung. Seine Stimmung könnte vergleichbar sein den Gefühlen, die einst ein glücklich aus Dachau befreiter Häftling, der Franzose Rovan, beschrieb: «Jetzt, da es keinen Grund mehr gab, Angst zu haben, spürte ich eine große Leere in mir, eine abgrundtiefe Erschöpfung, aus der ich, wie mir schien, nie mehr würde auftauchen können.» Die «Melancholie der Erfüllung», wie Ernst Bloch hätte sagen können, hat Elser gepackt. Ein neues handgreifliches Ziel steht nicht mehr vor ihm, die Schweiz kennt er nur oberflächlich, von einem halben Jahr im Dorf Bottighofen bei Kreuzlingen her. Die Idylle eines freizügigen Sommers.

Ähnlich hat sich Rolf Hochhuth in Elser hineinversetzt: «[…] alle seine Kraft hatte er jetzt verbraucht, er machte nur noch Fahrlässig-Törichtes […]; gradezu verträumt vor seelischer Erschöpfung torkelte er den Zöllnern in die Fänge.» Aber die Fehler liegen früher und vor allem in seiner Isolation. Elser war zwar im Herbst 1938 kurz nach Konstanz gefahren, um zu prüfen, ob der von ihm vorgesehene Grenzübergang noch unbesetzt war, so wie er es von 1930 in Erinnerung hatte. Möglich, daß er diese Grenzstrecke tatsächlich unbewacht vorgefunden hat, denn 1938 war noch kein Krieg, die Lage hatte sich nach der Preisgabe der Tschechoslowakei durch England sogar entspannt. Jetzt aber befand sich Deutschland schon im dritten Kriegsmonat, jeden Tag konnte der Krieg an der Westfront losbrechen. An eine Flucht mit erfahrenen kommunistischen Helfern dachte Elser nicht, er wollte grundsätzlich niemanden in sein Attentat hineinziehen, und er gehörte nicht zur Partei, war kein gefährdeter Funktionär, der auf geheimen Kurierwegen über die grüne Grenze zu bringen war.

Vom Konstanzer Hafen geht Elser nun den kürzesten Weg zur Grenze, fast wie im Schlaf: Konzil, geradeaus über die Marktstätte, links in die Rosgartenstraße, an der Dreifaltigkeitskirche vorbei, über den Bodanplatz in die Hüetlinstraße und über die Kreuzlinger Straße zum Grenzsträßchen Schwedenschanze. Sein Ziel ist der große Garten des Wessenbergheims. Dort markiert ein ungefähr zwei Meter hoher Zaun, gekrönt von zwei Reihen Stacheldraht, die Grenze. Es kommt Elser nicht in den Sinn, sich vorher über den Standort und die Route der Grenzpatrouille Gewißheit zu verschaffen. Links von der heutigen Elser-Gedenktafel passiert er eine nicht verschlossene Gartentür, geht links am Haus vorbei und nähert sich zügig dem Grenzzaun.

Was jetzt passiert, stellt keineswegs ein Rätsel dar, wie seit Jahrzehnten behauptet wird. Am zuverlässigsten sind die Berichte der Zollpatrouille, die Elser 25 Meter vor dem Grenzzaun aufgriff. Xaver Rieger und Waldemar Zipperer beginnen ihre Patrouille um 20 Uhr, gehen vom Kreuzlinger Zoll zum Wessenberggarten bei der Schwedenschanze. Fünf Wochen später, als offenkundig war, welchen Fang er gemacht hatte, schrieb Rieger:

«Wir betraten das Grundstück um 20.05. Unser Standort war so gewählt, daß wir die gesamte Grenze in unserem Abschnitt übersehen konnten. [...] Zwischen 20.40 und 20.45 trat plötzlich hinter dem Gebäude eine Gestalt hervor, die nach kurzem Beobachten des Geländes schleichend und äußerst eilig der Grenze zustrebte. Der Abstand von mir zu der Gestalt betrug etwa 15–20 m. Als ich diese Gestalt sah, bewegte ich mich sofort und vorsichtig und unter sofortiger Bereitmachung des Karabiners in Eile auf den Mann zu. Als ich die Überzeugung hatte, daß mein Anruf gehört werden mußte, rief ich ihn mit den Worten ‹Hallo, wo wollen Sie hin?› an. [...] Unter Beachtung der in den Planspielen gegebenen Richtlinien hielt ich es für das Beste, den Mann nicht dadurch stutzig zu machen, daß ich etwa sofort seine Festnahme aussprach. Da der Mann auf meinen Anruf behauptete, einen Bekannten mit dem Namen Feuchtelhuber vom Trachtenverein Konstanz zu suchen, dem er in früheren Jahren angehört habe, ließ ich ihn bei der Meinung, ihm behilflich sein zu wollen. [...] Ich sagte ihm deshalb, ich wolle ihn zu einem Manne führen, der sich in Konstanz besser auskenne und sicherlich diesen Bekannten selbst kennen würde. Sollte ihn aber dieser Mann auch nicht kennen, so müsse er halt sehen, wie er sich zurechtfindet. [...] Ich erreichte dadurch auch, daß er Vertrauen zu mir faßte und willig mitging. Dem Hilfsgrenzangestellten Zipperer gab ich die Weisung, auf seinem Posten zu bleiben und scharf weiter zu

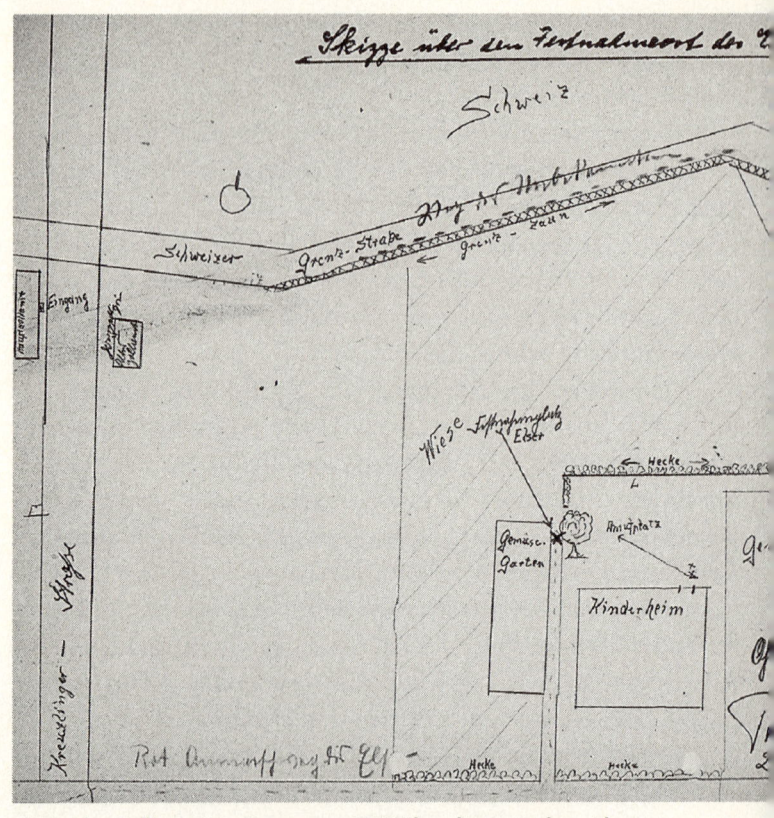

Skizze des Zollbeamten Rieger von 1950 über die Festnahme Elsers in Konstanz.

beobachten, weil ich vermutete, daß noch weitere Personen hinter Elser steckten, die wie er versuchen würden, illegal über die Grenze zu kommen. Diese Vermutung hatte ich deswegen, weil zuvor von uns ein Mann in hellem Mantel auf Schweizer Seite beobachtet worden war, der sich an dem Zaun zu schaffen gemacht hatte und auffällig hin und her ging. Beim Abtransport achtete ich scharf darauf, daß Elser keine Gegenstände abwerfen konnte. Vor der Einlieferung in die GAST [Grenzaufsichtsstelle] blieb Elser vor der Tür noch ein-

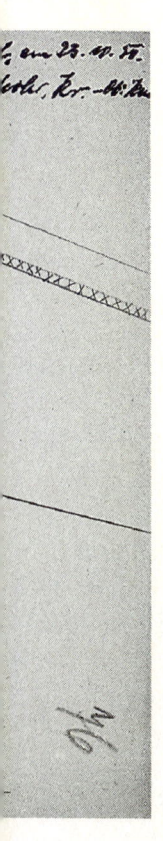

mal stehen und warf noch einen Blick nach der Schweiz. Es erweckte den Eindruck, als ob Elser im letzten Moment noch in die Schweiz flüchten wollte. Als Elser jedoch meinen schußbereiten Karabiner sah und ich ihm energisch zurief: ‹hier ist die Tür›, folgte er willig in den Durchsuchungsraum. Die hier vorgenommene gründliche körperliche Durchsuchung, die bis aufs Hemd durchgeführt wurde, hatte folgendes Ergebnis: In den Hosentaschen trug Elser eine Beißzange, einen verschlossenen Umschlag, in dem sich zahlreiche Zettel über Aufzeichnungen der Herstellung von Granaten und Zündern, Härte- und Hitzegraden, über Kennzeichnung der Munitionskisten, über Farbe, Inhalt der Kisten sowie deren Bestimmungsort befanden. Weiter hatte Elser Teile eines Zünders bei sich (Schlagbolzen, Feder usw.) und eine unbeschriebene Ansichtskarte, die in bunten Farben die Innenansicht des Bürgerbräukellers darstellte und den Amtsstempel der NSDAP trug. Zollsekretär Traber, der sich an der Durchsuchung beteiligt hatte, fand am Schluß noch unter dem Rockaufschlag versteckt das frühere Rotfront-Abzeichen. Auf Befragen, weshalb er dies Abzeichen und die Karte bei sich trüge, erwiderte er ‹aus Sympathie›. Während der ganzen Durchsuchung und Vernehmung zeigte sich Elser sehr willig und äußerst ruhig. Elser wurde dann der Grenzpolizei übergeben.»

Dieser Bericht kann als Grundtext für Elsers mißglückten Grenzübertritt gelten, später überwucherten Legenden das Ereignis, verwirrend und undurchdringlich wie die Rosen um Dornröschens Schloß. Der genaue Standort und die Beschäftigung der Patrouille blieben hier unklar. Die Grenzer stellten sich so hinter das Haus, an die Südseite, daß sie den Grenzzaun überschauen konnten, nebenher hörten sie aus dem offenen Fenster des Wohnzimmers im Erdge-

schoß Radio, Hitlers Rede aus dem Bürgerbräukeller. Die Nachbar-
gärten auf der linken Seite konnten sie dabei nicht einsehen: Hier
hätte Elsers Chance gelegen, wenn er eher in Konstanz angekommen
wäre und die Wachablösung beobachtet hätte. Denn nur wenig
früher, um 20.25 Uhr, war die vorhergehende Patrouille im Wessenberggarten abgelöst worden. Diese Falle hinter dem Haus konnte
Elser nicht kennen. Er ging also unbesorgt am Haus vorbei und
blickte nicht nach rechts – die Grenzer befanden sich rechts hinten
im Schatten eines alten Birnbaums, auf der Höhe des rechten Haus-
ecks –, während 25 m weiter jenseits des Zauns die Schweizer
Grenzstraße hell beleuchtet war.

Georg Elser ist nicht auf den Kopf gefallen; als die Zollbeamten
ihn stellen, weiß er sich rasch zu tarnen mit seiner vertrauensvollen
Harmlosigkeit. Er nennt seinen alten Vorsitzenden des Trachtenvereins, den er angeblich suche. Hinter dem rätselhaften Mann auf der
Schweizer Seite, der an den Zaun geklopft haben soll, witterte die
hellseherische Gestapo später den englischen Geheimdienst, Otto
Strasser oder einen Verbindungsmann. Danach drehten sich bei der
Gestapo die Verhöre wochenlang nur um die Frage, ob dieser Mann
einen Hut oder eine Mütze trug. Rieger sprach von einem Hut,
während andere, lustigerweise auch solche, die gar nicht dabei gewesen waren, unter scharfem Druck der Gestapo von einer Mütze redeten. Die Gestapo steckte in einer permanenten Paranoia: Jeder, der
etwas Verdächtiges sah oder gesehen haben könnte, genoß ab jetzt
das unausrottbare Mißtrauen der Geheimen. Ein Untersuchungs-
grundsatz, den die Gestapo von der sowjetischen GPU übernommen
hatte, als deren gelehriger Schüler sich Heinrich Müller, der berüchtigte Gestapo-Müller, bekannte. Die Paranoia ging so weit, daß
selbst Xaver Rieger noch lange nach den Verhören Elsers von einem
Spitzel der Gestapo überwacht wurde, ob er sich nicht mit dem englischen Geheimdienst oder Otto Strasser treffe oder ob er etwas Verdächtiges sage.

Am Kreuzlinger Zoll blickte Elser nach der Schweiz, vielleicht voll Sehnsucht, vielleicht mit Bedauern. Jedenfalls fehlte ihm die Kraft, die letzten acht Meter vom Zollgebäude über die Grenze zu fliehen. Es gab damals nur eine Kette über die Straße, keinen Schlagbaum. Ob die Grenzwache geschossen hätte? Sicher, die Nazis waren bei Verletzungen der Grenze zur Schweiz nicht zimperlich. Doch Elser war ausgepumpt, er war nie Sportler gewesen, hatte keine athletische Figur, ging zur Musik, aber nicht in einen Sportverein. Seine Stärke war die jahrelange Tüftelei in seiner Werkstatt, seine Taktik das Verstecken hinter Ruhe und Natürlichkeit. Damit war er auch weit gekommen.

Endgültig in die Katastrophe führte die Leibesvisitation. Der Tascheninhalt legte nahe, daß Elser Spion, Saboteur und Kommunist sein mußte. Seine Ausreden, diese Dinge nur vergessen zu haben, nahmen später die Berliner Gestapoleute großzügig ins Verhörprotokoll auf. Dem Reichskriminaldirektor Arthur Nebe kam dagegen die richtige Ahnung: Elser habe mit dem Tascheninhalt sein Asyl in der Schweiz sichern wollen. Das Spionagematerial über Munition stammte aus der Heidenheimer Firma Waldenmaier, wo er gearbeitet hatte. Elser wollte den Schweizern beweisen, daß in Deutschland für den Krieg produziert werde. Das war durch den Kriegsbeginn freilich ein alter Hut und hätte die Schweiz auch wenig interessiert, da sie selbst Waffengeschäfte mit Deutschland betrieb. Doch Elser hing noch einer alten Eidgenossenschaft an, die es nicht mehr gab. Das Abzeichen des kommunistischen Rotfrontkämpferbundes hätte die Abschiebung eher beschleunigt, denn die Schweizer stellten ihre eigenen Kommunisten immer ein wenig außerhalb der Verfassung.

Ein einziges Stück in den Taschen war der echte Elser: die Beißzange. Mit ihrer Hilfe wäre er in wenigen Minuten durch den Grenzzaun geschlüpft. Der übrige Tascheninhalt ist trauriger Beweis für seine Fehleinschätzung des Grenzübergangs. Aber wäre Elser überhaupt als Flüchtling anerkannt worden? Vielleicht in den sozialdemokratisch regierten Kantonen Baselstadt oder Schaffhausen, im Thurgau sicher nicht. Hier gab's eine an Hitler angepaßte Stimmung, einen guten Schuß Antisemitismus und Feindschaft gegen die Linke. Im besten Fall wäre Elser nach Frankreich ausgewiesen worden, wie am nächsten Tag Otto Strasser. Elser wollte durch eine Darstellung seiner Arbeit seine Urheberschaft an der Explosion im Bürgerbräukeller beweisen. Doch die Gestapo hätte von der Schweiz sofort die Auslieferung als Schwerverbrecher verlangt, und die politische Polizei von Bern wäre dem Verlangen gefolgt. Elsers Weg wäre derselbe gewesen: Berlin, Sachsenhausen, Dachau.

So gesehen fällt auf die Grenzgeschichte neues Licht. Wäre Elser die Flucht in die Schweiz gelungen, sein Schicksal hätte sich kaum anders gewendet als nach der Festnahme in Konstanz. Der Fall ihres Landsmanns Maurice Bavaud zeigt, daß die Schweizer damals kein Verständnis für einen Hitlerattentäter hatten. Der Schweizer Botschafter Hans Frölicher in Berlin hätte Bavaud, der Hitler 1938 mit einer Pistole hatte erschießen wollen, gegen einige in der Schweiz inhaftierte Gestapospitzel austauschen lassen können. Er wollte aber nicht. So endete der Hitlergegner Maurice Bavaud 1941 unter dem Fallbeil in Berlin-Plötzensee.

Schon bei der Leibesvisitation wurde Elser mit Prügeln bedroht, weil er die Zünderteile als Uhrenteile für Basteleien verharmloste. Im Protokoll ließ man die Bedrohung lieber weg, sie gehörte zum selbstverständlichen Handwerkszeug. Von jetzt an bekam Elser bis zu seiner Einlieferung in Sachsenhausen, über ein Jahr lang, immer wieder reichlich Schläge, schwere bis lebensgefährliche.

Die Zollwache ruft die Konstanzer Gestapozentrale in der Mainaustraße 29 an, in der ehemaligen Villa Rokka, einem dreistöckigen Gebäude mit 15 großen Räumen. Der Gestapomann Otto Grethe holt daraufhin mit einem grauen Auto den verhafteten Elser ab, der ohne Widerstand hinten Platz nimmt. Grethes Eindruck von Elser: «ein unauffälliger Mann, höchstens 1,60 m groß, welliges Haar, mager, verbissenes Gesicht, finsterer Blick». Elser wird von Anfang an geduzt; im neidischen Milieu der besser situierten Sonderhäftlinge und der herrschsüchtigen, mißtrauischen kommunistischen Funktionärshäftlinge wird man daraus ein Indiz für seine Kumpanei mit der SS machen.

Otto Grethe verhört Elser im ersten Stockwerk der Gestapozentrale, er glaubt keine von Elsers Ausreden und merkt gleich, daß Elser «sehr unzugänglich» ist und nichts zugeben wird. Der verhaftete Elser läßt sich keineswegs alles bieten, gibt sich nicht preis, sondern verteidigt sich zäh durch nichtssagende Auskünfte. Er kann auch mal «aufsässig» werden, da er sich zu Unrecht verhaftet vorkommt, schlägt mit der Hand auf den Tisch.

Nach einer Stunde, als das Verhör erst die Personalien erbracht hat, gegen 23 Uhr, kommt über den Fernschreiber die Meldung vom Bürgerbräuattentat, die Grenzen seien zu schließen und schärfstens zu bewachen.

Georg Elser gibt sich unbeeindruckt, als ein Fernschreiben nach dem anderen eintrifft, die Fahndungen anlaufen. Es fällt das Wort «Sprengstoffattentat», aber Elser behält die Nerven, läßt sich nichts anmerken. Vielleicht hofft er, daß Hitler umgekommen ist.

Die Vernehmung dauert bis 4 Uhr morgens, Elser wird angebrüllt, schließlich sperrt man ihn in eine Notarrestzelle des Erdgeschosses. Verdacht erregen die Zünderteile, die Elser übrigens im Geldbeutel mit sich trug, von Vergessen kann keine Rede sein. Der Gestapochef kommt morgens um 7 Uhr, ruft die Gestapoleitstelle Karlsruhe an, die Meldung geht zur Gestapozentrale nach Berlin und zur Sonderkommission nach München. Noch am selben Tag wird Elser mit einem Auto der Gestapo nach München überführt.

Später, in Berlin, fragte die Gestapo Elser, was er beim Anruf durch die Patrouille an der Grenze empfand? Seine trockene Antwort: «Ärger über mich selbst und über meinen Leichtsinn». Er bedauerte, sich vorher nicht genau umgesehen zu haben. Ein Fehler, den er sich zuvor nicht geleistet hatte. Denn die Tat selbst war bestens vorbereitet, sein Sprengapparat funktionierte mit größter Präzision.

3 Die Explosion

Noch bevor Hitler am Münchner Hauptbahnhof eingetroffen war, lag der Bürgerbräukeller in Schutt und Asche. Hitler bekam davon nichts mehr mit. Die Explosion um 21.20 Uhr erlebten die Augenzeugen sehr unterschiedlich, je nach ihrem Standort im Saal und ihrer Tätigkeit. Die folgenden Schilderungen sind nicht in unser Bild von Elsers Tat eingegangen, sie stellten jedoch damals einen wichtigen Teil der Berichterstattung dar.

Die Kellnerin Maria Strobl hatte an Hitlers Tisch zu bedienen, nur ihn selber nicht. 1959 erzählte sie darüber einem Journalisten. Während Hitlers Rede hielt sie sich mit einigen ihrer Kolleginnen – dreißig waren im Einsatz – draußen bei der Toilette auf und rauchte. Als zum Schluß das Deutschlandlied erklang, richteten sie sich eilig vor dem Spiegel her und gingen zum Saaleingang. Das allgemeine Stühlerücken war das Zeichen, die Bierkrüge abzutragen und zu kassieren. Der Saal leerte sich schnell, Hitler war ja weg, es blieben nur rund 120 Personen, darunter viele Musiker und technische Helfer.

«Ich wollt den Tisch abräumen, hab zehn Maßkrüg gnommen. Es war unter der Säule vom Hitler, weil ich diese Tische bedient hab, und dann hab ich die zehn Maßkrüg gnommen und auf einmal ist ein Luftdruck kommen und hat mi 'n Ausgang nausgschmissen zum Haupteingang. Mir sind die Steine an Kopf und der ganze Dreck. Und dann bin ich vor ins Arztzimmer. Wir habn gmeint, es ist a Bombe, die wo gfalln is. Wir habn ja nix gwußt. Und dann hab i mi heimführen lassn durch an Kriminaler.»

Der zerstörte Bürgerbräukeller nach den Aufräumarbeiten.

Zu Hause stellte Maria Strobl fest, daß sie ihre Tasche und Papiere in der Gaststätte vergessen hatte. Also wieder zurück. Inzwischen war die SS da. «Da hab i erst gsehn, wie der Saal ausschaut. Daß alles in sich zsammengfalln war und daß die SS gstritten hat, weil einer graucht hat, und es hat doch niemand rauchen dürfen, weil's nit gwußt habn, was is, gell.» Anfangs befürchtete man eine Giftgasbombe.

Maria Strobl konnte eine Zeitlang nicht mehr hören und erlitt einen schweren Nervenzusammenbruch. Ein Dauerschaden blieb: in den Ohren behielt sie ein Rauschen, Tag und Nacht, später wurde das linke Ohr taub. Außerdem hatten wegen des raschen Aufbruchs die Herren einfach nicht bezahlt, neunmal mußte sie in die Parteizentrale gehen, ins «Braune Haus», bis sich jemand bereitfand, die Verzehrkosten aller Zechpreller jenes Abends zu begleichen.

Von den Kellnerinnen kamen vier ins Krankenhaus. Die Aushilfs-
bedienung Maria Henle war sofort tot. Eine Kollegin, die mit ihr
oben auf der Galerie abräumte, «hatte bei der Explosion das Empfin-
den, sie befinde sich auf einer Schaukel, so stark schwankte die ganze
Galerie im Augenblick der Explosion».

Mit den Tagen schoben sich in den Erinnerungen der Augenzeugen ideologische Elemente in den Vordergrund, die vorher so deutlich kaum erschienen waren. So berichtete ein Hamburger «Blutordensträger» am 11. November nach der Rückkehr aus München dem
«Hamburger Tagblatt»: Als er im Bürgerbräukeller gerade durch
eine Tür ins Bürgerbräustübl ging, um einen Imbiß einzunehmen,
sei er durch den Luftdruck zu Boden geworfen worden. «Zunächst
begriff ich nicht, was geschehen war.» Nun setzt die nachgewach-
sene Ideologie ein; die erste Vermutung aller, es handle sich um eine
Fliegerbombe, ist bereits weggeschoben. «Unser allererster Gedanke
war: Gott sei Dank, dem Führer war nichts geschehen! Von der Un-
glücksstelle her hörten wir die Schmerzensrufe der verletzten Par-
teigenossen und Parteigenossinnen. Ihre Hilferufe klangen wie eine
markerschütternde Anklage gegen jene Meuchelmörder, die diesen
Anschlag auf das Leben des Führers und damit auf Deutschland vorbereitet hatten.» «Erst als man ihnen immer wieder sagte, daß dem
Führer nichts geschehen sei, füllten sich ihre Augen voll tiefer
Dankbarkeit an die Vorsehung mit Tränen, und sie schienen alle
Schmerzen vergessen zu haben.»

Der erste Bericht aus dem Krankenhaus mischte medizinische
Aspekte mit Beobachtungen von Augenzeugen. Die Verletzten waren mit dickem Staub bedeckt, bluteten oft stark im Gesicht, die meisten hatten Verletzungen am Oberkörper: Prellungen, Schürfungen,
Schädelsplitterungen. Der Grund dafür: Decke und Wände waren
eingestürzt, der Kronleuchter herabgefallen. Oft wirkte allein schon
der Luftdruck verheerend. «So wurden mehrere Alte Kämpfer von
der sechs Meter hohen Galerie in den Saal hinabgeschleudert. Andere wurden mit ungeheurer Wucht unter die Tische geworfen, wie-

der andere von herabstürzenden Balken getroffen.» Viele erinnerten sich: «[…] eine riesige Stichflamme schien über die Säule hinaufzuschießen, an der sich noch kurz zuvor der Führer befand. Dann hüllte eine mächtige Staubwolke den Saal in eine undurchdringliche Finsternis. Noch mehrere Sekunden lang vernahm man das Rieseln des Mauerwerks und das Bersten von Säulen. Dazwischen durchzitterten laute Hilferufe den Saal.»

Ein hellsichtiger Augenzeuge, der in den «Münchner Neuesten Nachrichten» schon am 9. November zu Wort kam, bezeugte eine anfangs noch seltene Vermutung: «Eine Höllenmaschine war im Saal!», und er zog daraus eine Konsequenz im Geist Hitlers: «Der Führer sollte ermordet werden – mein Gott, welches bestialische Gehirn gebar und unternahm diese Scheußlichkeiten?»

Im «Berliner Lokalanzeiger» vom 11. kamen weitere Augenzeugen zu Wort. Der Ingenieur Jakob Royer, Blutordensträger, hatte Glück. Im Augenblick der Explosion war er «etwa sechs Meter vom Pfeiler entfernt und wurde durch den Luftdruck bewußtlos unter einen Tisch geschleudert. Dadurch wurde er gegen die herabfallenden Trümmer geschützt.» Als er zu Bewußtsein kam, glaubte er an eine Fliegerbombe, «erkannte seinen Irrtum aber, als er Flammen in Kopfhöhe von rückwärts heraufschlagen sah».

Ein anderer Zeuge, der Diplomingenieur Emil Wipfel, war beim «Reichsautozug Deutschland» beschäftigt, einer technischen Abteilung der SA, die bei Massenveranstaltungen der Partei für Wasser und Elektrizität zu sorgen hatte. Während der Explosion war diese Gruppe gerade dabei gewesen, die Sprechanlage abzubauen, hielt sich also in der Nähe des Rednerpults auf. «Plötzlich war um uns ein kurzer, greller Feuerschein. Im gleichen Augenblick hörten wir einen entsetzlichen Knall. Ich wurde etwa zwei Meter nach rückwärts geschleudert, fiel auf die Trümmer, und dann brach es prasselnd und krachend über mich herein. Als Ruhe eingetreten war, lag ich auf dem Bauch, den rechten Arm hatte ich um den Fuß meines Kameraden Schachta geschlungen. Ich wußte in diesem Augenblick noch nicht, daß er bereits tot war. Mein linker Arm war unbeweglich, meine Füße waren regungslos eingeklemmt. Es ist erstaunlich, welch kühlen Kopf man in einer so schlimmen Lage behält. Ich überlegte mir zunächst nur das eine: daß ich mich ruhig verhalten müsse, um ein Nachrutschen von Balken oder sonstigen Trümmern, die auf mir lagen, zu vermeiden. Wie ich nachher erfuhr, lag ein Teil der Saaldecke, die an der Stelle, wo das Führerpodium stand, niedergebrochen war, auf mir; ich vermute, daß sie von einem zertrümmerten Tisch, der neben mir stand, und vielleicht auch vom Körper meines toten Kameraden noch so weit gehalten wurde, daß ich nicht erdrückt wurde. Ich konnte kaum atmen. Bald hörte ich aus meiner nächsten Nähe Schreie von ebenfalls verschütteten Kameraden und fing nun auch selber an, mich bemerkbar zu machen. Immerfort riefen wir, daß niemand auf die Trümmer über uns treten solle. Es dauerte aber noch geraume Zeit, bis die Polizei uns glücklich hervorholte; denn gerade an der Stelle, wo es uns erwischte, lag ja der Trümmerhaufen besonders hoch.»

Den ausführlichsten Augenzeugenbericht verfaßte Dr. Wilhelm Kaffl, Hauptschriftleiter der NS-Wochenschrift «Die Post». Ein Profi, deshalb muß man sich zuerst eine lange ideologische Einleitung gefallen lassen: Alle seien ernst, beschämt von Hitlers Größe, der nur seinem Ideal lebe und jedes Opfer bringe. Kaffl kam, wie er versicherte, das «Siegheil» niemals «aus gläubigerem und vertrauenderem Herzen». In diesem Ton geht es weiter, bis Hitler «mit hartem Schritt» den Raum verläßt. Später geht Kaffl in den Vorraum zur Garderobe: «Da – ein dumpfer Knall, Klirren von Glas, einige erdrückte Schreie – ein Luftstoß preßt mich gegen den Garderobentisch! Bruchteile von Sekunden wird es unheimlich still und dunkel. Aber ein paar Glühbirnen sind doch intakt geblieben, ich sehe, wie sich die ersten durch den Ausgang zwängen – dunkle Gestalten, staubbedeckt über und über! Mechanisch greife ich nach dem Mantel, den mir die kreidebleiche Garderobenfrau eben hingeworfen hat. Laut schreiend stürzt ein blutjunges Mädel, das wohl aus der nebenan liegenden Küche kommt, an mir vorbei. Ich stehe noch da und frage laut, was los ist. Verständlich, daß ich keine Antwort bekomme. Ein paar, die in meiner Nähe stehen, rennen zum Saaleingang. Ich mit! Wir können nicht gegen den Strom anschwimmen, der sich uns aus dem Saal entgegenstemmt. Aber eines ist noch schlimmer: eine gelblichgraue, undurchsichtige Wand – wohl aus Staub und Explosionsstoffen – zieht vor uns auf. Der unbeschreibliche Gestank dieses Nebels läßt einen neben mir laut schreien: ‹Fliegerangriff – Giftgas – alles weg hier.› Ich habe schon die Hand vor Mund und Nase und wühle nach einem Taschentuch. Ich gebe es auf, in den Saal vordringen zu wollen. Irgendwo wurde gerufen: ‹Alles absperren – niemand verläßt das Haus!› Ich will mich nützlich machen und bilde mit anderen eine Absperrkette. Inzwischen wird uns klar, daß kein Fliegerangriff erfolgt war und auch keine Gasbomben geworfen worden sind – nein, daß etwas viel Entsetzlicheres geschehen sein mußte: *ein Verbrechen, ein Attentat, ein Mordanschlag auf den Führer!* Eine namenlose Wut packt uns. Wo sind *die Mörder,* wer sind sie? Wir haben keine Zeit nachzudenken. Blutüberströmt haben sich einige Verwundete aus dem Saal geschleppt. Das war kurz vor $^1/_2$ 10 Uhr, und die Explosion erfolgte vielleicht fünf Minuten vorher. Verwundete? Richtig! Weiß Gott, was dort im Saal noch alles geschehen ist. Wir müssen helfen! Rasch lösen wir uns aus der Absperrkette. Der Weg in den fast dunklen Saal ist uns frei. Unsere Augen müssen sich erst zurechtfinden. *Dann sehen wir, was hier geschehen ist.* Unsere erste Sorge: *verwundete Kameraden.* Wir finden sie in irgendeiner Ecke, auf einem zerbrochenen Stuhl, zwischen Scherben und Trümmern. Auch Kellnerinnen holen wir heraus. Einstweilen ist es irgendwie heller geworden. Vielleicht scheint es uns auch nur so. Sanitäter sind plötzlich zwischen uns, mit Tragbahren und Verbandszeug. Ein paar Frauen in Schwesterntracht sind ebenso flink wie besonnen am Werk. Vom Garten her hörten wir das Glockensignal der Feuerwehr und die Sirenen des Überfallkommandos. Endlich! Die wenigen Minuten, die sie seit dem Alarm ausgeblieben sind, die kamen uns wie Stunden vor. Erst jetzt finden wir Zeit, uns im Saal umzusehen: ein Bild grausamer Zerstörung. Ein gut Teil der hochgespannten Decke ist in den Saal gestürzt. Ein Berg von Schutt, Brettern, Eisenträgern, zerbrochenen Stühlen und Tischen häuft sich mannshoch vom Haupteingang gegen die Saalmitte. *Ja, gegen die Saalmitte* – gerade dorthin, wo noch vor 20 Minuten der Führer stand und sprach, wo Rudolf Heß, Dr. Goebbels, Alfred Rosenberg und viele andere unserer Führer saßen, dorthin häuft sich die Vernichtung und wird zur Anklage gegen eines der gemeinsten und brutalsten Verbrechen, das die Weltgeschichte kennt. *Der Führer lebt!* Drei Worte – wir sprachen sie als das innigste Gebet, das je unser Herz und unser Mund formte. Der Haß, die Mißgunst des Verbrechergesindels, sie sind an ihm zerbrochen. *Er lebt* – und wir werden die Pest austreten, die von dieser Welt Besitz ergreifen will, die gegen Recht, Ehre und Mannestum anweht und der nichts zu gemein, zu niedrig ist!»

An der Stelle des Rednerpults lag der Schutt etwa drei Meter hoch, dort waren sowohl die Saaldecke heruntergebrochen als auch eine Außenmauer von 15 Meter Länge nach innen eingestürzt. Hitler wäre nicht davongekommen. Der Nürnberger Gauleiter Julius Streicher kehrte bald in den Saal zurück und besah sich die Stelle, wo er kurz zuvor noch gesessen hatte. «Tische und Stühle sind in Tausende kleiner und kleinster Splitter aufgelöst und dort, wo mein Stuhl stand, da liegen jetzt die vielen Zentner eines schweren Eisenträgers.»

Nach der ersten Verwirrung riegelten Schutzpolizei und Gestapo das ganze Gelände ab, unterstützt von SS und SA, viele mit aufgesetzten Stahlhelmen. Drinnen im zerstörten Saal ging der Reichsarbeitsdienst an Rettungs- und Bergungsarbeiten. An ein Absprießen der herunterhängenden Deckenreste war vorerst nicht zu denken, es fehlten die dafür notwendigen Hölzer. Ohne Unterbrechung trafen mit schrillen Alarmsignalen Krankenwagen, Polizeiautos und Feuerwehren ein. Gleich gingen in der Wohngegend, wo man die Detonation gut gehört hatte, wilde Gerüchte um. Die Telefonverbindungen aus der Stadt nach auswärts waren lange blockiert; nachts um ein Uhr verhängte die Gestapo eine Sperre, die auch zentrale Stellen wie die Abwehr des Heeres in Berlin betraf.

Am abgeklärtesten gab sich eine Funkreportage, die der Reichssender München am 9. November vormittags aufnahm und sendete. Diese Quelle liegt unpubliziert im Rundfunkarchiv Frankfurt und wird hier ausführlich wiedergegeben. Ein Könner steht hier am Mikrofon, nie um ein Wort verlegen. Ideologiepartien wie Empörung über das Attentat und Trauer um die Opfer hält er heraus, das hat hier nichts zu suchen, gehört in einen Nachtrag. Die Zuhörer sollen authentische Eindrücke von einem grausigen Ort bekommen. Die Sprache hält Ordnung und Übersicht, während Chaos das Mikrofon umgibt. Im Hintergrund hört man, wie mit Schaufeln der Schutt abgetragen wird. Während die Augenzeugen den Saal als Ort des Grauens erlebten, sieht der Reporter darin eher ein Stück für neugierige Touristen. Dem entspricht am zweiten Tag die Wandlung des Saals vom Zentralort der Parteireligion zu einem Objekt der Kriminalisten.

«Schon wenn man hinten beim Hof hereinkommt, findet man einen ganzen Berg von Balken, ein riesiges Balkengewirr, einen Berg von Ziegeln, zertrümmerte Tische, Stühle liegen durcheinander, zerschlagene Biergläser, die grauschwarz sind vom Kalk und Dreck. Nun sind wir hier herinnen im ehemaligen Saal: oben ein riesiges Loch, man sieht den Himmel durch. Die Aufräumarbeiten sind im Gange. Die Decke ist heruntergestürzt, zum Teil hereingestürzt, eingebrochen. Stücke von dem Stuck hängen noch dran, abgebröckelt zum Teil, die Kronleuchter hängen ganz schief dran, eingebeult und ohne Lampen. Ein Gewirr von Ziegeln, von Holzsplittern. Der Luftdruck hat selbstverständlich alle Scheiben eingeschlagen, hinausgedrückt. Es ist ein Bild fürchterlicher Zerstörung. Hier große Schutthaufen. Wir stehen etwa drei Meter jetzt von der Stelle weg, an der das Führerpult gestern stand. Rohrmatten hängen oben herein, Stücke des Mauerwerks stehen noch. Ein Doppelträger ist schräg hereingekippt in den Raum, über uns der freie Himmel, wie gesagt. Drahtgeflecht, Stahlträger, Verschalungen, Stützsäulen, alles durcheinander. Der Zwischenboden oben ist hereingebrochen, und Träger ragen dort wie Spieße kreuz und quer in den Raum. Es ist, wie gesagt, ein fürchterliches Bild, und man muß die Worte sich suchen, um so etwas zu schildern.»

Der Reporter interviewt anschließend das Parteimitglied Frank, einen schwäbischen Techniker oder Architekten, der die Explosion miterlebt hatte. Dieser Mann hat Freude an Präzision und sachlicher Unterkühlung. Seine technische Neugier drängt den Führerkult in den Hintergrund. So rutschen zweimal klare Komplimente an den Attentäter heraus, was so gar nicht zum Geifern der Zeitung über die Hintermänner passen will. Es gibt kein negatives Wort, weder gegen den Attentäter noch gegen seine Tat. Hier spricht der klassische Homo faber, unbeeindruckt von der braunen Umgebung.

«Ich wollte den Saal soeben verlassen und war vielleicht noch einen Meter von der Ausgangstüre weg, als plötzlich in der Höhe im Saal ein Lichtschein erschien. Im selben Moment hab ich von hinten einen starken Schub [bekommen] – eigentlich keinen Stoß, sondern wie wenn ich stark geschoben würde, und hab mich im nächsten Moment ein paar Meter weiter in der Richtung zum Ausgang wieder vorgefunden. Im gleichen Augenblick gab es ein donnerndes Geräusch, ein mmmm [imitiert stimmlich], und dann war eigentlich alles vorbei. Ehe man sich überlegen konnte, was war, stand man in einer Staubwolke drin, daß man erstens überhaupt nichts mehr gesehen hat und zweitens daß man überhaupt nicht mehr atmen konnte. Wir haben zunächst uns überhaupt keine Gedanken darüber machen können, was eigentlich geschehen war, sondern wir haben uns das Taschentuch vor den Mund gehalten und haben mal gesehen, daß wir den Ausgang kriegen. In der Garderobe draußen konnte man einigermaßen wieder atmen, dann hat man nach kürzester Zeit wieder kehrt gemacht, und wir sind in den Saal wieder rein und haben zunächst mal unten im Parterre, wo die Scheiben noch ganz geblieben waren, die Scheiben rausgeschlagen, daß wir mal wieder frische Luft reinkriegten. Und erst etwa vielleicht eine Minute oder anderthalb Minuten nachher hat sich der Staub dann gesetzt, dann haben wir überhaupt erst entdeckt, daß die Decke eingebrochen war. Dann kamen auch sofort die ersten Verwundeten, die sich selbst befreien konnten, die unter Tischen oder Stühlen drunter lagen. Die waren noch verhältnismäßig gut dran, weil die gesichert waren. Und dann die schwerer Verletzten, die mußten wir allmählich rausschaufeln.»

Der Reporter fragt, wie sich das alles ereignet habe, die Antwort läßt sprengtechnische Fragen beiseite, konzentriert sich auf das Auseinanderbrechen der Saalkonstruktion: «Nach dem Lichtschein, den man gesehen hat, der war in der Höhe. Das heißt, es ist bestimmt die Sprengung nicht von unten gekommen, vom Boden her, sondern in der Höhe der Galerie muß die Sprengladung angebracht [gewesen] sein, und zwar am ersten Pfeiler auf der Seite, auf der das Führerpodium stand, in der Höhe der Galerie. Das ist der Pfeiler, an dem wir stehen, der etwa drei Meter rechts vom Führerpodium war, da muß die Sprengladung [angebracht gewesen sein]. Sie sehen, da oben sind die Träger abgebogen und durchgerissen, hier oben hat die Sprengung eingewirkt. Und muß also die Sprengladung in der Galerie entweder unter dem Riemenboden oder unter der Holzverschalung an der Wand gesessen sein. Dann ist zunächst mal dieser Träger abgerissen. [...] Und dadurch, daß der Träger gerissen ist, haben die Längsträger, die zwischen Galerie und eigentlichem Saal abstützen, ihren Halt verloren und sind runtergesackt. Das sind zwei Träger, der eine, der hier noch mit Stein verkleidet ist, der war in Höhe des Bodens der Galerie. Und der große Eisen-T-Träger, den wir da sehen, [...] der ist runtergekippt, weil das Oberteil von diesem senkrechten Träger hier natürlich auch nachgegeben hat, nachdem er durch die Sprengladung hier durchgerissen war.»

Der Reporter ist von der Neugier angesteckt, treuherzig fragt er:

«Dann war also hier die Stelle, von der man aus den ganzen Saal zum Einsturz bringen konnte?»

Der Fachmann hat keine Bedenken, dem Attentäter ein Lob auszusprechen: «Ja, es ist sprengtechnisch die günstigste Stelle gewesen, [...] außer den zwei großen Längsträgern kam hier ein großer Querträger rüber, der hat ebenfalls den Halt verloren und ging runter. Und auf diesem Querträger ist wieder ein Stahlträger gelegen, der in der Mitte des Saals rüberkam und am nächsten Träger nicht gestützt war, sondern nur mit Nieten und Seitenstücken mit dem nächsten Träger verbunden war und von oben durch die Dachkonstruktion gehalten war. Durch diese Konstruktion, dadurch daß [es] hier nun nachgegeben hat, ist der Träger abgekippt und die Stelle, wo hier genietet war, hat nachgegeben, die Nieten hat's rausgerissen, der Träger kam runter, der nächste hat sich gesenkt, außerdem ist die ganze Dachkonstruktion noch runtergerissen worden, weil an der ja der Träger dort befestigt war. Dadurch konnte eine außerordentlich umfangreiche Einsturzwirkung erzielt werden.»

An irgendwelche Verhaftungen dachte die Polizei am Abend des 8. November zuerst nicht, es herrschte Unsicherheit: Wer konnte es überhaupt gewesen sein? Drei Menschen waren sofort tot, vier Verletzte starben bald im Krankenhaus, wo weitere 63 Verletzte behandelt wurden. Am 13. November erlag ein achter seinen Verletzungen.

Nachkriegsdeutschland hat lange Zeit die Berechtigung des Attentats nicht zugeben wollen und sich zur Selbstentlastung der acht «unschuldigen Opfer» bedient. Kein Gedanke an Hitlers Millionen Morde in den Lagern, an die «Euthanasie»-Opfer, kein Vergleich mit den 50 Millionen Opfern des Zweiten Weltkriegs. Das Mitgefühl galt eher den acht Toten vom eingestürzten Bürgerbräukeller.

Ein Blick in den «Völkischen Beobachter» hätte die Gefühle knapper gehalten. Außer bei der Aushilfskellnerin Maria Henle (geb. 1909) handelte es sich bei den Getöteten um Mitglieder von NSDAP oder SA. In den Todesanzeigen gaben sich Partei und Angehörige stolz auf diese Träger des «Blutordens». Viele hatten zum Freikorps Epp und zum Stoßtrupp Adolf Hitler gehört, die 1923 die Republik zerstören und eine Diktatur errichten wollten. Stellvertretend mögen die Todesanzeigen für den 50 Jahre alten Michael Wilhelm Weber gelten. Er sei, wie seine Witwe schrieb, «für seinen geliebten Führer, für sein freies Deutschland» gestorben. Weber war Inhaber der Großparfümerie «Bavaria», Parteigenosse, Träger des Blutordens, Träger des EK II und des Bayerischen Militär-Verdienst-Kreuzes, Freikorpskämpfer, Anhänger Hitlers seit 1920, NSKK-Hauptsturmführer und stellvertretender Führer der NSKK-Motorstandarte 86.

Drei der Opfer kamen in der Nähe von Hitlers Pult um, Mitglieder des Reichsautozugs, SA-Hauptsturmführer bzw. Truppführer. Sie waren im Dienst. Nach der damaligen Werteordnung brauchte man Tote im Dienst der Partei nicht zu bedauern, sie wurden in die Reihe der Parteiheroen aufgenommen. Ihr Tod galt als ruhmreicher Beitrag zum Sieg der «Bewegung». Wie Hitlers Anhänger später beim Staatsakt vom 11. November zu hören bekamen, galt das Unglück des einzelnen nichts, wenn nur der Führer lebte.

4 Der Schutthaufen
wird untersucht

Hitler war mit seinem Gefolge fünf Minuten vor Abfahrt des Zuges am Hauptbahnhof angekommen. Der «einfache Gefreite», wie er sich gerne stilisierte, hatte wie üblich ein knappes Dutzend Koffer dabei. Um 21.31 Uhr fuhr der Sonderzug nach Berlin ab. Die Stimmung im Salonwagen war aufgekratzt bis übermütig. Thema wie immer nach solchen Veranstaltungen: die ruhmreiche Vergangenheit der Partei vor 1933, die «Kampfzeit». Und nun der Blitzkrieg gegen Polen, das zweite Land im Osten in wenigen Wochen erobert. Hitler hatte immer recht gehabt, jetzt war er sich der absoluten Zustimmung seines Volkes sicher. Was machte da schon das bißchen Unwillen im Militär? Die Generalstäbler hatten immer nur Bedenken gehabt, nie wollten sie etwas riskieren, aber er hatte sich immer durchgesetzt. Und nun sollte es gegen England gehen, vorher allerdings mußte in einem weiteren Blitzkrieg Frankreich überrannt und Paris besetzt werden.

Die Stimmung war siegesbesoffen. Hitler trank wie immer Mineralwasser, aber mancher in seinem Gefolge erwischte zu viel Alkohol. Der Zug würde jedoch erst um 10.20 Uhr in Berlin ankommen, am Anhalter Bahnhof, genug Zeit, um den Kater auszuschlafen. Unterwegs versuchten zwei Stationsvorsteher, einer davon in Augsburg, den Zug anzuhalten und Hitler vom Attentat zu benachrichtigen. Vergeblich, der Lokführer fuhr durch, um den knappen Sonderfahrplan einhalten zu können.

Erst in Nürnberg war ein Zwischenhalt vorgesehen. Goebbels

ging hinaus und gab Fernschreiben auf, kreidebleich kehrte er zurück. Doch Hitler hielt die Nachricht vom Bürgerbräukeller für einen makabren Scherz, Goebbels hatte ja ein freches Mundwerk. Und über das Risiko eines Anschlags war schon oft gesprochen worden. Immer wieder gab Hitler seinem Bedürfnis nach einem Bad in der Menge nach, der isolierte Diktator wollte wenigstens kurz in der Begeisterung schwimmen. Seine Sicherheitskräfte erlebten mit Angstschweiß, wie er sich über Vorsichtsmaßnahmen hinwegsetzte und Kontakt zu Anhängern suchte, Blumen annahm, an sein Auto Leute heranließ, die leicht eine Handgranate hätten werfen können.

Goebbels' Gesichtsfarbe und sein Ernst sprachen jedoch gegen einen Scherz. Hitler versuchte eine andere Erklärung: Es sei nur eine Falschmeldung. Dagegen hatte sich der Propagandaminister durch Rückfragen in Berlin bereits abgesichert. Also doch: An der zentralen Stätte der Selbstverherrlichung der Partei hatte es jemand auf Hitlers Leben abgesehen. Aber die Stimmung im Zug war zu fidel, der Sieg zu nah, so daß Hitler in einer Art reagierte, die tiefen Einblick in seine Mentalität erlaubt. Sein spontaner Kommentar: «Glück muß der Mensch haben.» Die Haltung eines Spielers. Bisher war er noch immer damit durchgekommen. Nun wollte er die Nachricht selbst prüfen, verließ den Zug, ging ans Telefon und sprach mit der Einsatzleitung im Bürgerbräukeller, mit Gauleiter Adolf Wagner und dem Münchner Polizeipräsidenten Friedrich Karl Freiherr von Eberstein.

Als er zurückkam, war er wie verwandelt, so die Beobachtung seiner Sekretärin, die einen guten Schuß Ideologie beigab. Wer in diese Umgebung eingeschlossen lebte, konnte nicht mehr so recht unterscheiden zwischen Realität und Hitler-Mythos. Das Gesicht Hitlers, so empfand es die Begleiterin, nahm «einen entschlossenen und harten Zug» an. «In seinem Blick loderte die mystische Flamme, die ich so häufig bei ihm in den Augenblicken großer Entscheidungen bemerkt hatte.» Blitzschnell machte Hitler aus dem Attentat einen neuen, noch größeren Sieg: Er brachte die «Vorsehung» ins Spiel, ein Trick, der bei seinem glaubenswilligen, auf Irrationalität eingestimmten Volk immer gut ankam. Während die anderen rätselten, was das Ganze solle, rief Hitler in den Salonwagen hinein: «Jetzt bin ich völlig ruhig! Daß ich den Bürgerbräu[keller] früher als sonst verlassen habe, ist mir eine Bestätigung, daß die Vorsehung mich mein Ziel erreichen lassen will.»

Die nächsten Überlegungen galten den Hintermännern. Hitler war von seiner Rede her noch so voll Haß gegen England, daß er sofort auf den britischen Secret Service tippte. An den nächsten Bahnstationen, wo neue Nachrichten aus München warteten, wurden die ersten Befehle ausgegeben. Die ganze Nacht ging es im Zug so hektisch weiter, daß Goebbels bis Berlin nur eine einzige Stunde Schlaf fand. Himmler hatte noch in der Nacht Ermittlungen eingeleitet. Für die kriminalistischen Untersuchungen forderte Hitler die besten Fachleute an und beauftragte Arthur Nebe, Reichskriminaldirektor und Chef des Amtes V des Reichssicherheitshauptamtes (RSHA) in Berlin, mit der Leitung der Untersuchung. Sachlichkeit, Propaganda, Wahnsinn und Mythos konnten bei Hitler durchaus eine enge Verbindung eingehen.

Hitlers Einfall, den britischen Geheimdienst verantwortlich zu machen, gab Goebbels noch in der Nacht über Fernschreiber nach Berlin weiter. Am nächsten Tag, dem 9. November, hatten die Pressemeldungen der NS-Agentur Deutsches Nachrichten Büro (DNB) bereits ihre Linie gefunden. Erst am 21. November ließ Hitler der Presse einen weiteren Erklärungsstrang vorgeben: Organisator des Münchner Attentats sei Otto Strasser gewesen, damals Emigrant in der Schweiz, ein linker oppositioneller Nationalsozialist und Gegner Hitlers seit 1930; sein Bruder Gregor war im Zusammenhang des Blutbades gegen die SA 1934 ermordet worden. Otto Strasser wurde schon früher für Attentate in Deutschland verantwortlich gemacht, Hitler wiederum hetzte ihm in der Tschechoslowakei mehrere Mörder auf den Hals.

Um Mitternacht hatten zwei Sprengstoffexperten ihre Untersuchungen am Tatort aufgenommen, beaufsichtigt von Dr. Albrecht

Böhme, dem Chef der Kripoleitstelle München. Der in Fällen von Attentaten und Sabotage eigentlich zuständige Münchner Gestapochef war abwesend und wurde später ausgebootet. Böhme ließ Kripoleute erkennungsdienstliche Arbeiten durchführen: Sicherung von Spuren, vor allem von Splittern aller Art, unter Scheinwerferlicht Anfertigung von Fotos, die freilich am nächsten Tag bei vollem Licht wiederholt werden mußten. Schon bei der Bergung der verschütteten Toten hatte die Feuerwehr verdächtige Messingteile gefunden. Das brachte Böhme auf die Idee, am nächsten Morgen den ganzen Schuttberg sorgfältig durchsieben zu lassen.

Die allererste Vermutung nach dem Hintergrund des Anschlags kam aus den Kreisen der «Alten Kämpfer», die sich gegen den Vorwurf verteidigen mußten, beim Saal- und Personenschutz versagt zu haben. Sie behaupteten, die Explosion liege außerhalb ihrer Verantwortung, sie habe ja erst stattgefunden, als sie die Sicherheitssperre um den Saal aufgehoben hatten. Das sah ohnehin schon dürftig aus. Als Fachleute Reste des Zeitzünders fanden, fiel diese Behauptung ganz in sich zusammen. Für einige Tage half man sich in der Öffentlichkeit mit der Vermutung, die Explosion habe in einem leeren Raum oberhalb der Galerie oder im Dachgebälk des Saales stattgefunden. Dies geisterte als Nachricht durch die In- und Auslandspresse.

Dagegen waren sich die Sprengexperten schon am 9. November gegen 4 Uhr morgens ihrer Sache sicher und kamen in ihrem Gutachten zu einem Ergebnis, das weitgehend den Beobachtungen entsprach, die der Augenzeuge Frank im Rundfunk wiedergegeben hatte: «Schon auf Grund dieser ersten Feststellungen wurde angenommen, daß hier an der Säule und zwar auf der Galerie die Sprengstelle sich befinden müsse.»

Die Beurteilung der Sprengstoffmenge im Gutachten der Experten liest sich wie ein Kompliment für die technische Qualität des Anschlags. Kein Wort der ideologischen Wertung, es herrscht eine sachliche Sprache. Hier sind Techniker am Werk, die einen Kollegen beurteilen. Wäre die Sprengladung frei angebracht worden, so wären 50 kg nötig gewesen. Für den Attentäter sicher unmöglich, so viel Sprengstoff in den Saal zu schmuggeln und unauffällig unterzubringen. Dieser Gedanke brachte die Experten auf die richtige Fährte: «Es war deshalb wahrscheinlich, daß eine in die Säule eingebaute Ladung, die dann unter Berechnung nach der üblichen Formel nur etwa 8-10 kg betragen hätte, zur Verwendung kam.» Der dafür notwendige Einbau ließ darauf schließen, daß «der Anschlag schon von langer Hand vorbereitet worden ist». Der Attentäter hatte die Wirkung enorm gesteigert, indem er den Explosivstoff nicht frei auslegte, sondern in einen Pfeiler einbaute, in der Fachsprache «verdämmte», und dann noch in den tragenden, auf dem die Saaldecke und das Dach lagen.

Die Fachleute zeigten fast hellseherische Fähigkeiten: «Dadurch daß die Galerie sowohl nach der Saalseite wie nach der Außenwand zu mit einer Holzverschalung versehen war, war es dem Täter ohne besondere Schwierigkeit möglich, durch Abheben der Verschalung und wieder Anbringung nach der Herstellung der Minenkammer wiederholt zu arbeiten, ohne aufzufallen. Immerhin mußte er mit den örtlichen Verhältnissen und Gepflogenheiten des Hauses vertraut sein. Sobald die Minenkammer geladen war, war nur noch die Zeitzündung anzubringen und auszulösen.» Des weiteren nahmen die Experten einen Zeitzünder an, im Fachausdruck eine «Höllenmaschine». Dazu paßten «Spiralfedern, Zahnräder und sonstige Metallstücke», die man «auf dem noch erhalten gebliebenen Boden der Galerie gefunden» hatte. «Aus diesem Auffindungsort war zu schließen, daß auch die Sprengstelle sich in Höhe des Galeriebodens befand.» Die Sprengladung habe sich hinter der Verschalung befunden, «etwa in der Mitte des Pfeilers». Nur in einem irrten die Experten gründlich: es habe sich um «einen außergewöhnlich brisanten Sprengstoff [ge]handelt, der den sonst gebräuchlichen gewerblichen Sprengstoffen weit überlegen ist».

Der Münchner Polizeipräsident von Eberstein urteilte in seinem ersten Bericht vom 9. November enthusiastisch, «daß es sich durchaus nicht um eine primitiv hergestellte Apparatur gehandelt hat, sondern daß fachmännisch hervorragende Arbeit geleistet worden ist». Seiner grotesken Begeisterung versetzte er pflichtschuldigst einen Dämpfer: Als Täter vermutete er eine «zunächst noch unbekannte Terrorgruppe». Das ist alte Polizeischule: Attentate machen Gruppen, ein Anschlag ist Terror. Die Ideologie stimmt wieder. Weitere Aufschlüsse erwartete der Polizeipräsident von Vernehmungen des Bürgerbräupersonals, der im Saal zeitweise untergebrachten Sanitätsabteilung und aller Firmen, die «bei Bauarbeiten, Renovierungen und Ausschmückungen des Bürgerbräukellers» zu tun hatten und in den Besitz von Bauplänen des Saales gelangt sein könnten.

Als Dr. Böhme am Morgen die Schuttberge nach Resten des Sprengapparates durchsuchen ließ, bot ihm die Münchner Uhrmacherinnung von sich aus ihre Hilfe an und schickte vierzig Lehrlinge der Uhrmacherfachschule. Die Männer der Feuerwehr und des Reichsarbeitsdienstes schaufelten vorsichtig den Schutt um und sicherten die Stelle gegen Einsturzgefahr. Mitten im Staubwirbel, der Sicht und Atmen erschwerte, durchsuchten die Jungen mit geschulten, flinken Augen und geschickten Fingern den Schutt. Kommissare übertrugen die Fundorte aller Metall- und sonstigen Teile auf einen Grundriß des Saales, so daß bald erkennbar wurde, woher die Explosion mit welcher Wucht gekommen war. Insgesamt fanden die Lehrlinge über 300 Messing- und andere Metallteile. Dabei kamen auch Reste von Isoliermaterial mit Firmenaufdruck zum Vorschein, eine wichtige Spur zum Verkäufer des Materials und über ihn zum Käufer, dem Attentäter.

Von Anfang an lagen sich bei der Untersuchung verschiedene Behörden in den Haaren. Das war typisch für den Regierungsstil der Nationalsozialisten. Hitler versprach sich von der Konkurrenz verschiedener Ämter eine Sicherung seiner absoluten Stellung. So erschienen nachts um 2.30 Uhr unaufgefordert am Tatort der Generalstaatsanwalt und der Oberstaatsanwalt, die die gerichtlichen Ermittlungen einleiten wollten. Die Gestapo ließ sie gewähren, bis am 15. November, wohl nach einer Audienz Himmlers bei Hitler, eine kategorische Entscheidung fiel, wie der Abwehroffizier Groscurth in sein Diensttagebuch notierte: «Heydrich hat dem Oberreichsanwalt Lautz erklärt, eine Beteiligung der Justiz bei Aufklärung des Attentats käme nicht in Frage. Ebenso hat Reichskriminaldirektor Nebe auf höhere Weisung die Einschaltung des Generalstaatsanwalts in München abgelehnt.» Ein hoher SS-Offizier begründete die Ausschaltung der Justiz damit, «es sei jetzt Kriegszeit, da solle man doch alle Verbrechen usw. gleich an die Gestapo abgeben».

Zu einem Zusammenstoß kam es wegen der Spurensicherung. Als Polizeipräsident Eberstein morgens den ersten Bericht Böhmes las, tippte er verächtlich gegen seine Stirn und fuhr den Kripochef wutschnaubend an: «Sie wollen aus dem Schutt ein politisches Verbrechen erkennen?!» Ihm wäre es lieber gewesen, am Tatort alles gleich wegräumen zu lassen. Böhme erklärte, das sei «ein unverzeihlicher Unterlassungsfehler». Als Böhme fragte, was statt dessen zu tun sei, schwieg sein Chef. Das Umschaufeln ging weiter. Morgens kamen auch «Alte Kämpfer» vorbei, die sich in die Ermittlungen einschalten wollten, aber «wegen drohender Einsturzgefahr» aus dem Trümmersaal verwiesen werden konnten.

Am 9. November um 11 Uhr traf Arthur Nebe mit dem Flugzeug von Berlin in München-Riem ein, in seinem Gefolge sechs Kripobeamte. Himmler, Chef der SS und der Polizei, hatte schon nachts von Berlin aus auf Befehl Hitlers die Bildung einer «Sonderkommission Bürgerbräukeller» angeordnet: eine «Tatortkommission» unter dem Abteilungsleiter Hans Lobbes aus dem Reichskriminalpolizeiamt und eine «Täterkommission», für die man nach anderthalb Tagen ergebnisloser Vernehmungen am Abend des 10. November einen früheren Fachmann der Münchner Politischen Polizei aus Wien herbeiholte: Franz-Josef Huber, den Leiter der Gestapozentrale Wien. Hier kam eine alte bayerische Seilschaft zum Zug, die den «Preußen» in Berlin nie so recht schmeckte. Huber war ein guter Bekannter des gefürchteten Heinrich Müller, seit 1937 Chef der Gestapo in Berlin. Sitz der Sonderkommission wurde die Münchner Gestapozentrale im Wittelsbacher Palais, Ecke Brienner- und Türkenstraße, in einer Gegend, wo Schwabing heute sich schick und teuer gibt.

Schon in der Nacht hatte eine Verhaftungswelle eingesetzt, die wochenlang anhielt. Die Gesamtzahl der Inhaftierten ist nicht ermittelbar, es dürften mindestens eintausend gewesen sein. In der Nacht waren es 120 Verhaftungen allein an den Grenzübergängen. Alle Kommunisten, die noch nicht hinter Gittern verschwunden waren, wurden festgenommen. Wer sich am Tatort herumtrieb, aus Neugier, wurde ins Wittelsbacher Palais zum Verhör geschleppt. Wer irgendwo in Deutschland in den nächsten Wochen über das Attentat etwas sagte, was nicht in die Parteilinie paßte, fiel in die Hände der Gestapo. Denunziationen blühten so üppig, daß selbst die Gestapo überfordert war. Wie oft in solchen Fällen versuchten miteinander Verfeindete alte Rechnungen zu begleichen: durch Anzeigen. Alle Namen wurden zuerst im Reichssicherheitsamt von Berlin geprüft, wo eine zentrale Kartei Verdächtiger eingerichtet wurde.

Auf Befehl Himmlers wurden darüber hinaus die etwa 50 Beschäftigten des Bürgerbräus verhaftet und verhört. Die Kellnerin Maria Strobl entging der Verhaftung nur wegen ihrer Verletzungen. Statt dessen kamen Gestapoleute zu ihr nach Hause, brachten eine Schreibmaschine mit, fragten sie tagelang immer dasselbe und schleppten sie trotz ihres Widerspruchs fünf- bis sechsmal zu Verhören ins Wittelsbacher Palais. Viele der Beschäftigten, voran der Pächter der Gaststätte, blieben drei Monate in Haft.

Reichskriminaldirektor Nebe, der in Berlin seit Jahren lose Verbindungen zur Militäropposition pflegte, befürchtete anfangs, oppositionelle Heißsporne aus dem Generalstab könnten selbständig gehandelt haben. Der Zeitpunkt des Attentats deutete darauf hin, denn für den Fall des Krieges gegen Frankreich waren von einer oppositionellen Strömung im Generalstab Attentatspläne gehandelt worden. Doch der Generalstabschef des Heeres Franz Halder überlegte und erwog und wankte und schwankte und zögerte, schob die Tat dem Abwehrchef Canaris zu, der wiederum zu patriotisch und bedenkenvoll war. Der Abwehroffizier Groscurth schrieb in sein Privattagebuch: «Diese unentschlossenen Führer ekeln einen an.» Dem braucht man noch nach Jahrzehnten nichts hinzuzufügen. Am 1. November erklärte der Chef der Abwehr des Heeres, Generalmajor Hans Oster, einer der energischen militärischen Widerstandskämpfer, dem Diplomaten Erich Kordt: «Wir haben niemanden, der die Bombe wirft, um unsere Generale von ihren Skrupeln zu befreien.»

Die Unruhe Nebes steigerte sich, als er morgens im Rundfunk die Nachricht hörte, beim Attentat sei britischer Sprengstoff verwendet worden. Diese Version ging auch in die Wochenschau der UFA ein. In der Tat, die deutsche Militäropposition favorisierte dieses Material, weil es explosiver und leichter formbar war – freilich kamen die hohen Herren über Gespräche nicht hinaus.

Als Nebe gegen Mittag das Sprenggutachten las, atmete er auf. Nun war es unmöglich, daß die rivalisierende Gestapo das Attentat durch Manipulationen der Abwehr unterjubeln konnte. Von nun an hatte Nebe nicht mehr das geringste Interesse, den Attentäter zu schonen. Dienst war Dienst. Nach dem Zeugnis von Gisevius brauchte er bis 1944, um zu erkennen, daß eigentlich nur dieser Attentäter vom Bürgerbräukeller das notwendige Format gehabt hatte, um Hitler aus der Welt zu schaffen.

5 Das Echo
auf den Anschlag

Joseph Goebbels zeigte sich nach dem Attentat unbeeindruckt, Hektik und Nervenkitzel waren ihm stets willkommen. In sein Tagebuch trug er kaltschnäuzig ein: «Wäre die Kundgebung wie alle Jahre vorher programmgemäß durchgeführt worden, dann lebten wir alle nicht mehr.» Dann warf er sich das Gewand eines braunen Predigers um: «Er [Hitler] steht doch unter dem Schutz des Allmächtigen. Er wird erst sterben, wenn seine Mission erfüllt ist.» Zum 10. November notierte Goebbels vergnügt: «Die Stimmung im Lande ist ausgezeichnet.» Nebenher redigierte er bereits das Drehbuch zum «Jud Süß»-Film von Veit Harlan.

Ein anderer fröhlicher Mensch dieser Zeit und Bewunderer Hitlers, General Rommel, schrieb am 15. November: «Der Führer ist sehr entschlossen. Das Münchner Attentat hat ihn in seinem Willen bestärkt.» Soweit wäre es noch zu ertragen, doch im nächsten Satz offenbart Rommel Hitlers Lust am Krieg: «Es ist eine Freude, dies miterleben zu können.»

Keine solche Freude empfand der Parteiphilosoph Alfred Rosenberg, schon lange isoliert, aber in München als Veteran zu Füßen des Führers und der tickenden Bombe. Seinem Tagebuch vertraute er am 11. November an: «Noch stehen wir alle unter dem Eindruck des Attentats in München.» Am Tag zuvor war er bei Hitler zum Mittagessen gewesen, was selten genug geschah. Hätte Hitler die Rede vom 8. November nicht früher als üblich beendet, «so wären wir eben alle unter den Trümmern begraben worden». Rosenberg beschlich ein «merkwürdiges Gefühl», die Erinnerung an den fehlgeschlagenen Putsch von 1923: «[...] vor 16 Jahren ging ich mit der Pistole in der Hand mit Adolf Hitler zu diesem gleichen Podium, wo uns jetzt der Tod zugedacht war. [...] Wir hatten 14 Jahre mit unserem Kopf gespielt, jetzt sind die gleichen Gegner, offenbar vom Ausland her, am Werk, um uns aus der Welt zu schaffen.» Dann wandten sich seine Gedanken dem eignen Schicksal zu, und er kam auf die ungeschützte Lage seiner Villa: «Sehe ich mein Haus an, so ist es eine Kleinigkeit, in der Nacht mir in der menschenleeren Gegend eine Bombe mitten ins Schlafzimmer zu werfen.»

Goebbels hingegen war Berufsoptimist, immer mittendrin, er lenkte die öffentliche Meinung, in den Zeitungen, im Rundfunk, auch in der Filmwirtschaft. Der «Berliner Lokalanzeiger» titelte am 10. November mit universalem Anspruch: «Ganz Deutschland hallt wider von dem fluchwürdigen Verbrechen.» Wie man sich das vorstellen soll, sagte der nächste Titel: «Die gesittete Welt in heller Empörung». Bei der Überschrift zum dritten Artikel erreicht die papierene Dramatik ihren Höhepunkt: «Eine Welle fanatischer Empörung geht über das Reich.» «Fanatisch»: ein Lieblingswort Hitlers und folglich des braunen Journalismus.

Mit einem Netz ehrenamtlicher Mitarbeiter hatte der Sicherheitsdienst (SD) die wirkliche Stimmung im Volk zu registrieren, deshalb war dieser Geheimdienst oft besser informiert und realistischer in seiner Einschätzung als die abgehobene Parteiführung. Der SD-Bericht vom 23. Oktober 1939 leistete sich im Vorfeld des Münchner Attentats den kernigen Satz: «Nach wie vor läßt sich für das ganze Reichsgebiet feststellen, daß sich das Vertrauen in die amtliche Nachrichtenübermittlung in Presse, Film und Rundfunk in einem erfreulichen Maße gefestigt hat und daß das Volk die gegenwärtige Form der Propagandaführung, vor allem gegenüber dem Ausland, begrüßt und innerlich mitmacht.» Zwei Tage später: «Das deutsche Volk ist davon überzeugt, daß der Kampf gegen England fortgesetzt werden muß.» Stimmen gegen den Krieg seien kaum mehr festzu-

stellen. Das war auch nicht weiter verwunderlich. Für Friedensäuße-
rungen stand die Aussicht auf KZ-Haft, die Einweisung in ein Lager
war schon zum populären Droh- und Schimpfwort geworden. Seit
1934 fiel jede abweichende Meinung unter das Heimtückegesetz, seit
Kriegsbeginn stand das Hören von Feindsendern unter Strafe.

Im SD-Bericht zwei Tage nach dem Attentat wurde, nicht ohne
Genugtuung, eine Welle der Empörung registriert. Erst war Mißtrauen gegen die Presse durchgebrochen, die Gerüchteküche kam in
Gang: Hitler sei schwer verletzt, «führende Männer der Partei und
des Staates» seien getötet worden. Als daran nichts war, stürzte sich
die Erbitterung auf die «Engländer und Juden», sie seien die Hintermänner. «In einigen Orten kam es zu Demonstrationen gegenüber
Juden.» Wenn das Regime nur wollte, ließ sich der Antisemitismus
gleich wieder bremsen, wie in diesem Fall. Ohne weiteres hätte eine
zweite Pogromnacht inszeniert werden können. Arbeiter forderten,
in England «keinen Stein mehr auf dem anderen» zu lassen, Göring
solle mit der Luftwaffe «London in Schutt und Asche legen lassen».
Zukunftsträchtige Sätze, an die sich Jahre später niemand erinnern
wollte. Hitler hielt seine Auslassungen im Bürgerbräukeller für so
programmatisch, daß er sie in einer reich illustrierten Broschüre mit
einer Auflage von drei Millionen verteilen ließ.

Wie sehr sich die Herzen der Deutschen durch das Attentat angesprochen fühlten, läßt sich aus Privatäußerungen erschließen, meist
echtem Parteikitsch. Ein Professor schrieb Hitlers Chefadjutanten
Brückner: «Unser ganzes Volk ist ergriffen in Dankbarkeit gegen die
Vorsehung. Der Einzelne kann es dem Führer nicht ausdrücken. Ihnen aber, dem Hüter des Vorhofs zur Herzkammer des Führers, der
ihm so viele Ströme aus dem Volke zuleitet, darf ich es sagen […]: Es
war für mich der glücklichste Augenblick in meinem langen Leben,
als ich den Führer in Sicherheit wußte […].» Und die Frau des
Austrofaschisten Othmar Spann-Rheinisch schrieb aus der Steier-
mark einen unübertrefflichen Parteischwulst, ein hübsches Beispiel
für den weiblichen Enthusiasmus zu dieser Zeit: «Wieder haben

Gottes Engel den Erwählten der Deutschen Seele behütet. Dank sei Gott und Ihnen, o Führer mein! Denn allen geschieht ja doch, was sie *sind*! Ihnen geschieht nach Ihrem Wesen, nach Ihrer Bestimmung: Ihr Wesen ist eins mit dem Deutschen Geist; er hat Sie herausgeführt aus der Verborgenheit Ihrer Ahnengeschlechter und zu unserm Herzen und Haupte gemacht! Möge Ihr starker Stern ewig über Ihnen stehen bleiben! Mögen Freunde und Feinde sehen, daß Sie unbesieglich wie der Deutsche Geist, unverwundbarer als Siegfried sind!»

Wo Gefühle sind, ist auch der Geschäftssinn nicht weit. Am 13. Dezember meldete der SD: «Seit dem Kriegsausbruch und besonders auch nach dem Münchner Attentat haben in vielen Orten Geschäftsinhaber Führerbilder in den Schaufenstern ausgestellt.» Dem Regime war's recht. Doch in Kiel erlaubte sich eine Spirituosenhandlung einen Scherz: Das Hitler-Bild stand mitten unter einer Menge Spirituosenflaschen und neben dem Spruch: «Wir kapitulieren nie!»

Es gab allerdings auch andere Strömungen. Aufschlußreich hierfür war die gleichzeitige Beobachtung des SD, überall im Reich nähmen Fehlgeburten und Abtreibungen zu. Viele seit kurzem schwangere Frauen hatten Angst vor der Zukunft, wenn die Ernährer ihrer Kinder nicht mehr aus dem Krieg zurückkommen sollten. Sie halfen sich selbst.

Himmler befahl in den Zeitungen, jede verdächtige Äußerung über das Attentat der Polizei zu melden. Ein grobes Fahndungsmuster, der in Gerüchten schwelgende Volksmund ließ sich damit kaum dingfest machen. Die Gestapo rechnete nicht mit dem Einfallsreichtum und den Ausreden der kleinen Leute, falls sie gestellt wurden. Durch die Denunziationen bekam sie jede Masse Arbeit, die lediglich in sehr deutlichen Fällen zur Repression führte, oft aber nur Unmengen Papier produzierte, das am Kriegsende unterging oder aus Feigheit vor der Verantwortung verbrannt wurde.

Der SD-Leitabschnitt Berlin selbst belegte, wie wenig die Propa-

ganda von der guten Stimmung in Berlin zutraf. Er sammelte Äußerungen, «daß in der Zeit um den 9. November große Umwälzungen
zu erwarten seien». In Wilmersdorf streute eine Frau aus, am 9. November werde Hermann Göring zum Führer ausgerufen. Eine Verkäuferin eines Radiogeschäftes in Weißensee verpetzte einen Mann,
der, als er ein Radio kaufen wollte, aber keines vorfand, mit einem
Ausspruch drohte, den er von einer Jüdin gehört haben wollte:
«Wartet nur erst den 8./9. November ab!» Das Datum der Münchner Traditionsfeier schien schon vorher eine fast magische Wirkung
ausgeübt zu haben.

Nach dem Attentat bedauerte ein Berliner Malermeister:
«Schade, daß es mißglückt ist!» Ein Metallarbeiter bezweifelte, daß
der englische Geheimdienst das Attentat verübt habe, sein politsches
Gespür bewies er mit der Bemerkung, «das Attentat sei vom Volke
angestiftet worden und man solle nicht glauben, daß das Volk zu
100 % hinter dem Führer stehe».

Hitler-Anhänger bekamen in Berlin Gelegenheit, Schadenfreude
über den Anschlag zu spüren. Nicht wenige gingen davon aus, Hitler und andere würden bald erschossen werden. Ein Ladeninhaber,
der laut Plakataushang Juden nur von 12 bis 13 Uhr bediente, bekam
am 11. November eine bedrohliche Postkarte, ein Stück alten Rügebrauchs: «Wie kommen Sie Schweinehund dazu, den jüdischen
Herrschaften nur ab 12 Uhr zu gestatten einzukaufen? Haben Sie
ganz vergessen, daß Sie von dem 100 %igen Kauf der jüdischen
Kunden gelebt haben? Schleunigst das Schild ab oder die Scheiben
fliegen genau wie gestern in München, wo den Lausenazis die
Bombe geplatzt ist.»

Subversive Antinazi-Literatur nahm ab November schlagartig zu.
An einer Berliner Haustür hing eine Klebemarke mit der Aufschrift:
«Christen denkt an die Bergpredigt: Krieg dem Kriege!» Das lag
nahe bei der Motivation des Attentäters.

Auch die «Deutschland-Berichte» der Exil-SPD veranschaulichen
das Chaos in den Köpfen der Deutschen nach dem Attentat: große

Aufregung, wilde Gerüchte, Schadenfreude, Mißtrauen gegen die NS-Presse, Übernahme englischer Retourkutschen und vor allem ängstliches Köpfeeinziehen. Bei der Parteileitung gingen aus dem deutschen Untergrund fünf Berichte ein, die kein einheitliches Stimmungsbild erkennen lassen. Nach dem ersten Bericht modifizierte anfangs der Volksmund originell die Linie der Engländer: Die «Göringclique» habe das Attentat angestiftet, das Militär habe es durchgeführt. Am Ende schwenkten die Leute wieder auf die NS-Linie ein: England hat's getan. Der Gestapo-Mythos von der Verschwörung wirkte mit Macht, «welche Kräfte stehen hinter diesem Attentat und welche Kräfte haben es fertiggebracht, Himmlers Gestapo zu täuschen bzw. ihr zu verheimlichen, daß die Sache losgehen würde?» Irgendwie müsse Hitler dahinterstehen.

In einem anderen Bericht wurde darüber spekuliert, warum nach den anfänglich sehr widersprüchlichen Meinungen die NS-Propaganda sich so rasch durchsetzen konnte. Man kam auf eine scharfsinnige und realistische Antwort, merkte die Ideologie vom Burgfrieden und die Ausreden gegen das Attentat, die übrigens noch heute leben: «Die Vorstellung von dem Boot, in dem alle sitzen, ist zu verbreitet und die Glaubwürdigkeit in die schon einmal erteilten Versprechen der Kriegsgegner ist zu nachhaltig erschüttert, als daß der besagte ‹kleine Mann› ein Verlangen danach haben könnte, die Bombe hätte ihre Wirkung tun sollen. Andererseits sagt man sich: Ein solcher Anschlag kann doch nie alle ‹Führer› auf einmal treffen und schon deshalb ist er sinnlos. Er hätte im günstigsten Falle als Folge lediglich eine innere Verwirrung und der Nutznießer wäre der Feind, der Krieg wäre verloren und das Elend wäre noch viel größer als nach Versailles; alle Anstrengungen seit 1933 wären nutzlos gewesen.» Das Fazit war niederschmetternd: «So kann man nur mit Staunen feststellen, ganz gleich wer die Bombe warf, den Erfolg ernten die Nazis.» Die englische Behauptung, das Attentat sei «ein zweiter Reichstagsbrand», also von den Nazis selbst angestiftet, ziehe nicht.

Fatalerweise wirkte diese Linie dennoch untergründig weiter. Als der Attentäter bald Namen, Biographie und Beruf erhielt, bediente sich die Verleumdungskampagne gegen seine Integrität gerade dieser Masche: der Attentäter als Handlanger der Nazis.

Der SPD-Bericht endete mit der Frage, was überhaupt noch die politische Lage ändern könne? Allein «die überzeugende militärische Niederlage des Reiches». Zynismus aus Einsicht in die eigene Hilflosigkeit. Diesen verheerenden Auffassungen hingen auch Teile des militärischen Widerstandes an. Das Blutbad der nächsten Jahre hätte ein erfolgreicher Anschlag im Bürgerbräukeller vielleicht verhindern können.

Angesichts eines Heeres eifriger Denunzianten hatten die vielen Gerüchte Verhaftungswellen zur Folge. Auch wenn jemand nur etwas weitererzählte, fiel er unter das Heimtückegesetz. Bei der Nachprüfung waren entscheidend die Einstellung der Polizei und das Geschick des Angezeigten, durch Geschwätzigkeit und Berufung auf andere Verwirrung zu stiften. Meister dieser Form der Selbstverteidigung scheint es in Oberbayern gegeben zu haben. Manchmal wurde daraus eine richtige Komödie, mit heimlichem Lachen auf Kosten der Ermittler. Die Polizei führte in München und Umgebung in der Nacht nach dem Attentat Straßenkontrollen durch, um die Attentäter zu erwischen. Die Gendarmerie Unterhaching hielt am 9. November morgens um 5 Uhr ein Taxi an. Bei der Kontrolle der Papiere lallte der Fahrgast sternhagelvoll: «Ich habe den Führer nicht erschießen wollen.» Nur weil er sich ausweisen konnte und Doktor, Reserveoffizier und sogar Blutordensträger war, durfte er heimfahren. Er ging straflos aus.

Der nächste Fall brachte eine Abrechnung. Einer Arbeiterin in Ottobrunn fiel plötzlich eine alte Geschichte ein. 1936 habe ein Mechaniker aus dem Ort bei einer Hitlerrede gesagt: «Wenn man jetzt hergehen würde und sich unter die Leute drängen, dann könnte man ihm [Hitler] leicht ‹eine› hinauflassen.» Einem anderen Zeugen habe derselbe Mann, der übrigens an der Straße wohne, auf der Hitler zum Obersalzberg zu fahren pflegte, erklärt, «daß man sich leicht in den Wald legen und dann herausschießen könnte, wenn er [Hitler] wieder durchfahre». Jemand anderes beobachtete den Mann bei der Beförderung eines «zerlegbaren Militärgewehrs». Das mußte also der Attentäter sein. Der Landrat gab die Anzeige an den Oberstaatsanwalt weiter.

Gleich nach dem Attentat hörte im Leichenschauhaus von Fürstenfeldbruck ein Hitlerfreund, wie eine 61 Jahre alte Tagelöhnerin angesichts eines ihr bekannten Toten sagte: «Die sollen froh sein, die gestorben sind, wir kriegen ja so nichts.» Dann stieß sie heraus: «Wenn er nur hin gewesen wäre.» Der Mann glaubte, sie meine Hitler, schrie sie an, sie gehöre nach Dachau und zerrte sie auf die Polizeiwache. Die Beschuldigte rechtfertigte sich: Sie habe den Ausspruch auf der Straße von zwei Burschen gehört, die vor ihr hergingen. Sie wurde verwarnt und mußte versprechen: «In Zukunft werde ich bestimmt mit niemand mehr etwas sprechen.» Es wird wenig geholfen haben.

Am vergnüglichsten ging's in Moorenweis bei Fürstenfeldbruck zu. Ein Parteigenosse und Postangestellter hatte einen kühnen Spruch erzählt: «Do het's no a G'fahr ghabt, wenn er [der Hitler] hie gewesen war.» Übersetzung des Polizeipostens: «Da hätte es gar keinen Schaden gegeben, wenn er tot gewesen wär.» Darin sah die eher gemütliche Ortspolizei nur eine «ungeheuerliche Gemeinheit» und eine «schwere Verletzung der Führerehre». Doch dann erzählte es der Postler auch der NS-Frauenschaftsleiterin. Als er deshalb nach München zur Gestapo mußte, wollte er es von zwei Bäuerinnen gehört haben. Als diese vernommen wurden, hatten sie etwas ganz anderes gehört. Und so ging es weiter. Der Ortsgendarm strich die Segel, er hatte endlich begriffen, daß er von den Frauen «verschickt» worden war.

Auf viele Oppositionelle und Widerstandskämpfer wirkte das Attentat wie ein Fanal. Der SD-Bericht vom 10. November meldete, daß in Berlin «im Geschäft der Firma Photo-Hoffmann, Kochstr. 10, eine Schaufensterscheibe mit einem Stein zertrümmert wurde. In dem Fenster waren ausschließlich Bilder des Führers aufgestellt.» Auch die Tschechen verbargen nicht ihre Genugtuung. «Bei der tschechischen Minderheit im Sudetengebiet war die Schadenfreude über das Münchner Attentat allgemein feststellbar.»

Die SD-Berichte vermochten über die zahlreichen zustimmenden Äußerungen zum Attentat nicht viel zu sagen, das war Sache der Gestapo. Es dürfte meherere hundert Gestapo-Untersuchungen gegen Leute gegeben haben, die sich verdächtig, gar zustimmend zum Münchner Anschlag geäußert hatten. Nur in Düsseldorf, Würzburg und Speyer sind Gestapoakten über das Echo auf den Anschlag erhalten. In Düsseldorf haben rund 70 Personenakten der Gestapo mit dem Bürgerbräuattentat zu tun, in Würzburg 16, in Speyer betreffen 58 Überwachungsakten «Äußerungen über Attentate».

Einer der wenigen bekannten Fälle ist der des Saarländers Wilhelm Jung, ehemals Mitglied der SPD, Gastwirt in Neunkirchen. Als er am 9. November in seiner Wirtschaft den Zeitungsbericht über das Attentat las, sagte er einer Hausnachbarin: «Wenn der Führer und seine engsten Mitarbeiter bei dem Attentat umgekommen wären, würde es heute schon ganz anders in Deutschland aussehen.» Der Attentäter werde, selbst wenn er hier in der Wirtschaft säße, von niemandem verraten werden. Jung war sich seiner Umgebung zu sicher. Seine Ansicht sprach sich herum, er wurde festgenommen, die Zeugin blieb trotz Bittens von Frau Jung bei ihrer «patriotischen» Aussage. Jung erhielt von einem Sondergericht zwei Jahre Haft, danach überstellte man den geschwächten sechzigjährigen Mann, einen Kriegsinvaliden, ins KZ Sachsenhausen, später nach Auschwitz, wo er 1942 umkam.

Der Bombenanschlag vom 8. November wirkte bis in die Konzentrationslager hinein. Einerseits schöpften politische Häftlinge daraus die Hoffnung, daß es doch einmal gelingen werde, Hitler zu beseitigen, andererseits gerieten die SS-Wachmänner in eine solche Wut, daß sie sich an Häftlingen austobten. Sofort nachdem die Wachmannschaften in Buchenwald vom Attentat erfahren hatten, holten sie einige Juden heraus und erschossen sie im Steinbruch.

Für das KZ Sachsenhausen bezeugte der einstige politische Häftling Rudolf Wunderlich, daß die SS-Leute über das Attentat sehr erregt waren. Um den 14. November wurde Dr. Tuppy, ein ehemaliger Wiener Staatsanwalt, als Gefangener eingeliefert. Mit ihm hatten die Nazis noch eine Rechnung zu begleichen. Nach geltendem Recht hatte er einst die Anklage gegen die nationalsozialistischen Mörder des österreichischen Kanzlers Engelbert Dollfuß erhoben. Als Dr. Tuppy nun die «Politische Abteilung», die Gestapozentrale innerhalb des KZs, betrat, wurde er in einer Schlägerorgie fast zu Tode geprügelt und blutüberströmt, mit zerschmettertem Gesicht, ans Tor gestellt, abends lag er tot im Krankenrevier.

Die Nachricht vom Bürgerbräuattentat verwirrte die Seelenlage aller. Die Nazis erzeugten ungeheuren Anpassungsdruck: Wer mit Worten auffiel, wurde der Gestapo übergeben, doch auch wer sich heraushielt, konnte verdächtig werden. Wer schon immer gefährdet war, wie die Juden, zog sich am besten ganz zurück, ging gefährlichen Leuten aus dem Weg oder schwieg beharrlich. Die einzigen Organisationen, die noch nicht gleichgeschaltet waren und eine eigene Position – und sei's nur die des Schweigens – einnehmen konnten, waren die Kirchen. Schon im SD-Bericht vom 15. November schrieb die SS, daß die evangelische und die katholische Kirche sich dem Attentat gegenüber unterschiedlich verhielten. Die katholischen Geistlichen vermieden gerne eine Stellungnahme, viele evangelische verurteilten den Anschlag scharf. Bei den Evangelischen gab es «Dankgottesdienste für die Erhaltung des Führers» und Kanzelabkündigungen für Hitler. Als Beispiel beschrieb der Bericht einen Stuttgarter Gottesdienst. Der Pfarrer ging über den Dank an Gott weit hinaus, hob Hitlers Teilnahme am Ersten Weltkrieg hervor, den «mutigen Gang am 9. Nov. 1923» und den «Kampf um die politische Macht». Und er bat darum, daß Gott «unserem Volk Lebensraum» schenke. Dem alten Christengott wurde eine Haken-

kreuzbinde übergestreift, er wurde in die «Alten Kämpfer» einge-
reiht.

Am 22. November schob der SD eine weitere Notiz nach, die
katholische Kirche habe sich inzwischen zu einer ablehnenden Hal-
tung gegenüber dem Attentat bequemt. Der Grund: Erregung der
Bevölkerung über die Passivität. Dankadressen gebe es in den
Bistumsblättern von Passau und Freiburg am 19. November. In
Freiburg hatte man die Nazilegende nachgebetet, «ausländische
Mächte» seien am Werk gewesen, Himmler wurde als Quelle zitiert.

Die SS verschwieg intern nicht, daß es im katholischen Klerus
auch Zweifel gab. Ein Spitzel berichtete aus einer Fuldaer Priester-
versammlung, daß man hier die Behauptung des Straßburger Sen-
ders glaube, das Attentat gehe auf Parteikreise zurück. Einige weise
Geistliche, die die Seelen ihrer Schäflein kannten, meinten, «daß der
Tod des Führer jetzt noch verfrüht sei, da er sonst ein Märtyrer des
Volkes geworden wäre».

Bei den Protestanten hängte sich der evangelische Landesbischof von Württemberg, Theophil Wurm, weit aus dem Fenster.
Wie die Mehrzahl seiner Pfarrer war er stramm deutschnational,
zudem antisemitisch. Da er wegen seines Protestes gegen die Eutha-
nansiemorde zu den Anführern des kirchlichen Widerstands gezählt wird, sei seine Erklärung vollständig wiedergegeben. «Mit dem
ganzen deutschen Volk sind wir tief erschüttert über den verbrecherischen Anschlag auf das Leben des Führers in München. Die Geistlichen werden Gelegenheit nehmen, im Gottesdienst am kommen-
den Sonntag dem Dank gegen Gott für sein gnädiges Bewahren
Ausdruck zu geben, und fortfahren in der ernstlichen Fürbitte, daß
Gott seine schützende Hand auch fernerhin über dem Führer und
unsrem Volke halten möge.»

Das «auch fernerhin» ist verräterisch. Wurm stand mit seinem
nationalistischen Glauben offensichtlich unter einem Schock: Leute
aus dem Dunkeln hatten der von Gott eingesetzten Obrigkeit nach
dem Leben getrachtet. Für ihn trug Hitler den Glorienschein einer

göttlichen Sendung. Gott hatte ihn schon bisher geschützt. Alles, was sich Hitler bisher an Unrecht und Verbrechen geleistet hatte, sonnte sich damit in göttlichem Licht. Auch dieser Gott konnte eigentlich in die Partei aufgenommen werden.

Die Reaktionen der württembergischen Pfarrer hielten sich wohl in einer Grauzone. In manchem Gottesdienst saßen Spitzel der Gestapo, beauftragte und erst recht freiwillige. Der Bischof hatte es seinen Pfarrern überlassen, wie sie es machen wollten. Denkbar war die Aufnahme des Attentats in die Fürbitte am Ende des Gottesdienstes, ein Text, der nicht aufbewahrt zu werden pflegt. In die Kanzelabkündigungen scheint der Anschlag nicht gekommen zu sein, in vielen überprüften Büchern fand sich bisher nichts. Selbst in Königsbronn ist nichts überliefert, obwohl die Gemeinde seit dem 12. November einen Einfall zahlreicher Gestapoleute erlebte, die Dutzende von Königbronnern verhörten und auch verhafteten. Eine Distanzierung wäre nützlich gewesen.

In der katholischen Kirche wurde mit Verzögerung reagiert. Das Freiburger Bistumsblatt brachte einen erstaunlich ausführlichen Text; man bekommt den Eindruck, die Verspätung müsse durch mehr Eifer ausgeglichen werden. Der erste Abschnitt, 24 Zeilen lang, hätte nach Inhalt und Wortwahl auch im «Völkischen Beobachter» stehen können. Der zweite beschrieb den Dank an «Gottes Vorsehung», erst im dritten wurde es katholisch: Auch Papst Pius XII. hatte Hitler «Glückwünsche» ausgesprochen, durch den Apostolischen Nuntius in Berlin.

Das Limburger Bistumsblatt wählte eine eigene Sprache, hielt sich aber inhaltlich noch enger an die braune Propaganda. «Teuflischer Mordgeist» habe den Anschlag geplant, aber «die göttliche Vorsehung» ließ den Plan mißlingen. «Gottes Hand lenkt die Geschichte.» Dann kommt als neuer Prediger Rudolf Heß mit seiner Rede beim Staatsakt für die Toten ausführlich zu Wort. Gott sei «mit der gerechten Sache», deshalb werde er «das Deutschland Adolf Hitlers siegen lassen».

Wie sehr uns heute auch solche Worte erschrecken, so dürfen wir doch nicht außer acht lassen, daß derartige Töne in der katholischen Kirche fast nur auf der höheren Ebene der Hierarchie zu hören waren und auch nicht in allen Diözesen. Aus den Bistümern Rottenburg und Trier ist nichts Ähnliches zu melden. Im kirchlichen Alltag sah es sowieso rauher aus. Im Gegensatz zur evangelischen Geistlichkeit befanden sich schon damals zahlreiche deutsche Priester in Konzentrationslagern; in Dachau wurden es bis zum Kriegsende fast fünfhundert. Viele halfen auch dort, soweit sie konnten, anderen Häftlingen, übernahmen sogar Häftlingsfunktionen, ließen sich aber von der SS nicht gegen die Kommunisten ausspielen.

6 Die Spuren verdichten sich

Noch vom Sonderzug aus, in der Nacht des Anschlags, gab Hitler Himmler den Befehl, die Kriminalpolizei mit den Ermittlungen zu beauftragen. SS und Gestapo traute er keine genaue Aufklärungsarbeit zu. Anfangs vermutete Reichskriminaldirektor Nebe hinter dem Anschlag ein «Parteimanöver», aber als Hitler eine ernsthafte Aufklärung verlangte, schied diese Variante aus.

Neben der eher politisch motivierten Spurensuche gab es eine viel unauffälligere Ermittlungslinie, die einer peinlichen Frage nachging: Wie war ein solcher Anschlag überhaupt möglich, wo doch die Gestapo überall für Sicherheit sorgen sollte, besonders für die Hitlers. Bald zeigte sich ein unschöner Tatbestand, der dann rasch verschüttet wurde, mit Nachwirkungen bis heute. Für den Bürgerbräukeller existierte überhaupt kein langfristiger Sicherheitsdienst. Das ganze Jahr über nahm niemand Sicherheitskontrollen im Saal vor, der ja nicht nur Partei-, sondern auch Tanzveranstaltungen diente. Nicht einmal in der Nacht vor der Gedenkfeier kam eine Wache durch den Saal. Der mit Sicherheitsfragen beauftragte «Alte Kämpfer» Josef Gerum, Beamter in der Stapoleitstelle München, trat nur eine Stunde vor Einlaß in Erscheinung und beging das ganze Gebäude vom Dach bis zum Keller. Er suchte nach offen herumstehendem Sprengstoff, an die Pfeiler des Saales dachte er nicht.

Bisher war ein umfassender Sicherheitsdienst für Hitler für unnötig gehalten worden – und wie man jedes Jahr aufs neue bewiesen bekam, mit gutem Recht. Die Diktatur verließ sich auf zwei Mythen, die zum Schutz ausgereicht hatten. Der eine Mythos präsentierte den gottgesandten Führer, der als Erlöser Deutschlands seine geschichtliche Aufgabe zu erfüllen habe. Bisher hatte noch jede Gefahr bewiesen, daß der «Führer» unter dem Schutz der «Vorsehung» stand, was auch immer man darunter verstehen mochte. Wo aber Heiliges lebt, hat kleinliches Sicherheitsdenken keinen Platz, die Vorsehung macht es schon richtig. Der zweite Mythos ließ an einen perfekten Polizeistaat glauben: der Gestapo-Mythos. Nicht nur die leidvoll betroffenen Deutschen, auch ausländische Beobachter nahmen an, die Geheime Staatspolizei habe einen lückenlosen Polizeistaat geschaffen: unfehlbar, unüberwindlich, allwissend. Selbst das «St. Galler Tagblatt», sonst vorsichtig bei der Benutzung von NS-Quellen, ließ sich nach dem Attentat den Bären aufbinden, der Attentäter sei durch «dreifach gepanzerte Verteidigungslinien der Gestapo» hindurchgelangt. An eine Zeitzündung dachte zuerst niemand.

Der Saalschutz am Tag von Hitlers Auftritt war von jeher ein Privileg der «Alten Kämpfer». Das führte zu Rivalitäten mit der Polizei, doch Hitler hatte schon vor Jahren entschieden, für den Bürgerbräukeller ende die Verantwortung der Polizei an den Saaltüren, drinnen lasse er sich von seinen alten Kameraden schützen.

Die dem Regime günstige Grundstimmung ließ den Sicherheitskräften einen solchen Attentatsversuch als unwahrscheinlich erscheinen. Da brauchte Hitler nicht sonderlich geschützt zu werden, er konnte sich seines Volks ja einigermaßen sicher sein, wenigstens solange er es nicht in eine verheerende Niederlage führte. Hitler selbst, der die Legende förderte, er rieche jede Attentatsgefahr, sah sich im Bürgerbräukeller eher durch das Mineralwasser bedroht, das er unter lauter Biertrinkern zu sich nahm. So hatte die Kellnerin, die seinem Tisch zugeteilt war, nur seinen Begleitern Bier zu bringen, während er sich an das eigens mitgebrachte Wasser hielt. Im Saal bildete den besten Personenschutz die Jubelgemeinde selbst: lauter «Blutordensträger». Sogar hohe Amtsträger der Partei, des Staates, der Wehrmacht hatten hier nur Zutritt, wenn sie 1923 am Putsch teilgenommen und dafür von Hitler später den «Blutorden» erhalten hatten. Wer diesen Orden nicht trug, wurde am Saaleingang brüsk abgewiesen. Mit Kriegsbeginn mußte man freilich Ausnahmen machen und auch örtliche Prominenz hereinlassen, um den Saal überhaupt füllen zu können. Hitler verzichtete auf Sanktionen für das Versagen seiner Sicherheitskräfte an diesem Abend.

Noch in der Nacht vom 8. auf den 9. November setzte Himmler eine Belohnung von 500000 Mark «für die Feststellung der Täter» aus, angeblich von privater Seite kamen 100000 Mark hinzu. Für Denunzianten im Ausland sollten bei den deutschen Botschaften 100000 Mark in ausländischer Währung bereitliegen. Das Geld blieb in der Kasse. Zwei Zollbeamte in Konstanz hatten ihren Dienst korrekt versehen.

Verantwortlich für die zweiteilige «Sonderkommission Bürgerbräukeller» war zwar Arthur Nebe, er unterstand jedoch Himmler, und dieser beauftragte Gestapo-Müller mit der Kontrolle über die Untersuchung. So wurde der von Hitler gewünschte Vorrang der Kripo von Anfang an durch die Gestapo unterlaufen. Bevor Nebe am 9. November um 11 Uhr am Münchner Flughafen eintraf, hatte Müller um 10 Uhr aus Berlin angerufen und Anweisung gegeben, ihn durch telefonische Berichterstattung auf dem laufenden zu halten. Faktisch kommandierte Müller das Verfahren. Nebe beaufsichtigte nur die untergeordnete ermittlungstechnische Feinarbeit. So ordnete Müller auch gleich in Himmlers Namen die Verhaftung aller Beschäftigten des Bürgerbräus an.

Hitler lenkte die Ermittlungen zunächst auf Spuren, die nach England weisen sollten, doch Nebe wußte schon am ersten Tag, daß der konventionelle Sprengstoff dazu nicht paßte. Himmler und SD-Chef Heydrich, Nebes direkter Vorgesetzter, suchten zu Beginn in einer Richtung, über die schon nachts in Hitlers Sonderzug spekuliert worden war: Eine Gruppe bayerischer Monarchisten, in der Sprache der Zeit «Legitimisten», sollte es gewesen sein. Heydrich, der auch noch verbitterte «Alte Kämpfer» auf der Rechnung hatte, soll anfangs Monarchisten zur sofortigen Erschießung vorgeschlagen haben, wohl nach dem Modell des Röhm-Blutbades von 1934, doch Hitler hatte dazu keine Lust, er wollte es genau wissen.

Die monarchistische Spur durfte der bayerische Innenminister verfolgen, der am Nachmittag des 9. November mehrmals die Gestapoleitstelle anpfiff. Das eine Mal monierte er, daß auf der Liste der Monarchisten katholische Geistliche fehlten – sie wurden sofort nachgetragen und bei dieser Gelegenheit gleich noch der ehemalige Oberbürgermeister von Nürnberg eingefügt. Ein andermal wünschte er auf dieser Liste zusätzlich Personen aus der «persönlichen Umgebung des ehemaligen Kronprinzen».

Die SS kam den Ermittlungen der Kriminalpolizei nachhaltig in die Quere. Ihr Geheimdienst, der SD, hatte für den 9. November ein Treffen mit zwei britischen Geheimdienstlern vereinbart, knapp jenseits der deutsch-holländischen Grenze in Venlo. Am Nachmittag des 9. November traf sich dort eine SD-Gruppe unter dem Chef der SD-Inlandsabwehr Walter Schellenberg mit Sigismund Payne Best und R. H. Stevens vom britischen Intelligence Service. Die SD-Leute gaben sich als Vertreter einer Widerstandsgruppe deutscher Generale aus und wollten den Engländern die Namen oppositioneller Generale entlocken.

Zu einer Zeit, als die britischen Geheimagenten aus Zeitungen und Radio vom Bürgerbräuattentat hätten wissen können, ließen die beiden Briten sich in ein Café locken, 30 Meter von der deutschen Grenze entfernt: unübertreffliche Dilettanten ihres Metiers. Ohne Rückendeckung durch eigene Leute oder holländische Sicherheitskräfte wurden sie kinderleicht Opfer eines bewaffneten SD-Greiftrupps. Sie landeten zuerst im Untersuchungsgefängnis Moabit, dann im Reichssicherheitshauptamt, danach im Konzentrationslager Sachsenhausen, im selben Zellenbau wie später auch Georg Elser. Im Gegensatz zum Attentäter kamen sie nach einer langen Schreckenszeit mit dem Leben davon, Best schrieb stark erfundene bis großmäulige Memoiren, sehr auf Elsers Kosten.

Die SS und Hitler, der die plumpe Lüge von den britischen Hintermännern gekannt haben wird, ergriffen die Chance, aus den beiden Engländern Elsers Hintermänner zu machen. Schweizer Zeitungen erkannten den blühenden Blödsinn, als ob die beiden Geheimdienstler, hätten sie mit dem Attentat wirklich etwas zu tun, noch am Tag nach «ihrem» Anschlag an die deutsche Grenze gehen würden. Die Leser deutscher Zeitungen waren nach Jahren der Manipulation kaum mehr in der Lage, den Lügencharakter der Venlo-Geschichte zu erkennen.

Die Wahrheit über das Attentat lag bald offen zutage. In den Schuttbergen waren Messingplatten der beiden Uhren gefunden worden, worauf noch Teile der Patentnummern zu lesen waren. Das Rätsel der Uhren des Zündapparats war rasch gelöst. Nach dem Gutachten des Patentamts handelte es sich bei einer der Uhren um ein Fabrikat der Firma Haller Benzing AG in Schwenningen, hergestellt zwischen 1925 und 1929. Damit erwies sich eine Spur ins Ausland als unsinnig. Dennoch ließ Himmler in die Samstagszeitungen des 11. November setzen, «die Legierung einzelner Metallteile» weise «einen ausländischen Ursprung» nach. Elser hatte seine Uhren entweder in Meersburg als Entgelt für ausstehenden Lohn bekommen oder sie sich auf Bestellung nach Königsbronn schicken lassen, jedenfalls verwendete er Schwarzwälder Uhrwerke.

In der Münchner Gestapozentrale in der Brienner Straße 50 ging es drunter und drüber, die Massenverhaftungen führten zur Hektik. Der im Keller eingekerkerte katholische Priester Rupert Mayer, im KZ Sachsenhausen ein tapferer Zeuge seines Glaubens, bemerkte am Abend des 9. November «eine namenlose Aufregung und Unruhe», die die ganze Nacht andauerte. Am nächsten Morgen «größte Unruhe im Hof vor dem Gefängnis der Gestapo», sämtliche Autos wurden hergerichtet und fuhren mit Gestapoleuten ab, die meisten kamen abends zurück.

Georg Elser, aus Konstanz nach München geschafft, fiel da lange nicht auf, er galt nur als Deserteur und Spion, ein kleiner Fisch.

Noch half ihm seine Tarnung, die Harmlosigkeit. Bedrohlicher wurde es, als er ab dem 12. November dem Personal des Bürgerbräus gegenübergestellt wurde. Anfänglich konnte sich die Kellnerin Maria Strobl nicht an Elser erinnern. Erst als sie mit ihren verhafteten Kolleginnen gesprochen hatte, kam Elser ihr wieder ins Gedächtnis: Er war ärmlich gekleidet, aß das normale Arbeiteressen für 60 Pfennig, und – besonders verräterisch – er bestellte nie etwas zu trinken. Elser selbst meinte zwar, er habe stets ein Bier dazu getrunken. Aber was ist in einer Münchner Brauereigaststätte schon ein einziges Bier? Er konnte nicht verbergen, daß er Alkoholgegner war.

Die Gegenüberstellungen wurden ohne alternative Personen vorgenommen. Da sie bis zum Erbrechen wiederholt wurden, mußte sich das gewünschte Ergebnis irgendwann einstellen. Elsers geschicktes Vorgehen, in der Rolle eines harmlosen Dauergastes Eingang in das Haus zu finden, wurde jetzt zur Falle. Was anfangs Schutz bot, um davonzukommen, wenn er einmal auf der Galerie erwischt würde, schlug nun gegen ihn aus. Besondere Indizien lieferten Elsers Offenheit: Er hatte sich als Handwerker ausgegeben, der entweder einen Kurs besuche oder eine Erfindung mache. Und er konnte seinen schwäbischen Dialekt nicht verbergen, er sprach das breite Schwäbisch der Ostalb. Aufgrund dieses Dialekts wurde er schließlich auch von einem Ladeninhaber erkannt, der ihm eine «Schalldämpfisolierungsplatte» verkauft hatte, womit Elser das Ticken seiner Uhren weniger hörbar machte.

Als Nebe am 10. November mit seinen Ermittlungen nicht weiterkam, rief er abends in Wien Franz-Josef Huber an, einst in der Münchner Polizei tätig, jetzt Chef der Wiener Gestapo. Ein alter Freund Gestapo-Müllers aus Münchner Zeiten und Duzfreund Nebes. Huber stieg mit einigen Spitzenbeamten und seiner Sekretärin, die bei den Protokollen mitstenografierte, in den Nachtzug und wurde am nächsten Morgen von Heydrich und Gestapo-Müller am Münchner Hauptbahnhof abgeholt.

Huber war kein fanatischer Nationalsozialist, mehr ein Lebemann, nicht der Typ des SS-Schlägers. Als die österreichische Justiz in den fünfziger Jahren Huber zur Rechenschaft ziehen wollte, meldete die bayerische Polizei regelmäßig, sie könne Huber nicht finden, dabei lebte und arbeitete er in München. Offensichtlich deckten ihn alte bayerische Gestapo-Seilschaften. 1957 kam Huber für Österreich in den Genuß einer Amnestie. Als er dann 1966 nach Elser gefragt wurde, konnte er den Fall leicht ins Schwankhafte umbiegen. So band er der Nachwelt ein Märchen auf die Nase, das noch heute geglaubt wird. Huber überlegte damals, wie der Attentäter an der Sprengkammer gearbeitet haben müsse: wegen der Lage gleich über dem Boden der Galerie sicher auf den Knien. Also befahl Huber Elser, die Hose herunterzulassen. Huber sah an einem Knie Spuren alter Schwellungen. Tatsächlich war Elser deshalb eine Zeitlang krank gewesen. Gleich danach habe Elser gefragt, was einer bekomme, der so etwas getan habe – gemeint war das Attentat. Huber antwortete unverbindlich, das komme auf die Umstände an. Elser sei reif gewesen für ein Geständnis, das gleich darauf erfolgte, «freiwillig». Soweit der talentierte Geschichtenerzähler.

In Wirklichkeit war die Täterkommission schon vor dem Auftritt Hubers Elser immer mehr auf die Spur gekommen, durch Aussagen des Bürgerbräupersonals. Himmler ließ daraufhin am 11. November einen Steckbrief verbreiten: Die Vorbereitungen zum Anschlag hätten schon im August begonnen. «Dringend verdächtig ist in diesem Zusammenhang eine Person, die im Bürgerbräukeller wiederholt als angeblicher Handwerker aufgetreten ist und sich dort auf der Galerie des Saales zu schaffen machte.» Die Personenbeschreibung: «165 bis 170 cm groß, 30 bis 35 Jahre alt, normale Figur, dunkles, ungescheiteltes Haar. Bekleidung: schmutziger, gelblicher, graubrauner Arbeitskittel, vermutlich Knickerbocker und Sportstrümpfe.» Als Maria Schmauder in Schnaitheim am Sonntag, den 12. November, um 7 Uhr diesen Steckbrief in den Radionachrichten hörte, erschrak sie und sagte ihrer Mutter, Elser sei bestimmt der Attentäter vom Bürgerbräukeller.

Am Abend des 11. November oder in der Nacht zum 12. kam der Sonderkommission ein neues Verdachtsmoment: der schwäbische Dialekt. Schließlich schaute man in den eigenen Kellern nach und entdeckte den bisher vergessenen Gefangenen von Konstanz. Die Konfrontationen mit dem Pächter des Bürgerbräus und dem Nachtwächter führten weiter, sie hatten Elser einmal auf der Galerie gestellt, dieser sich aber geistesgegenwärtig herausgeredet.

Bereits am Montag, 13. November, konnte die Gestapo in sibyllinischer Sprache bekanntgeben: «Die Spur verdichtet sich immer mehr.» Am Tag zuvor hatte die Stuttgarter Gestapo in Heidenheim-Schnaitheim bei Schmauders wichtige Spuren von Elsers Vorbereitungen gefunden. Solche Indizien drängten Elser immer mehr in die Enge. Am Ende habe er deshalb «freiwillig» ein Geständnis abgelegt. Doch diese Freiwilligkeit ist eine peinliche Lüge.

Deutschland wäre nicht ein Gestapostaat gewesen, wenn die Ermittlungen sich allein auf Indizien verlassen hätten. Schließlich war Himmler der oberste Chef des Verfahrens. Aus eigener Macht und ohne Einverständnis des Kripochefs Nebe ordnete er eine durchschlagende Verhörmethode der Gestapo an und mischte gleich kräftig selbst mit. Was Elser jetzt widerfuhr, wird bis heute in die einfühlsame Sprache der Vertuschung gehüllt: «verschärfte Vernehmungen». Das waren Befragungen unter brutalsten Mißhandlungen, wilden, regellosen Folterungen, bei denen das Opfer zu einem blutigen Brei geschlagen wurde. Verständnisvoll und nachsichtig, wie die objektive Geschichtsschreibung sein will, werden in diesem Zusammenhang auch keine Vorwürfe gegen die Gestapoleute erhoben. Die Kontinuität ist bis heute gewahrt: Keiner der mit dem Fall Elser beschäftigten Polizisten wurde je deshalb vor Gericht gestellt und abgeurteilt.

Nur einer lüftete die Decke des Schweigens: der Münchner Kripochef Dr. Albrecht Böhme, ein Jurist, kein Polizist. Er war für die Spurensicherung zuständig und fühlte sich nicht dem Korpsgeist der Gestapo verbunden. Im Laufe der Zeit schloß er sich dem Widerstandskampf in Bayern an. Dr. Böhme bezeugte die Atmosphäre während Elsers Quälereien. Diese Stelle muß ausführlich zu Wort kommen, sie wurde in der Literatur bisher übergangen.

«Nur einmal habe ich ihn [Elser] gesehen, nie mit ihm gesprochen. Als ich den Inhaftierten sah, war ich zufällig Zeuge einer brutalen Szene, die sich zwischen dem Reichsführer SS und Chef der Deutschen Polizei, Heinrich Himmler, und dem Gefangenen Georg Elser in Gegenwart Nebes und mir abspielte. Unter wüsten Beschimpfungen trat Himmler den gefesselten Elser schwer mit den Stiefeln in den Leib, dann ließ er ihn von einem mir unbekannten Gestapo-Mann in den angrenzenden Waschraum des Zimmers des Leiters der Gestapo-Leitstelle München zerren, wo er von diesem mit einer (für mich nicht sichtbaren) Peitsche oder einem ähnlichen Instrument traktiert wurde, so daß er vor Schmerzen aufbrüllte, dann wurde er wieder im Geschwindschritt vor Himmler gebracht, der ihn abermals trat und beschimpfte. Dann wieder in den Waschraum gezerrt, dort wieder fürchterlich geschlagen, wieder vor Himmler geführt und wieder getreten. Der stöhnende und über und über aus Mund und Nase blutende Elser legte aber kein Geständnis ab, wohl schon rein physisch hätte er das nicht gekonnt, wenn er schon gewollt hätte.»

Nun können wir eine Kumpanei im Amt nacherleben: Am nächsten Tag teilte der Polizeipräsident von Eberstein Dr. Böhme mit, die Gestapo habe sich «wieder einmal sehr ungeschickt gezeigt, indem sie den Elser offenbar fürchterlich geschlagen habe», wahrscheinlich würde Elser jetzt nichts gestehen. Dr. Böhme erzählte, daß Himmler selbst bei der Schlägerei dabei war. Für Eberstein konnte die unbedachte Kritik gefährlich werden. «Von Eberstein erbleichte und sagte im ängstlichen Tone zu mir: ‹Oh, Herr Böhme, bitte meine Bemerkung über das Schlagen wollen Sie vollständig vergessen.› Gnädig, sehr gnädig, wie sonst nie, wurde ich verabschiedet.»

In der Nacht vom 13. auf den 14. November war Elser weichgeklopft, in weiterem Leugnen sah er keinen Sinn mehr. Nur Ignoranz

Georg Elser beim Verhör in Berlin, 19. bis 23. November 1939.
Der Verhörende ist wahrscheinlich Arthur Nebe.

kann ihm daraus den Vorwurf machen, wie Rothfels, Hassel und andere es taten, Elser habe ohne Not ein ausführliches Geständnis abgelegt. Selbst bei erprobten Leuten der Resistance, bei Kommunisten und der Militäropposition, galt als Faustregel: Die brachialen Folterungen der Gestapo hält niemand mehr als 24 Stunden aus – oder er lebt einfach nicht mehr.

Die Gestapo war inzwischen auf einer anderen Spur weitergekommen. Am Vormittag des 12. November lief per Fernschreiber beim Bereitschaftsdienst der Gestapo Stuttgart der Befehl ein, sofort nach Königsbronn zu fahren und Elsers private und politische Vergangenheit zu ermitteln, seine Angehörigen seien in Vorbeugehaft zu nehmen. Wenn sich der ehemalige Gestapomann Wilhem Rauschenberger 1950 richtig erinnerte, so sprach das Fernschreiben nur davon, daß Elser beim Grenzübertritt Granatzünderteile bei sich trug, die er bei der Firma Waldenmaier entwendet habe.

Die Federführung übernahm die Spionageabwehr der Stuttgarter Gestapo mit dem Gestapomann Otto Rappold. Er und Rauschenberger fuhren sofort mit dem Auto nach Königsbronn, stellten dort im Rathaus die Personalien der Angehörigen fest und wollten am 13. November Verhaftungen vornehmen. Rauschenberger wurde dann gleich bei den Schmauders in Schnaitheim, Benzstraße 18, fündig, bei denen Elser die letzten Monate vor seiner Abreise nach München gelebt hatte. Die Tochter Maria, erst 16 Jahre alt, gab sich sehr gesprächig. Elser hatte ihr freilich nichts über seine Attentatspläne erzählt, sondern sie eher mit Geheimnistuerei auf den Arm genommen. Als sie ihn einmal vor dem Geheimfach seines doppelbödigen Holzkoffers ertappte, in dem er seine Konstruktionszeichnungen zu verstecken pflegte, entpuppte er sich als humorvoller, schalkhafter Erzähler. Bei den Zeichnungen handle es sich um seine Erfindung, «eine neuartige Schaufensterreklame, die imstande sein müsse, ein Gewicht von etwa 1 $\frac{1}{2}$ Pfund automatisch zu heben». An dieser Erfindung habe er monatelang gearbeitet, er wolle sie in München als Patent anmelden. Elser habe Maria erklärt, «wenn die Sache klappe

Fingerabdruckblatt der Bayer. Landeszentrale für Fingerabdrücke.

1. Familienname: (bei Frauen auch Mädchenname)

   E l s e r ,

   Formel: _____

2. Vornamen: (Rufname unterstreichen)

   Georg Johann

3. Beruf: Schreiner   4. geb. 4.1. 1903 in Hermaringen, Ob.Amt Heidenheim, Württ.
   (bei Großstädten auch Standesamt und Stadtteil)

   polit. Gde. _____ pol. Bez. _____ Staat _____

5. Staatsangehörigkeit: Deutsches Reich   Zuständigkeitsgde.: _____

6. Vater: Ludwig   Mutter: Maria   geb. Müller   wohnen in Königsbronn

7. Ehefrau (mann) _____ geb. _____ wohnt in _____

8. | 1. Rechter Daumen. | 2. Rechter Zeigefinger. | 3. Rechter Mittelfinger. | 4. Rechter Ringfinger. | 5. Rechter Kleinfinger. |
   | 6. Linker Daumen. | 7. Linker Zeigefinger. | 8. Linker Mittelfinger. | 9. Linker Ringfinger. | 10. Linker Kleinfinger. |

Rechte Hand

Linke Hand

9. | Linke Hand | Rechte Hand |

Gleichzeitiger Abdruck der 4 Finger

10. Jetzt verhaftet wegen: politisch

11. Bemerkung zu den Fingerabdrücken: z. B. Hautverletzung, steife Finger, Fehlen eines Fingergliedes

    rechter Kl.F.

12. Aufgenommen in Geheime Staatspolizei

    am 15. Nov. 39 Mössner

    klassifiziert am _____ von _____

    nachgeprüft am _____ von _____

13. Eigenhändige Unterschrift:

    Georg Elser

Vordruck: LKP. Nr. 1

Die Fingerabdrücke Georg Elsers, abgenommen am 15. November 1939 in München mit eigenhändiger Unterschrift Elsers.

und die Erfindung in München patentiert sei, werde er ein reicher Mann und im Besitze von 2 $\frac{1}{2}$ Millionen Mark sein. Er werde sich dann von München aus sofort nach der Schweiz begeben und sie, Maria Schmauder, nachkommen lassen, um sie in der Schweiz zu heiraten.» In Wirklichkeit waren die beiden noch per Sie, Elser hing an Elsa Härlen, ihr Foto stand im Zellenbau des KZ Sachsenhausen auf seinem Tisch.

Doch dann wurde es gefährlicher. Maria sprach davon, daß Elser im Steinbruch gearbeitet und mit Sprengpulver zu tun gehabt habe. Er sei auch 1938 im Münchner Bürgerbräukeller gewesen, habe sogar – nun zeigt sich wieder ein Element von Elsers Humor, der in der Überlieferung verlorengegangen ist – «ein von Adolf Hitler nicht ganz ausgetrunkenes Glas Wasser nachträglich ausgetrunken», er kenne sich in dem Saal gut aus, er habe ihr Fotos vom 8. und 9. November 1938 aus dem Bürgerbräukeller gezeigt. So sei sie heute morgen durch die Radionachrichten auf den Verdacht gekommen.

Die Stuttgarter Gestapoleute stellten ihr Programm um und vernahmen den restlichen Sonntag zu zweit Maria Schmauder bei der Kripo in Heidenheim. Der Verdacht erhärtete sich, die Nachricht ging sofort nach Stuttgart, von dort nach München, so daß hier am 12. November abends Elsers sehr wahrscheinliche Täterschaft bekannt war. Spätestens zu diesem Zeitpunkt wird Elser immer wieder gefoltert worden sein.

Maria Schmauder erhielt für ihre Kooperationsbereitschaft bevorzugte Behandlung, sie wurde auf Befehl Gestapo-Müllers nur in «Ehrenhaft» genommen, mußte in Stuttgart nicht wie die Elsers ins Gestapogefängnis in der Büchsenstraße, sondern wurde der Familie eines Gefängnisaufsehers als Haushaltshilfe zugeteilt, freilich unter Hausarrest. Die Schmauders wurden auch sonst milder angefaßt, obwohl Elser gerade in ihrem Haus die Konstruktion seiner Bombe ausgearbeitet und Sprengversuche vorgenommen hatte. Die Elsers dagegen, die nichts mit dem Anschlag zu tun hatten, wurden inhaftiert, teilweise mit dem Tod bedroht und monatelang tyranni-

Das Rathaus in Königsbronn, in dem die Stuttgarter Gestapo
am 13. November die Ermittlungen am Ort begann.

siert, mit nachhaltiger Wirkung bis weit in die Nachkriegszeit hinein.

Am nächsten Morgen, Montag, 13. November, brach die Gestapo
über Königsbronn herein. Fünf bis sechs Gestapoleute quartierten
sich im «König Karl» in Heidenheim ein, zwei bis vier im «Hirsch»
in Oberkochen. Über die Angehörigen hinaus wurden alle befragt,
die Elser gekannt hatten: der Zitherklub, der Gesangsverein, die
Tanzstunde, die Arbeiter im Steinbruch, alle Verwandten. Es dürften
weit mehr als hundert Personen gewesen sein, fast jede Familie war
davon betroffen. Unter den Augen der Gestapo fühlte sich der Ort
genötigt, kollektiv diesen gefährlichen Menschen zu verleugnen.

Nachdem die Gestapo sich bei der Überwachung des Bürgerbräukellers als fahrlässig erwiesen hatte, machte sie nun aus dem unauf-
fälligen Georg Elser das Schreckensbild eines geborenen Attentäters.

Die Gestapo wollte keine Minute in Elsers Leben unerforscht lassen. Ohne die Fähigkeit, Schwerpunkte setzen zu können, fragte sie nach jeder Kleinigkeit. So hatte einer der Gestapoleute Elsers Kindheit und Jugendzeit nachzuspüren, von den Kinderkrankheiten bis zum Spielzeug. Der Gemeindepfleger Georg Holl war vielleicht einer der wenigen, der nach dem Krieg diesen Druck auf die Königsbronner mit Humor verarbeitete: «Ein Wunder, daß sie die Hebamme nicht vernommen haben, die bei seiner Geburt dabei war!» Die Gestapo wurde Opfer ihres schlechten Gewissens, ihrer biologistischen Weltanschauung und ihrer globalen Verschwörungstheorie. Diese Wahnwelt konnten die Königsbronner unmöglich verstehen. Überall, selbst im Sandkasten und in der Waschküche, konnte schon ein Agent der Engländer gesteckt haben – oder vielleicht eine Neigung zum Verbrechen oder irgendeine perverse Vorliebe offenbar geworden sein. Die Geschichte der Elsers wurde Gegenstand einer «kriminalbiologischen Erforschung», kriminelle Neigungen galten als erblich. Und eigentlich befand sich jeder Königsbronner am Rande der Mittäterschaft, so etwas war ansteckend.

Der Stuttgarter Gestapomann Rappold kam nach monatelangen Ermittlungen zu einer Ansicht, die die Distanzierungsversuche der bedrohten Umgebung Elsers widerspiegelt: «Georg Elser war ein sehr geschickter Handwerker, im Privatleben aber ein Sonderling.» Die Geburtsstunde der bis heute florierenden Legende vom Sonderling ist offenbar in der Situation der Hilflosigkeit zu suchen, als die Verhörten vor der allmächtigen und skrupellosen Gestapo saßen und sich als Mitschuldige behandelt sahen.

7 Die Königsbronner in Berlin

Am Morgen des 13. November 1939 fiel die Gestapo mit Verhaftungen über Königsbronn her: Es traf die Eltern, die Geschwister Georg Elsers und Verwandte samt Ehepartner. Immer mußte es extrem schnell gehen: eine einschüchternde Schikane. So durfte Georgs Bruder in den Königsbronner Hüttenwerken, wo er arbeitete, nicht einmal seinen Arbeitsschurz aus- und sich umziehen; er wurde, wie er war, nach Stuttgart gebracht. Erst am 28. November kamen die Verhafteten wieder zurück, aus Berlin.

Ein Grund für die Verhaftungen wurde nie angegeben, sie standen auf höchster Geheimhaltungsstufe und sprachen sich dennoch bald herum. Am ersten Tag wurden die Königsbronner eingesammelt und in Heidenheim inhaftiert, abends von der Gestapo mit Autos nach Stuttgart gefahren und dort in der Gestapozentrale in der Büchsenstraße eingesperrt. Georgs Mutter, Maria Elser, kam in eine Gemeinschaftszelle mit fünf Frauen, die anderen zumeist in Einzelzellen. Alle waren voneinander isoliert. Verhört wurde die Mutter täglich ein- bis zweimal, immer von jemand anderem. Sie glaubte nicht, daß ihr Georg der Attentäter sei, noch 1950 hatte sie Zweifel, vielleicht sei er von jemandem benützt worden. Ihr Mann, der schon 1942 starb, sei bei den Verhören manchmal angefahren worden, er sprach halt «etwas viel, was er nicht hätte tun sollen».

Alleine und vor den anderen wurde Maria Elser mit dem Nachtzug nach Berlin gebracht, in das Gefängnis Moabit eingeliefert, Georg gegenübergestellt und später wie die inzwischen nachgekomme-

79

nen Familienmitglieder im Hotel «Kaiserhof» eingesperrt. Eine Art «Ehrenhaft».

Am schlimmsten spielte man Georgs Schwester Maria Hirth mit. Der Grund dafür lag in dem Gepäck, das Georg bei ihr zurückgelassen hatte, und in seinem letzten Besuch am 6. November. Maria Hirth galt als eine Mitverschworene, denn in dem großen Koffer mit dem doppelten Boden fanden sich Zeichnungen, Uhrenteile, Zünder und ähnliches, in der Werkzeugkiste so gut wie alles, was der Attentäter benützt hatte. Georgs Schwester wurde dabei eine sprichwörtliche Eigenschaft der Württemberger zum Verhängnis: Sie können nichts wegwerfen – erst recht nicht, wenn es sauer erworben und mit so viel Herzblut benützt wurde. Hätte Elser Werkzeuge, Zeichnungen und Sprengutensilien in München in der Isar versenkt, wo sie am tiefsten ist, er hätte seiner Schwester Terror und Traumatisierung erspart. Georg war ein vorzüglicher Handwerker und perfekter Schweiger, aber die Innenseite des Terrorapparats konnte er sich nicht vorstellen, da fehlte ihm die politische Erfahrung.

In ihrer Zeugenvernehmung nach dem Krieg sprach Maria Hirth nur davon, daß sie in Stuttgart bei den Verhören «sehr streng behandelt» worden sei – die Verharmlosung einer Eingeschüchterten. Die Wahrheit traute sich nur ihre Schwester Anna Lober zu sagen: «Lediglich meiner in Stuttgart wohnenden Schwester Maria Hirth wurde in Stuttgart bei den Verhören mehrmals gedroht, sie würde umgebracht, wenn sie die Wahrheit nicht sagen würde.» Ihr Peiniger war der berüchtigte Gestapomann Paul Bässler, der wegen seiner stadtbekannten Mißhandlungen in Stuttgarter Gestapokellern am längsten in alliierten Internierungslagern gehalten wurde. Maria Hirth, die am schwersten Belastete, kam wie alle Königsbronner zuerst ins Untersuchungsgefängnis Moabit, einige Tage später in den «Kaiserhof».

Die Schwester Anna Lober wurde mit ihrem Mann am 13. November in Stuttgart-Zuffenhausen verhaftet, in die Gestapozentrale Büchsenstraße eingeliefert und wie alle anderen erkennungsdienstlich behandelt: Fingerabdrücke, Fotos. Die Elsers galten samt und sonders als Verbrecher. Dabei erhielt Anna Lober trotz Nachfragen keinen Grund für die Verhaftung genannt, «worüber ich mich furchtbar ärgerte», wie sie noch nach dem Krieg der Kripo ins Protokoll diktierte, ihres toten Bruders durchaus würdig. Aber auch sie wollte ursprünglich nicht glauben, daß Georg Elser den Bürgerbräukeller in die Luft gesprengt hatte, auch sie wurde «in sehr scharfer Form» verhört. Nach dem Krieg rang sie sich, nun ohne Gestapo im Genick, zu einer Erkenntnis durch: «Daß mein Bruder auf die Idee kam, dieses Attentat auszuführen, ist ihm schon zuzutrauen, und er war zweifellos auch in der Lage, die technischen Vorbereitungen für das Attentat selbst durchzuführen.» Allerdings dachte sie immer noch ein wenig an Hintermänner und Geldgeber. Keines der Geschwister hatte in Georgs Inneres sehen können, zwischen ihnen stand eine Wand des Schweigens. Das Spiegelbild einer Familie, die nach Georg Elsers Aussagen unpolitisch war. Er zog es schon früh vor, zu Hause nicht über Politik zu reden, wo wegen des großen Durstes und der Gewalttätigkeit des Vaters sowieso ständig Streit herrschte.

Wie seine Geschwister wurde der Jüngste, Leonhard Elser, am 13. November verhaftet, seine Frau einige Tage später. Als die Gestapo sie aus der Waschküche heraus mitnehmen wollte, in ihrer Arbeitskleidung, bestand sie energisch darauf, daß sie sich noch umziehen müsse, und ging in ihre Wohnung hinauf. Die beiden Geheimen, immer hinterher, wollten sie nicht aus den Augen lassen, drängten oben hinter ihr ins Schlafzimmer, sie erklärte, sie wolle hier alleine sein, machte rasch die Tür zu und schloß ab. Eine Geste, die bei einiger Courage auch im Gestapostaat möglich war.

Am 15. November wurde auch Elsers Freundin Elsa Härlen bei ihrer Mutter in Göppingen-Jebenhausen verhaftet. Am selben Tag erwischte es den Steinbruchbesitzer Georg Vollmer in Königsbronn mit Ernst, seinem Sohn, mit dem Buchhalter sowie dem Sprengmeister Kolb.

Hotel Kaiserhof in Berlin, um 1930. Hier wurden Elsers Verwandte im November 1939 eine Woche inhaftiert.

Um den 23. November brachte die Gestapo alle im Stuttgarter Polizeigefängnis einsitzenden Verwandten samt Elsa Härlen in einem Sonderwagen des Nachtzugs nach Berlin. Jeder in einem eigenen Abteil, nur die Ehepaare zusammen, Bewacher links und rechts, kein Wort durfte gesprochen werden, auch zur Toilette nur mit Begleitung. Allmählich fanden die Elsers heraus, daß sie sich auf einer Familienfahrt befanden, nach Berlin zu Verhören. Morgens ging es vom Anhalter Bahnhof zuerst ins Gefängnis Moabit, nach einigen Tagen ins Hotel «Kaiserhof», Ziethenplatz 4, ins prächtigste Hotel des Regierungsviertels, zwischen Wilhelmstraße und Mauerstraße. Der gewaltige Komplex war vor dem Ersten Weltkrieg das bevorzugte Hotel des Adels und der Diplomaten. Hier hatte Hitler vor 1933 sein Hauptquartier, und er kehrte nach wie vor gerne hier ein, eine ungarische Kapelle hatte es ihm angetan.

Die Elsers kamen also vorzüglich unter, aber in Zimmerarrest, vor jeder Tür eine Gestapo-Wache; wer auf die Toilette wollte, mußte klopfen und sich begleiten lassen, das Essen wurde gemeinsam in einem Saal eingenommen, aber wortlos; nur Elsa Härlen, ein Fremdkörper, bekam ihr Essen aufs Zimmer. Mitten im schönsten Hotel, im Zentrum der Hauptstadt, Hitlers Reichskanzlei gegenüber, verwandelte die Gestapo ein Stockwerk in ein provisorisches Luxusgefängnis. Zu den Verhören, die zumeist nachts stattfanden, brachte man die Gefangenen mit einem Gefangenenwagen ins nahegelegene Reichssicherheitshauptamt, Prinz-Albrecht-Straße 8. Dort fiel allen auf, daß der Ton höflicher war als in Stuttgart.

Die Gestapozentrale konnte verschiedene Gesichter aufsetzen, jetzt war von oben ein freundliches befohlen. Gleichzeitig herrschte unten im Keller die Hölle: Die Zellen waren unerträglich überfüllt, die Häftlinge krochen übereinander weg, verpesteten die Luft, konnten sich oft nicht waschen, starrten vor Ungeziefer und Schmutz. In der Vorzugsbehandlung der Familie Elser ist die Anweisung Hitlers zu erkennen, dem dieser Attentäter ein psychologisches Rätsel aufgab. Hitler wünschte Sippenhaft, aber mit Format. Möglicherweise hing die Verlegung in das Luxushotel auch mit dem Ende von Elsers Verhör am 23. November zusammen.

Am wichtigsten waren die Gegenüberstellungen mit Georg Elser, denen freilich nur Elsers Mutter, die Schwester Maria Hirth, deren Mann Karl und die Freundin Elsa Härlen unterzogen wurden. Diese Begegnungen sind im Bild des Attentats ausgespart geblieben. Die Mutter wurde wohl als erste vorgeführt, vielleicht am 20. oder 21., Elser sollte bei seinen Gefühlen gepackt werden. Dabei hatte er seit dem Streit um sein Wohnrecht im neuen Haus seine Mutter wie auch die meisten Geschwister nicht mehr sehen wollen, ausgenommen den Vater und Maria. 1950 erinnerte sich die Mutter so: «Hier in Berlin wurde ich auch einmal in ein großes Zimmer geführt, wo an einem langen Tisch mein Sohn Georg saß. Ich wurde ihm gegenübergesetzt und wurde gefragt, ob dies mein Sohn Georg sei und ob ich glaube, daß dieser das Attentat ausgeführt habe. Auch hier brachte ich wieder meine Überzeugung zum Ausdruck, daß ich nicht glaube, daß Georg so etwas getan habe. Mit Georg selbst habe ich nicht gesprochen, weil ich nicht wußte, ob ich mit ihm sprechen durfte oder nicht, weshalb ich mich nicht traute, etwas zu ihm zu sagen. Georg hat bei dieser Gegenüberstellung in Berlin gut ausgesehen und ich habe nicht gemerkt, daß er irgendwelche Anzeichen von körperlichen Mißhandlungen trug. Georg hat geweint, als ich zu ihm hereingeführt wurde, hat aber nicht mit mir gesprochen.»

Der Wiener Gestapochef Huber war dabei anwesend, die Szene spielte im Konferenzssal des Reichssicherheitshauptamts. Zu Propagandazwecken sollte Huber noch einmal Elser verhören, in Anwesenheit der Mutter. Versteckt war eine Filmkamera der Wochenschau aufgebaut. Elsers Geständnis sollte in die Kinos kommen. Aber der Attentäter befand sich «in einer Periode der Verstockung», wie Huber sich ausdrückte, antwortete nicht oder zäh. Er roch den Braten und wollte sich nicht zum Affen eines Gestapo-Zoos machen lassen.

Maria Hirth, zuerst von Gestapo-Müller vernommen, erfuhr von ihrem Bruder den wahren Hergang des Attentats, leider ging ihre Stimme bald in dummen und neidischen Gerüchten unter: «In Berlin wurde ich auch in Anwesenheit meines Bruders vernommen. Auch mein Bruder mußte in meiner Anwesenheit das Attentat schildern. Dabei erzählte er, daß er das Attentat allein gemacht hat. An Einzelheiten kann ich mich nicht mehr erinnern, ich bin aber fest überzeugt, daß er es tatsächlich allein ausgeführt hat. Bei dieser Vernehmung hat mein Bruder noch gut ausgesehen. Als ich ihm später noch zwei- oder dreimal gegenübergestellt wurde, hatte er einen kahlgeschorenen Kopf und ein vollkommen geschwollenes Gesicht. Ob das Gesicht durch Schläge geschwollen war, weiß ich nicht. Bei der Vernehmung erzählte mein Bruder, er habe bei Nacht im Bürgerbräukeller gearbeitet und den abgefallenen Mörtel in einem Teppich weggetragen. Dieser Teppich befand sich dann tatsächlich bei den Sachen, die er uns von München aus geschickt hatte. In das so entstandene Loch hätte er dann eine Uhr eingebaut. Nach der Gegenüberstellung mit meinem Bruder habe ich einen Nervenzusammenbruch erlitten, und ich habe heute noch darunter zu leiden.»

Bei der Gegenüberstellung mit seinem Schwager Karl Hirth blieb Elser bei seiner Darstellung. Dazu Karl Hirth: «Sein Gesicht war angeschwollen und das eine Auge blau unterlaufen. Ich nehme an, daß diese Entstellung durch Schläge entstanden ist.» Elser sagte, er habe das Attentat alleine ausgeführt und niemandem etwas davon erzählt. Auch eine erneute Konfrontation in Himmlers Anwesenheit erbrachte nichts Neues. Karl Hirth war danach der Meinung, Georg Elser sei allein für das Attentat verantwortlich.

Zuletzt saß die Freundin Elsa Härlen, die so streng verhört worden war, bis sie zusammenbrach, vor dem Wrack des Gestapoterrors. Die schlimmste Gegenüberstellung überhaupt, es gibt kaum eine grauenvollere Schilderung aus der Berliner Gestapozentrale. Elsa Härlen bekam von Georg Elser, falls sie sich 1950 richtig erinnerte, eine Version zu hören, wie sie den Nazis am besten schmeckte und wie Elser sie nur für kurze Zeit und nach äußerster Gewaltanwendung von sich gab.

«Er saß in der Mitte des Zimmers auf einem Stuhl und ich hätte ihn in seinem Zustand bestimmt nicht als meinen fr[üheren] Verlobten erkannt. Sein Gesicht war verschwollen und blau geschlagen. Die Augen traten aus den Höhlen, und er machte auf mich einen furchtbaren Eindruck. Auch seine Füße waren geschwollen und ich glaube, daß er nur deshalb auf dem Stuhl saß, weil er kaum mehr stehen konnte. In jeder Ecke des Zimmers stand ein Kriminalbeamter mit gezogener Pistole. Ein Beamter sagte zu Elser: ‹Hier ist Ihre fr[ühere] Braut. Sie ist immer noch überzeugt, daß Sie das Attentat nicht begangen haben. Sagen Sie es ihr nun selbst, daß Sie es begangen haben.› Ein Beamter stellte sich hinter Elser und hat ihm, damit er redet, immer wieder einen Stoß ins Genick oder den Rücken versetzt. Ich bin überzeugt, daß er nur redete, weil er körperlich gebrochen war und sich vor den Schlägen fürchtete. Er sprach dann nur stoßweise und wurde immer wieder durch Schläge zum Weiterreden gezwungen. Er sagte ungefähr folgendes: ‹Bei der F[irm]a Vollmer habe er Schwarzpulver entwendet und mit diesem eine Höllenmaschine gebaut. Er sei dazu von ausländischen Agenten angestiftet worden und habe in deren Auftrag gehandelt. Die Verbindung mit den Agenten hätte er während seiner Tätigkeit bei der F[irm]a Waldenmaier aufgenommen, wo er als Angestellter in der Versandabteilung mit dem Ausland Verbindung bekommen hätte. Nähere Einzelheiten konnte ich dabei natürlich nicht erfahren, denn Elser wurde teils durch Schläge am Weiterreden gehindert und andererseits wieder durch Schläge gezwungen zu reden. […] Vor Beendigung der Gegenüberstellung sagte ein Kriminalbeamter zu mir, ich könne nun selbst Elser etwas fragen. Ich konnte aber nur fragen: ‹Georg, hast *du* das getan?› Zunächst hat Elser nicht geantwortet, sondern mich nur mit einem Blick angesehen, den ich nie vergessen werde. Ganz langsam öffnete er dann den Mund und sagte: ‹Else›. In demselben Augenblick bekam er von dem hinter ihm stehenden Beamten einen Schlag ins Genick und durfte nicht mehr reden. Ich war damals schon und bin auch heute noch fest davon überzeugt, daß Elser sagen wollte, er sei unschuldig. Soviel konnte ich als seine frühere Braut aus seinen Zügen und aus seinen Gesten entnehmen.»

Schon einige Tage vorher, am 23. November, hatte Elser bei seinem letzten Verhör gesagt, er glaube fest, daß er im Sinne seiner religiösen Auffassung mit dem Attentatsversuch gegen Hitler keine Sünde begangen habe. Das war es wohl, was Elsa Härlen seinen Gesten entnommen hatte.

Mehrfach mischte sich Heinrich Himmler in die Verhöre der Königsbronner ein. Einmal ließ er alle Elsers zu einer gemeinsamen Gegenüberstellung mit Georg kommen, ohne Ergebnisse. Eines Nachts weckte man Elsa Härlen um 1.30 Uhr und holte sie in Himmlers Büro. Er war auffallend nett zu ihr und ließ sich alles haarklein erzählen: die Schwierigkeiten mit ihrem geschiedenen Mann, der trank, und wie freundlich Elser dagegen war. Himmler unterbrach sie kaum und gab sich nicht mißtrauisch oder besserwisserisch. Sie empfand die Situation gar nicht als Verhör. Nach zwei bis drei Stunden stand Himmler auf, klopfte auf ihre Schulter und sagte anerkennend: «Hut ab vor Ihnen, Frau Härlen, Sie sind wirklich eine wackere Schwabenfrau!»

Zwei Tage danach wurde sie zur Mittagszeit zu Hitler in die Reichskanzlei gefahren. Nach endlosen Korridoren, vorbei an vielen Zimmern, rissen zwei SS-Leute eine Tür auf, Elsa Härlen stand in einem großen Arbeitsraum, am Schreibtisch saß Hitler in feldgrauer Uniform. Hitler sah nicht auf, las weiter. Ein SS-Mann meldete Frau Härlen, Hitler blickte auf, sagte weiter nichts. Sie wollte den Arm hochreißen, es ging nicht. Sie bekam von dem SS-Mann einen Rippenstoß, aber sie brachte lediglich heraus «Mein Führer!», der Arm wollte ihr nicht hochgehen, er war wie gelähmt. Ein Gedanke raste durch ihr Hirn, eine Mischung aus Komik und Schrecken. Wie sie Hitler so vor sich sah, konnte sie immer nur denken: «Der Schnurrbart-August!» Charly Chaplin hätte seine Freude an ihr gehabt.

Nun begann Hitler das Verhör, benahm sich aber ganz anders als Himmler, wollte ihr jeden Satz im Mund herumdrehen, ihr ein schlechtes Gewissen machen. Er unterstellte ihr Verbindungen zu Elser nach München. Sie beharrte auf der Wahrheit: «Nein, mein Führer, so war es nicht.» Hitler interessierte sich für Elsers Charakter und Gewohnheiten, er wollte alles über ihn wissen. Ohne Essen dauerte das Verhör bei Hitler bis gegen 20 Uhr. Am Ende spielte sich Hitler noch einmal groß auf, drohte ihr, er wolle nochmals mit ihr sprechen, sie verschweige ihm etwas. Sie verwies auf den freundlicheren Ton Himmlers, der ihr geglaubt habe.

Einige Tage später wurde Elsa Härlen von Martin Bormann verhört, wieder in der Reichskanzlei. Auch Bormann war nett, wie sie sagte. Hitler und Himmler hatten erwartet, die kleinen Leute von der Ostalb würden sich durch seelische Wechselbäder zwischen Terror und Luxus, zwischen strapaziösen Verhören und freundlicher

Zuwendung der höchsten Nazis so verwirren lassen, daß sie ihnen nach dem Mund redeten. Doch das aufwendige Unternehmen in Berlin schlug fehl, es ergab sich keine Kleinigkeit, die nicht schon vorher bekannt gewesen wäre. Und vor allem Elser war auf die Dauer nicht dazu zu bewegen, irgendwelche ausländischen Geheimagenten zu erfinden oder gar andere zu belasten, die er bisher aus dem Spiel gelassen hatte.

Am 28. November wurden außer Maria und Karl Hirth alle Königsbronner entlassen, vorher mußten sie die übliche Verpflichtung zur absoluten Verschwiegenheit unterschreiben. Auf der Heimfahrt ohne Begleitung sprachen die Elsers mit Elsa Härlen kein Wort, sie hatte nie zu ihnen gehört, war als geschiedene Frau immer abgelehnt worden. Daran wird noch einmal Georg Elsers Isolierung in der Familie deutlich. Zu Hause fingen die Verhöre erst richtig an, ein halbes Jahr lang. Immer wieder der demütigende Gang zur Gestapo, immer wieder dieselben hirnrissigen Fragen, die schon Dutzende Male beantwortet waren. Die Gestapo gab sich viel einfältiger als die Elsers, die nicht so viele Schulen besucht hatten. Wenigstens bei der Stuttgarter Gestapo setzte sich am Ende die Erkenntnis durch, daß Georg Elser allein gehandelt hatte.

Maria Hirth und ihr Mann wurden erst am 20. Februar 1940 aus der Berliner Gestapohaft nach Hause entlassen. Von da an waren beide lange arbeitslos, niemand wollte die Angehörigen des Attentäters beschäftigen. Maria war nach ihrem Nervenzusammenbruch lange überhaupt nicht mehr arbeitsfähig.

8 Geständnis und Verhör

In der Nacht vom 13. zum 14. November 1939 sah Elser im Münchner Gestapokeller keine Chance mehr, den immer zwingenderen und zermürbenderen Verhören zu entrinnen. Die Mißhandlungen hatten seinen durch die monatelange Nachtarbeit geschwächten Körper schwer getroffen. Auch die Kripo konnte Elser vor Himmlers Folter-Befehl nicht schützen, obgleich Reichskriminaldirektor Nebe angeordnet haben soll, die Quälereien einzustellen. Nebes Wort hatte nur Gewicht, wenn Himmler und Gestapo-Müller abwesend waren.

Die Begründungen für den dreimonatigen Aufenthalt in München und den versuchten Grenzübergang waren Elser allmählich brüchig geworden. In München habe er einen Kurs besuchen und dann als Facharbeiter ins Ausland gehen wollen. Diesen Kurs konnte er nicht näher benennen. Ins Ausland habe er gehen wollen, um sich «der Unterhaltpflicht für ein außereheliches Kind zu entziehen». Dagegen sprach der eher zu Spionage und Sprengung passende Tascheninhalt. Zudem wurde Elser nach und nach vom Personal des Bürgerbräukellers erkannt, schließlich auch vom ehemaligen Hausburschen, dessen Stelle er gegen ein Handgeld vom 50 Mark hatte übernehmen wollen, mehr als ein guter Wochenlohn für einen Facharbeiter. Dann erkannte ihn auch der Verkäufer der Isolierplatte, die sich im Schuttberg gefunden hatte. Es gab einfach kein Schlupfloch mehr.

Ein übriges leistete die taktische Freundlichkeit der Kripoleute unter Nebe. Sie hatten Erfahrung darin, wie man einen verschwiegenen, aber in die Ecke getriebenen Menschen mit dem richtigen Ton weichmachen konnte, mit Beruhigung, Versprechungen, Aufmunterung. Huber war ein Meister darin. Mit seiner Ortskenntnis – er war Münchner – hatte er Elser in den Verhören immer wieder auf geistige Spaziergänge durch die Stadt geführt, auch zum Bürgerbräukeller, und Verdacht geschöpft, als Elser voll Bauernschläue stets «Löwenbräukeller» mißverstand. Hier mußte ein wunder Punkt liegen.

Im Lauf des 14. November wurde Elser mit Maria Schmauder aus Schnaitheim konfrontiert. Er sah sie nur kurz im Vorbeigehen, und Nebe, Gestapo-Müller sowie weitere Gestapoleute beobachteten, wie er zusammenzuckte und bleich wurde. Ein mageres Ergebnis. Ansonsten legte man ihm noch einen Spitzel in die Zelle, um einen Ausbruch oder den Freitod zu verhindern. Elser hatte mit beiden Ideen nichts am Hut, der Spitzel mußte sie ihm erst nahelegen.

Schließlich erklärte Elser einem Kommissar, er wolle ein Geständnis ablegen. Das Verhör wurde sofort unterbrochen. Zum folgenden Nachtverhör kamen Nebe, Huber, Lobbes und Hubers Sekretärin. Es dauerte von 0.30 bis 4 Uhr, am 15. November. Huber meinte später, man habe Elser einfach reden lassen, ohne ihn zu verhören. Das ist nicht so leicht zu glauben, weil Elser alles andere als gesprächig war. Aber möglicherweise durfte Elser hier mehr seine eigene Sicht darstellen als später im fünftägigen Berliner Verhör. Vielleicht mag er auch geglaubt haben, er rede hier um seinen Kopf, könne davonkommen. Die verständliche Hoffnung eines Todgeweihten.

In Hubers Lesart aus dem Jahre 1966 erfolgte das Geständnis in nahezu entspannter Atmosphäre: «Wir saßen alle an einem Tisch. Frau Kranz stenografierte hervorragend, die fotografierte [!] sogar den schwäbischen Dialekt mit. Ich beherrsche den schwäbischen Dialekt ebenfalls, das mag mit ein Grund gewesen sein, weshalb ich mit Elser von Anfang an zu einem guten Verhältnis kam. [...] Elser sagte etwa zu Beginn: ‹Nun, ich war's!› Dann begann er zu erzählen, manchmal etwas umständlich und durcheinander, aber nach einiger Zeit recht flüssig. Er erzählte sehr präzise von seinen handwerklichen Arbeiten. Er sagte überhaupt nichts von seinen Beweggründen und eventuellen Hintermännern. Wir fragten auch nicht, sondern sagten höchstens mal: ‹Aha› oder ‹Ja und wie ging's weiter?› Es hatte den Elser sehr angestrengt. Er trank in dieser Zeit zwei Flaschen Selterwasser leer. Er erzählte auch, daß er auf der Galerie im Bürgerbräukeller ein kleines Versteck hatte. Dort lag allerhand Gerümpel herum und es fiel gar nicht auf, daß er seine blaue Handwerkerschürze dort versteckte, sowie einen Meißel und einen Bohrer. Die Werkzeuge hatte er übrigens bei der Benützung stets mit Lappen umwickelt, damit keine starken Geräusche entstanden. Er erzählte auch, wie er sich mit dem Ajaxel, dem Hund vom Pächter, angefreundet hatte.»

Das Protokoll von Elsers Geständnis war jedoch offenbar nicht ausreichend, es muß zudem voll von schwäbischen Ausdrücken gewesen sein, mit denen man sich in Berlin nicht sehen lassen konnte. So wurde am 15. November ein regelrechtes schriftliches Geständnis aufgenommen, bei dem ein Kommissar nach dem Anhören des Häftlings die Sätze selbst formulierte und einer Schreibkraft in die Maschine diktierte.

Was Elser an diesen beiden Tagen in München gesagt hat, dürfte in den Abschlußbericht der Sonderkommission eingegangen sein, der zweibändig in einer beschränkten Auflage zum Dienstgebrauch gedruckt und rot eingebunden wurde. Alle Gestapoleitstellen bekamen ihn ausgehändigt, als Lehrmaterial. Leider ist kein Exemplar erhalten geblieben. Am Kriegsende gingen diese Bände entweder im Bombenhagel oder in den brennenden Aktenbergen unter, als die Gestapoleute die Dokumente ihrer Verbrechen vernichteten.

Hitler, dem noch heute der Ruf nachgeht, er habe in Sachen Attentat immer einen guten Riecher gehabt, erklärte Goebbels am 14. November: «Wahrscheinlich sind die Täter […] längst im Ausland.» Am 15. trug Goebbels nach: «Himmler hat nun den ersten Attentäter von München gefunden. Ein Techniker aus Württemberg. Aber die Hintermänner fehlen noch. Darum veröffentlichen wir noch nichts.» Die Gestapo arbeitete daran, Elser als Handlanger des britischen Intelligence Service und des oppositionellen Nazis Otto Strasser zu überführen.

Die Venlo-Entführung schwelte seit dem 9. November vor sich hin, der dabei federführende Heydrich hielt seine Pläne selbst vor Kripochef Nebe tagelang geheim, auch die Abwehr der Armee erfuhr erst am 15. November davon. Die abenteuerliche Gestapo-Konstruktion schlug sich in Goebbels' Tagebuch am 16. nieder: «[...] der eigentliche Attentäter ist eine Kreatur von Otto Strasser. Der war während der entscheidenden Tage in der Schweiz. Nach dem Attentat ist er gleich nach England, also offenbar zu seinen Brot- und Auftraggebern abgekratzt. Das Werk des secret service. Wir halten alles noch geheim, um die Hintermänner nicht argwöhnisch zu machen.»

Alle Zusammenhänge sind wild erdichtet: Strasser wurde bereits am 9. November von der Politischen Polizei der Schweiz ausgewiesen, als die Nazis ihn noch gar nicht ins Spiel gebracht hatten, die Ausweisung war schon vor diesem Termin festgelegt worden. Später wurde noch eine mehrtägige Reise Elsers nach Zürich zu Strasser konstruiert, für die Zeit vor dem Attentat: ein weiteres Phantasieprodukt der Gestapo. Die Kriminalpolizei Nebes übernahm diesen Schwachsinn nicht.

Nach dem schriftlichen Geständnis wollte die Kripo mit dem Täter den Tatort besichtigen. Elser hielt das für überflüssig, er kenne die Örtlichkeiten gut genug und habe die Maße noch im Kopf, auch was seinen Sprengapparat angehe. Anschließend zeichnete er unter Aufsicht der Kripo am 16. und 17. November mehrere große Bögen voll. Auch diese Teile des Geständnisses wurden leider vernichtet. In den Berliner Verhören vom 19. bis 23. November machte er nochmals fünf neue Zeichnungen, im Maßstab 1:1. Auch sie gingen im Krieg oder in der Nachkriegszeit verloren.

Warum kam Elser der Kriminalpolizei so weit entgegen? Das hat nichts mit geschwätziger Wichtigtuerei oder Geständniseifer zu tun. Elser war überführt, er sah keinen Grund, warum er technische Details verheimlichen sollte. Natürlich wird man auch seinen handwerklichen Ehrgeiz gekitzelt haben. Die Nazis trauten ihm, dem kleinen Schreiner von der Ostalb, diese durchschlagende Tat einfach nicht zu. Mit präzisen Zeichnungen aus dem Kopf bewies er ein Doppeltes: seine hohen technischen Fertigkeiten und, was ihm wichtiger war, seine Alleinautorschaft beim Attentat. Je ausführlicher er seine Tätigkeit schilderte, desto unabweisbarer wurde die Erkenntnis, daß wirklich nur er gehandelt hatte. Auf diesem Weg konnte er viele am Rand irgendwie Beteiligte aus dem Verfahren heraushalten. Die Verantwortung wollte er allein übernehmen, niemanden mit ins Unglück hineinziehen.

Dies war ein Grundsatz der besten Widerstandskämpfer, von der Militäropposition bis zu den Kommunisten: Wenn einer zum Galgen gehen muß, dann geht er allein, zieht keinen anderen mit. Elser entdeckte für sich selbst diesen Grundsatz aus seiner ethischen Grundhaltung heraus, denn mit Widerstandsbewegungen wird er nie Kontakt gehabt haben. Im ganzen Verfahren dürfte sein größter Triumph gewesen sein, daß er die Kripo und selbst die Gestapo von seiner Alleintäterschaft überzeugen konnte. In diesem Regime, das in jedem Individuum nur eine von außen gelenkte Marionette sah, eine außergewöhnliche Leistung.

Am 18. November dürfte Elser von der Gestapo nach Berlin überführt worden sein, ins Reichssicherheitshauptamt. Hier wurde er in den nächsten fünf Tagen, vom 19. bis zum 23., einem umfassenden Verhör unterzogen. Das Protokoll der Verhöre soll hier unter einem besonderen Aspekt vorgestellt werden. Es zeigt Spuren einer zähen Auseinandersetzung Elsers mit den Gestapokommissaren, in der er Formulierungserfolge erringen konnte, und läßt Rückschlüsse zu auf die Bedingungen, unter denen Elser befragt wurde. Was Elser tatsächlich gestand, wird später behandelt werden.

Die Zentrale des NS-Terrors in der Prinz-Albrecht-Straße 8, nach dem Krieg eine Ruine, war 1956 so weit aus dem öffentlichen Bewußtsein verschwunden, daß sie einfach weggesprengt wurde. Der Bedarf an Vergessen, Verzeihen, Gras-drüber-wachsen-Lassen war groß. Zu den Zeiten von SS und Gestapo konnten im Keller des Gebäudes eigentlich nur 50 Untersuchungshäftlinge untergebracht werden, in Wirklichkeit waren die Zellen unerträglich überbelegt. Schmerzensschreie zu jeder Tages- und Nachtzeit, Folterungen waren Alltag. Die ganze Nacht brannte in den Zellen das Licht. Schlaf gab's nur stückchenweise, die Gefangenen wurden immer wieder geweckt und nach Namen und Vorwürfen ausgefragt. Im Sommer wie im Winter war die Heizung bis zum Anschlag aufgedreht, die Hitze war unerträglich, Wasser gegen den Durst wurde vorenthalten. Daneben zerriß der Hunger fast die Gedärme. Anschreien, Drohungen mit dem Tod und Erzählungen vom Leiden anderer waren alltäglich. Die Gefangenen trugen enge Fesseln, die scheuerten und schlimme Wunden verursachten. Zur Abwechslung wurde ihnen Hafterleichterung versprochen, wenn sie dies oder jenes zugäben. Dann wieder unvermittelt Schläge, bevorzugt ins Gesicht, bis die Zähne herausbrachen, oder auf den Rücken mit Latten oder Peitschen. Ganz zu schweigen von der förmlichen Folterung in vier Stufen, wie sie der Widerstandskämpfer Fabian von Schlabrendorff beschrieben hat.

Unter welchen Werkzeugen aus diesem Arsenal des Satans Elser leiden mußte, ist nicht überliefert. Aber er kam als Attentäter auf das Leben des «geliebten Führers» hierher. Himmler, der Chef der SS und der Gestapo, ein unübertrefflicher Sadist, wollte aus Elser alles über die Zusammenarbeit mit dem britischen Geheimdienst und Otto Strasser herausquetschen. Da war jedes Mittel recht.

In dieser Umgebung wurde Elser vom 19. bis 23. November insgesamt über 45 Stunden verhört, pro Tag neun Stunden, die eventuell gewährten Pausen über Mittag sind abgezogen. Die Verhöre fanden tagsüber statt, sie begannen morgens 8.30 Uhr und endeten um 19 oder 20 Uhr; an einem besonders intensiven Tag mit hohem Nazi-Besuch dauerte die Vernehmung sogar bis 23.30 Uhr. Was nachts mit Elser geschah, sagen die Verhörprotokolle nicht.

Insgesamt umfaßt die Niederschrift im Druck der Stuttgarter Edition 130 Seiten. Die Tagesprotokolle sind unterschiedlich lang, je nachdem, wieviel Widerstand Elser leistete oder was sonst noch mit ihm geschah. Am dritten Tag, dem 21. November, waren viele hohe NS-Funktionäre anwesend, um Elser beim Verhör zu beobachten. Vielleicht wurde Elser an diesem Tag auch mit seiner Mutter konfrontiert. Der Gefangene schien reif zu sein, der Öffentlichkeit präsentiert zu werden, selbst der Wochenschau. Am nächsten Tag stand in den Zeitungen die Sensationsmeldung, der Attentäter sei gefaßt. Eine lächerliche Sensation, sie war um 14 Tage verspätet.

Täglich rangen die Gestapoleute Elser zwischen 20 und 31 Protokollseiten ab. Für eine Seite benötigten sie durchschnittlich 21 Minuten, einem normalen Sprecher reichen zum Vorlesen drei Minuten. Allein schon daran läßt sich Elsers beharrlicher und effektiver Widerstand ermessen. Er war nicht zu überrumpeln, er nahm Formulierungen zurück oder widerrief eine gerade gemachte Aussage. Die Gestapo hatte es nicht leicht mit ihm. Elser war alles andere als geschwätzig, zäh verfolgte er seine Verhörstrategie. Und wenn es gar nicht mehr anders ging, konnte er einfach schweigen. Huber nannte so etwas «eine Periode der Verstockung».

Elser saß drei Kriminalkommissaren gegenüber, einer davon war Herbert Kappler, später berüchtigter Polizeichef von Rom, wegen Geiselerschießungen von einem italienischen Gericht als Kriegsverbrecher verurteilt und viele Jahre auf der Gefängnisinsel Gaeta inhaftiert. Auch wenn Elser im Polizeimilieu völlig unerfahren war, so orientierte er sich doch intuitiv an einer Faustregel, wie Nebe sie seinen Freunden im Widerstand eingepaukt hatte, «möglichst bald, sei es durch Teilgeständnisse, sei es durch bekundete Reue, die Führung der Vernehmung an sich ziehen, also das offenbar Bekannte oder Unbestreitbare umständlich zugeben, selbst das Protokoll diktieren, sich dabei irren und dann korrigieren, Begleitumstände aufbauschen, vor allem ablenken, immer wieder ablenken, bis sie in ihrer Ungeduld oder Neugierde vielleicht doch durchblicken ließen, was sie hören wollten oder wofür sie sich – schon, noch nicht oder nicht mehr – interessierten.»

Hitler, der Elsers Protokolle las, spürte darin Elsers kleine Siege. In seinem Hauptquartier Wolfsschanze gab er am 26. März 1942 zu: Elser sei «sehr gerissen. Er sage genau nur so viel, als man bereits anderweit festgestellt habe». Ein spätes Kompliment.

Das Protokoll der Berliner Verhöre wird nicht wie Elsers erstes formloses Gespräch in München zuerst im Stenogramm notiert, nun gibt es kein Konzept, hier diktiert der Gestapokommissar und am liebsten das, was er hören will. Es ist kein Wortprotokoll mit Frage und Antwort, sondern eine Art Ergebnisprotokoll. Eine Schreibkraft tippt das Diktat gleich in die Schreibmaschine, es wird nichts korrigiert. Noch heute läßt sich an den zahllosen Bruchstellen des schleppenden Textes der Gang des Verhörs nachvollziehen. Ein interessantes Feld für eine aufmerksame Textanalyse, wenn sie sich in die Kontrahenten hineinversetzt.

So fällt Elser erst am dritten Tag ein, erst nachdem er seine München-Reise vom 8. November 1938 geschildert hat, daß er schon 1919 einmal beim Oktoberfest gewesen sei. Eine Ablenkung, die nur die Neugier der Kommissare füttert. Wenig später helfen sich die Kommissare angesichts eines weiteren Nachtrags mit einem Ausruf Elsers, den er sicher nicht gemacht hat. Thema ist Elsers Freizeit in München, seine Spaziergänge durch die Stadt, «immer zu Fuß». Bekanntschaften habe er keine gemacht, außer dem Hausburschen und einem unbekannten «einmaligen Begleiter». Seine Neigung zu jungen Frauen verschweigt er lieber. Jetzt wird er nach den Kellnerinnen gefragt, die ihn schon lange angegeben haben, der Gestapomann läßt Elser sich in verwundertes Erinnern flüchten: «Halt, eben fällt mir ein, daß ich mich im Bürgerbräukeller auch mit drei Servierfräulein unterhalten habe», ein Gruppenfoto habe er von ihnen gemacht. Sofort folgen Zwischenfragen nach seinem Fotoapparat und von wem er ihn bekommen habe: von Maria Schmauder, was die Gestapo schon weiß. Als er nach den Besuchen bei seiner Schwester Maria gefragt wird, hagelt es Nachträge: «Ich muß ergänzen», «Ich entsinne mich nunmehr». Elser merkte wohl, daß Maria seine letzte Reise wird ausbaden müssen.

So ist das tatsächliche Verhör durchzogen von einer Unzahl Zwischenfragen, die sich im Text erst erkennen lassen, wenn man hinter die Komposition der Sätze zurückgeht. Das Protokoll entsteht aus dem ständigen Ringen zwischen dem bremsenden Gefangenen und den drängenden Kommissaren. Eine linguistische Entstehungskritik müßte auf Hunderte solcher Zwischenfragen stoßen. Meist ist ein Satz das Ergebnis von drei, vier oder fünf zusammengefragten Stücken. Insofern haben wir hier ein Kunstprodukt der Gestapo vor uns, in dem wir dennoch mit Mühe und interpretierender List Elsers Stimme hören können.

Die Kommissare können nicht alles ihrer Sprache unterwerfen. Gelegentlich treffen wir auf eine schwäbische Formulierung. Über seine Kündigung bei der Schreinerei Wachter in Bernried nahe dem Bodensee, wo der Meister ihn ungern gehen ließ, meint Elser treuherzig, «aber Streit habe ich deswegen mit ihm keinen bekommen». Auf die Frage, warum er den Zitherunterricht in Konstanz aufgegeben habe, erklärt Elser aus der Tiefe seiner sparsamen Seele: «[…] es war mir um das Geld.» Die Unterrichtsstunde kostete ihm zu viel, 2 Mark, wo sein eigener Stundenlohn kaum die Hälfte betrug. Am entscheidenden dritten Tag des Verhörs, als der Raum zeitweise voll ist mit Voyeuren, die einen brandgefährlichen Untermenschen besichtigen wollen, wird er nach seinen Motiven für das Attentat gefragt. Er erzählt von der Unzufriedenheit der Arbeiter mit dem Regime, ein heikles Thema. Die Gestapo wird unsicher, als Elser schwäbisch lospoltert, die Arbeiterschaft habe «gegen die Regierung ‹eine Wut› gehabt». Eine Übersetzung fällt ihr nicht ein, der Tatbestand ist ihr peinlich, also hilft sie sich mit Anführungszeichen.

Geringeren Einfluß nimmt die Gestapo, wenn Elser nach Themen gefragt wird, die seinem Interessenhorizont näherliegen. Die Erzählung wird flüssiger, fast flott. Es fehlen die Lückenfüller, die von Stockungen herrühren: «wenn ich gefragt werde», «wie ich mich erinnere». Wir lernen seine Interessengebiete und seine Verhörstrategie kennen. Er möchte am liebsten von unverfänglichen Dingen erzählen, für politische Diskussionen ist er sicher ungeeignet. Am flüssigsten ist die Darstellung bei seiner Berufswahl, bei allen technischen Fragen, bei der Musik, bei Beschreibungen seiner Arbeitstätigkeit, bei seinen «Basteleien», bei der Firma Waldenmaier, bei der Sprengstoffbeschaffung im Königsbronner Steinbruch Vollmer und beim Umzug nach Schnaitheim. Wenn er sich zur Politik äußert, spricht er flüssig und ausführlich nur über die wirtschaftliche Kritik der Arbeiter am Regime, hier muß die Gestapo ihm nicht alles aus der Nase ziehen.

Die Verhöre erreichen am dritten Tag, 21. November, ihren Höhepunkt, als es um die Vorbereitung des Attentats geht. Die Gestapokommissare haben sich offensichtlich an den Attentäter gewöhnt, sie folgen konzentriert seinem Werdegang und verlieren nach und nach an Distanz. So gewinnt oft der technische Aspekt die Oberhand, wie schon bei den Augenzeugenberichten im zerstörten Saal und im Sprenggutachten. Die Ideologie, die eigentlich zu erwartende negative Bewertung des Attentäters und seiner Handlungen, schwindet, Elser selbst wird deutlicher hörbar.

Anfangs legt man ihm noch die Fälschung «nationale Revolution» für Hitlers Machtergreifung in den Mund. – Elser hätte das nie über die Lippen gebracht. Doch als es um den Sprengapparat mit der Zündvorrichtung geht, bekommt die Sachlichkeit eine Chance. Die Gestapo übersetzt den Zündmechanismus teutonisierend mit «Entzündungseinrichtung», nachhinkend kommt die «Höllenmaschine» hinzu, ein Wort, das Elser vermied. Die Beschaffung des Sprengstoffs heißt das erstemal «entwenden», dann verschärft «sich widerrechtlich aneignen».

Doch die sprachliche Anpassung der Gestapo an Elser wächst, Indiz für die Wirkung von Elsers Verhalten auf seine Kontrahenten. Jetzt heißt es, Elser «besorgte sich» Pulver «für den geplanten Anschlag», die negative Färbung ist verloren. Bei den Einbrüchen in Vollmers Sprenghäuschen schlägt Elsers Schlitzohrigkeit durch, Verharmlosung ist seine Parole. Jeden seiner Einbrüche nennt er einen «Besuch», fünfmal hintereinander stattet Elser dem Sprengstoffvorrat einen «Besuch» ab.

Die Sogwirkung von beidem, Elsers bedächtiger Redeweise und der aufregenden Thematik, setzt sich am vierten Verhörtag fort. Was Elser im Bürgerbräukeller nachts tat, war einfach «arbeiten». Die Verwerflichkeit des Zwecks ist aus dem Blick geraten. Das Aushöhlen des Pfeilers gehört zu den «Vorarbeiten». Noch am letzten Verhörtag diktieren die Kommissare respektvoll ständig «Arbeit».

Erst als die Gestapokommissare es für notwendig ansehen, in einem eigenen Absatz, einem «Vermerk», die Technik zu erklären, gewinnen sie ihre ideologische Haltung wieder, der «Apparat» Elsers ist dann eine «Höllenmaschine». Doch als das Verhör die entscheidende Phase der Vorbereitung Elsers erreicht, die Einstellung der beiden Uhren, sind die Kommissare wieder von Elsers Sprache gefangen: Er ließ «der Sache ihren freien Lauf». Das klingt nach einer gerechten Sache und entspricht Elsers Selbstbeurteilung.

Der Gestapo erwächst eine Chance, die verlorene Distanz wiederzugewinnen, als sie Elser die acht Opfer seines Anschlags vorhält. Um Elser ja genau festzulegen, wechselt sie die Form vom zusammengestückelten Ergebnisprotokoll zum Frage-Antwort-Protokoll. Sie will Elser mit Krokodilstränen weichmachen, er aber bleibt unbeeindruckt bei seiner lange gereiften Haltung. Nach fünf Tagen Verhör, nach reichlich Schlägen, nach mancher ängstlich durchlebten Nacht ein Beweis seines Selbstbewußtseins und seiner moralischen Festigkeit.

Was er sich nach dem endgültigen Verschließen der Tür am Pfeiler gedacht habe? Er weicht aus, kann sich nicht mehr erinnern.

«Wie hatten Sie sich damals die Auswirkungen des Anschlags vorgestellt?» Er antwortet nichtssagend: «Das hatte ich mir schon vorher einige Male überlegt.» Mehr bekommt man aus ihm nicht heraus. «Dachten Sie daran, daß eine Reihe von Personen getötet werden könnten?» Er soll in die Knie gehen, zur Buße, er aber bleibt fest und sagt ein aufreizend einfaches «Ja».

Die Gestapo zeigt sich überfordert, muß nochmals nach etwas fragen, was sie schon hörte: «Wollten Sie das?» Nun macht sie einen Fehler, der Elser die Möglichkeit bietet, sein Ziel unverblümt zu nennen. «Und wen wollten Sie treffen?» Elser: «Ja. Ich wollte die Führung treffen.» Die Polizisten, die selber dem schlimmsten Terrorapparat dienen, hätten gerne gehört, daß Elser zeitweise Zweifel an seiner Handlungsweise kamen. Auf die Frage nach seinen Skrupeln notieren sie, der Gefangene habe lange überlegt. Elser: «Das weiß ich nicht mehr, ob mir einmal Zweifel kamen oder nicht.» Er denkt weiter in seiner Linie: «Ich glaube aber, es kamen mir keine.»

Das Manöver, Elser zu einem Wort der Buße zu verleiten, ist fehlgeschlagen, der Kommissar kann seinen Ärger immer schlechter verbergen, er wiederholt: Wie Elser sich heute zu seiner Tat stelle, angesichts des Fehlschlags und der acht Toten? Elser: «Ich würde das nie mehr tun.» Keine Kunst, wo er jetzt in den Händen der Polizei ist. Der Kommissar fährt verärgert auf, wird schulmeisterlich: «Das ist keine Antwort auf meine Frage.» Elser bricht nicht zusammen, er ist ein zweckrationaler Handwerker: «Der Zweck ist nicht erreicht.» Die Gestapo gerät immer mehr ins Moralisieren: Ob Elser der Tod von acht Menschen gleichgültig sei? Das fragten die richtigen Herren, immerhin wagten sie nicht, wie die Zeitungen von «Mord» zu sprechen. Nun werden sie richtig gemein: «Was würden Sie machen, wenn Sie heute aus irgendeinem Grunde freigelassen würden?» Wobei sie genau wissen, daß so etwas nie passieren wird. Elser bleibt gutmütig: «Ich würde versuchen, wiedergutzumachen, das, was ich Schlechtes getan habe.» Er stockt wieder, der Kommissar bohrt weiter: «Wodurch und wie?»

Erst jetzt paßt sich Elser der herrschenden Ideologie an, er hat einfach die Nase voll: «Indem ich mich bemühen würde, mich in die Volksgemeinschaft zu finden und mitzuarbeiten.» Ob er das könne, muß er sich fragen lassen. Elser: «Ich habe meine Ansicht geändert.» Wodurch? Durch die Festnahme? Die Gestapokommissare spüren, wie lächerlich die Auseinandersetzung mit einem Besiegten ist. Nun schwingt sich Elser zum letzten Satz des ganzen Protokolls auf, zu einer Selbstkritik aus dem Ablauf der Geschichte, einem säkularisierten Determinismus. Die Nazis hätten hier von der «Vorsehung» gefaselt, Elser: «Nein, ich glaube bestimmt, daß mein Plan gelungen wäre, wenn meine Auffassung richtig gewesen wäre. Nachdem er nicht gelungen ist, bin ich überzeugt, daß es nicht gelingen sollte und daß meine Ansicht falsch war.» Nur die Ansicht war falsch – vielleicht auch nur die Einstellung der beiden Uhren? –, die Tat selbst bleibt eigentümlich draußen, der Haß auf Hitler ist durch nichts widerrufen. Wer nochmals das Verhör liest, wird nirgends etwas von einer geänderten Ansicht finden. Elser besänftigt mit nichts, von Reue und Zerknirschung keine Spur.

Für die Gestapo war das Verhör eine grimmige Enttäuschung, weil Elser keine Hintermänner erfinden wollte. Als Himmler den Schlußbericht las und seine Erwartungen nicht erfüllt sah, schrieb er wutentbrannt mit der für ihn reservierten grünen Tinte auf den gedruckten, rot eingebundenen Bericht: «Welcher Idiot hat den Bericht gemacht?» Die Idioten waren der Reichskriminaldirektor Nebe und die Leiter der beiden Untergruppen der «Sonderkommission Bürgerbräukeller».

Der Voyeurismus der NS-Prominenz am dritten Verhörtag hatte auch eine unerwartete Folge: Ein Journalist der Agentur DNB, deren Berichte die gleichgeschaltete Presse überall abdruckte, war von Elsers Integrität so beeindruckt, daß er dem Attentäter ein Denkmal setzte. In seinem Bericht von Elsers Überführung gab er gegen seine Überzeugung seinem Eindruck die Ehre:

«Wir haben diesen Mann gesehen. Das ist der Mörder der Opfer

101

jenes furchtbaren Planes, das ist der Mann, der den Führer und mit ihm die Führerschaft des Reiches treffen wollte. Man muß sich das alles immer wieder vor Augen halten, denn dieser Mann dort hat keine auffällige Verbrecherphysiognomie, sondern intelligente Augen, leise vorsichtig abwägende Ausdrücke, die Vernehmungen dehnen sich endlos, jedes Wort überlegt er lange und genau, bis er Antwort gibt, und wenn man ihn dabei beobachten kann, vergißt man im Augenblick, vor welchem satanischen Untier man steht, welche Schuld, welche grausige Last dieses Gewissen dort scheinbar so leicht zu tragen imstande ist.»

9 Totenkult: der Staatsakt vom 11. November

Wer das Attentat nicht bloß als isoliertes Geschehen, sondern mit all seinen Wirkungen verstehen will, darf nicht übergehen, wie das Regime die Opfer des Anschlags propagandistisch instrumentalisierte.

Die NSDAP hatte seit ihrem Neubeginn nach Hitlers Haftentlassung aus Landsberg Ende 1924 einen Kult entwickelt, durch den Niederlagen und Todesopfer in Siege umgewertet wurden. Ging es ursprünglich darum, der tiefen Entmutigung nach dem fehlgeschlagenen Putsch von 1923 entgegenzuwirken, so wurde nach der Machtübernahme das Scheitern uminterpretiert in eine Vorstufe zum politischen Sieg, das blutige Ende auf der Straße unter den Kugeln der bayerischen Landespolizei verherrlicht als Beginn eines Triumphzugs zur Macht. Hitlers Flucht und sein Untertauchen wurden umgelogen in Heroismus. Die Gedenkfeiern für den Putsch wurden verschmolzen mit den Feiern für die Gefallenen des Weltkriegs. Dadurch gewann das Scheitern des Aufmarschs an der Feldherrenhalle eine nationale Bedeutung; der Putsch erschien als erster Versuch, die Kriegsniederlage und die «Schmach von Versailles» zu tilgen. Ranghohe Offiziere und militärische Formationen nahmen an den Feiern teil, die Trauer wurde militarisiert. Überhaupt gab es viel zum Strammstehen und Marschieren bei zackiger Musik.

Natürlich fand die zentrale Feier stets in München statt. Der nächtliche Appell vor der Feldherrenhalle begann nach Hitlers Rede im Bürgerbräukeller, zu den markigen Worten kamen Lichteffekte.

Auf den braun-rot eingehüllten Totensäulen im altägyptischen Stil loderten Feuer in Flammenschalen. Auf Schrifttafeln an den Säulen stand «Zum Appell», darunter der Name eines der 16 Toten. So wurde die religiöse Urerfahrung des Numinosen im öffentlichen Raum als Massenereignis mit politischem Zweck inszeniert.

Aus der Trauer wurde Opferverherrlichung, aus der Erinnerung an die historische Niederlage eine Feier des Triumphes der Nazis. Die moralisch-politische Nutzanwendung spitzte sich zu in der Aufforderung, den Toten nachzueifern. Überhaupt waren die Toten von damals die Größten, es gab offensichtlich nichts Schöneres, als für die «Bewegung» zu sterben. Wer auch immer sein Leben verlor, er hatte sich für Hitler geopfert, damit dieser weiterlebe und Deutschland erlöse. Keine Tränen der Witwen, der Kinder. Hier war alles männlich, berstend vor Siegeswillen. Die Gesichter unbeweglich, alle stumm. Außer Hitler, dem Hohenpriester der Partei, hatte niemand zu sprechen. Bei den Blockformationen Tausende von Stiefeln in Reih und Glied, wie aus Erz gegossen, ihre Marschtritte gigantische Trommelschläge eines Totenmarsches.

Die Partei interpretierte sich in eine Heilsgeschichte hinein. Als Vorbild diente die christliche Religion, für die Inszenierung ließ sich ihre Liturgie ausschlachten. Vom Opfer der «Alten Kämpfer» und der Gefallenen zu Jesu Opfertod war es nur ein symbolischer Schritt: die historische Niederlage als der Karfreitag der Partei, der Sieg als Auferstehung, ein nationales Ostern. Dabei war der Sieg dehnbar: einst die Machtergreifung, nun der baldige Sieg über England, am Ende der Sieg über alle bösen Mächte der Welt, bis Deutschland erlöst sei. Die Umkehrung von Niederlage und Tod in Sieg und neues Leben bediente sich der paulinischen Theologie: Gerade im Kreuz, im Tod, liege der Sieg des Glaubens begründet.

Nun rückten am 9. November 1939 um die Mittagszeit braune und schwarze Kolonnen an, dumpf klangen die Landsknechtstrommeln der Hitlerjugend. Als Gegenstand des Kultes war an der Feldherrnhalle nur ein Mahnmal geblieben, vor dem das ganze Jahr hindurch ein SS-Doppelposten Wache hielt. 16 Schüsse einer Ehren-batterie symbolisierten die 16 Toten des Putsches. Die Prozession vom Bürgerbräukeller zur Feldherrnhalle unterblieb zum erstenmal, zu viele «Alte Kämpfer» standen an der Front. Außerdem befand sich der Trümmersaal in der Hand der Sonderkommission, er hatte durch die Zerstörung seinen heiligen Charakter verloren. Die Füh-rung unter Rudolf Heß fuhr anschließend zum Königsplatz, zur Kranzniederlegung. Dorthin waren vor drei Jahren die 16 Sarko-phage gebracht worden, sie standen in den beiden offenen Ehren-tempeln an der Schmalseite des neu gestalteten Platzes. Heß be-grüßte am Königsplatz einzeln die Angehörigen der Toten von 1923.

Zwei Tage später, am 11. November, ist eine weitere Feier im sel-ben Stil fällig. Am Abend des Vortags beginnt um 21.45 Uhr der Aufmarsch zur Aufbahrung der sieben Särge mit den Opfern des Attentats. Schon ab 21 Uhr warten 300 Hitlerjungen im Hof der Re-sidenz mit Fackeln, um die Särge zu begleiten. Aufstellung am Hof-gartentor bis 21.40 Uhr. Den Särgen folgen vierzehn «Alte Kämp-fer» mit sieben Kränzen Hitlers.

Um 22 Uhr dann Trommelwirbel der SS-Verfügungstruppe, die weiträumig den Platz vor der Halle eingrenzt und so zum «heiligen Raum» macht. Der Zug der Särge mit Fackel- und Kranzträgern zieht auf den Platz vor der Feldherrnhalle, die SS präsentiert die Ge-wehre, ein Musikzug spielt den Präsentiermarsch. Die Kranzträger legen an den Särgen ihre Kränze nieder, treten hinter die Särge. Nun zieht die SA-Wache auf und steht dort die ganze Nacht über.

Die Särge werden vor der Halle aufgestellt; das Feuer in einer Opferschale wirft aus dem Innern der Halle ein gespenstisches Licht. Dunkelheit habe Deutschland auf sich genommen, so ein schwülsti-ger Artikel im «Völkischen Beobachter», «seit man uns frech den Krieg erklärte». «Im glutroten Schwelen dieser einzigen Opferschale scheint unser aller Schmerz, der Schmerz aller Deutschen zusam-mengefaßt emporzuschlagen.» Jeden Sarg bedeckt eine Hakenkreuz-fahne. «SA-Männer stehen unbeweglich stumme Wache.» Nun defilieren stundenlang Münchner an den Särgen vorbei. Die Gedanken der Vorbeiziehenden halten «stumme Zwiesprache mit den Toten, und die ewige Frage nach dem ‹Warum› mag in diesen ernsten Augenblicken eine männlich stolze Antwort finden». Die Nacht und die einzige Flamme sind der Stoff, um ein religiöses Massenspektakel zu suggerieren: Der Platz ist «ein weiter Dom der Nacht».

Im Dunkel vollzieht sich eine mystische Vereinigung: «Leise schreitet der endlose Zug weiter. Aus dem Dunkel der Stadt kommt er, wird von den Flammen der Trauer erleuchtet und verschwindet in der dunklen Weite. Es ist wirklich so: In diesen Nachtstunden zieht ein großes Volk an den sterblichen Resten der Opfer vorüber und legt seine Gedanken, seinen Schmerz und seine Trauer bei den Toten nieder. Wir sind alle vorbeigeschritten.» Damit endet die Aufbahrung am 10. November.

Für den Staatsakt am folgenden Tag, dem 11. November, ist reichsweit an öffentlichen Gebäuden Beflaggung auf halbmast angeordnet, Privathäuser flaggen gleich mit. Um die Feldherrnhalle, den «Altar der Bewegung», sollen sich 10 000 Zuschauer versammelt haben, für die große Stadt eigentlich recht wenige. Von Norden marschieren über die Ludwigstraße in die Theatinerstraße nach 10 Uhr Ehrenformationen der Partei auf, darunter der Reichsarbeitsdienst mit geschulterten Spaten. Von Süden kommen Abteilungen von SS, Wehrmacht und Luftwaffe. Die SA-Nachtwache an den Särgen wird abgelöst. In der Residenzstraße fahren die Trauerwagen auf, eskortiert von je einem Dutzend «Alter Kämpfer», um den Wagen der getöteten Kellnerin Mitglieder der NS-Frauenschaft.

Der Aufbau der Versammlung im «heiligen Raum» geht von der Feldherrnhalle aus. Direkt vor der Halle steht das Rednerpult für den Hauptredner Heß, davor nebeneinander die sieben Särge – das achte Opfer ringt noch mit dem Tod –, neben jedem Sarg ein «Alter Kämpfer» bzw. eine Frau der NS-Frauenschaft, davor auf Stühlen die Angehörigen der Opfer, in zwei Blöcken Ehrengäste von Regierung, Partei und Militär.

Kurz vor 11 Uhr beginnt der Großdeutsche Rundfunk seine Übertragung, Millionen hören zu. Man versteht bei der Rundfunkübertragung zuerst mühsam nur einzelne gebrüllte Kommandos wie «Formationen stillgestanden!» und «Präsentiert das Gewehr!». Stiefel knallen. Aus dem hinten angrenzenden Hofgartentor marschiert der Block der «Alten Kämpfer» auf, dann nehmen die Angehörigen der Toten auf ihren Stühlen vor den Särgen Platz.

Das Allerheiligste wird hereingebracht, die Blutfahne, getragen von Grimminger, einem Marschierer von 1923 und NS-Stadtrat. Während die Blutfahne oben in der Feldherrnhalle erscheint und im «Altarraum» hinter dem mittleren Bogen vor einem größeren Pylon aufgepflanzt wird, ertönt der Präsentiermarsch. Dann Schweigen. Heß und Hitlers Adjutant Brückner werden erwartet. Ein Reporter überbrückt die Zeit mit den Namen der Gestorbenen, mit Stichworten aus ihrer politischen Biographie. Von allen heißt es, sie seien «glühende Verfechter der Ideen des Führers» gewesen.

Die benachbarte Theatinerkirche schlägt 11 Uhr, die Gemeinde ist versammelt, der Parteigottesdienst kann beginnen. Der zweite Reporter berichtet noch viel weihevoller, er versinkt im Schmalz seiner gerührten Stimme, die Sätze schlafen ihm beinahe im Mund ein. «Seite an Seite mit dem Stellvertreter des Führers und dem Gauleiter Wagner kommt nun Adolf Hitler selbst zu seinen toten Kameraden zurück. Der Führer ist da.» Etwas Bewegung geht durch die Zuschauer, freudige Gefühle, als Hitler auftaucht, in feldgrauem Mantel und mit einer schwarzen Binde am linken Arm.

Es folgt eine lange Pause, Hitler nimmt stumm die Position des Hohenpriesters ein: Nur er darf den Raum zwischen den Angehörigen und den Särgen betreten. Der Reporter: «Adolf Hitler steht angesichts der Opfer, die feige Mörderhand aus unserer Mitte hinwegriß.» Während der ganzen Rede von Heß bleibt Hitler unbeweglich stehen, über eine halbe Stunde lang. Leise setzt das Orchester mit einer Lieblingsmelodie der damaligen deutschen Trauerkultur ein: «Ases Tod» von Edvard Grieg.

Staatsakt für die Opfer des Attentats im Bürgerbräukeller am 11. November 1939 vor der Feldherrnhalle.

Wenigstens heute kommt Rudolf Heß zu Wort, während am 8. November Hitler ihm die Schau stahl. Heß spricht viel würdevoller als Hitler im Bürgerbräukeller, viel langsamer, gleichmäßiger, im Ton eines geübten Priesters. Salbungsvoll an jeder Stelle, mit einer pleonastischen Rhetorik, die zur besseren Einprägung ständig Anschlüsse wiederholt. Der «Völkische Beobachter» empfand diese ausgewalzte Redefassung als peinlich und strich die Verdoppelungen einfach weg.

«Das deutsche Volk nimmt in dieser Stunde Abschied von den Opfern eines grauenhaften Verbrechens, des Verbrechens, das kaum seinesgleichen hat in der Geschichte.» Dann kommt die Logik ins Schleudern. Einerseits übte eine «ruchlose Mörderhand» den Anschlag aus, andererseits wurden die Toten Opfer ihres schon lange festgelegten Schicksals, der Saal war ihnen zur «Sterbestätte» bestimmt. Die sieben neuen Toten seien es gewesen, deren Treue es dem Führer möglich gemacht habe, «die Bewegung durch alle Stürme durchzuhalten». Eine klare Unterscheidung zwischen 1923 und 1939 ist nicht mehr möglich, alle Geschichte endet in der mystischen Vereinigung mit dem siegreichen Hitler. Deutschland verdankt es den «Alten Kämpfern», «daß es heute dem Angriff der äußeren Feinde Trotz zu bieten vermag». Ist nicht auch noch eine große Wehrmacht dabei? Heß spürt den Einwand und schiebt nach, daß Hitler diese Wehrmacht nur dank der «Alten Kämpfer» aufbauen und Deutschland befreien konnte.

Das schmalzige Pathos steigert sich bei der direkten Ansprache der Toten durch die kühne Behauptung, «ganz Deutschland» trauere, und durch das formelhafte Versprechen, nie zu vergessen. «Ewig ist der Strom des Blutes, das für Deutschland fließt. Ewig ist der Einsatz deutscher Männer für ihr Volk. Ewig wird darum auch Deutschland sein, dieses Deutschland, für das ihr euer Leben gabt.» In der für die NS-Festrhetorik üblichen abstrakten Formelhaftigkeit bleiben die Gedanken so blaß, unkonkret, daß man sich leicht auch das Gegenteil darunter vorstellen kann: Für Deutschland fließt ewig das Blut unterliegender, geknechteter Völker, darum wird Deutschland ewig sein. Das «darum» ist zwar als logische Konsequenz nicht verständlich, aber wer fragt in diesem Augenblick nach, wenn der Messias für sein Volk vor dem Ewigen steht?

Aber Heß ringt dem Tod auch einen volkspädagogisch-politischen Nutzen ab, das Attentat hat sein Gutes. Das Sterben der sieben Opfer habe «die Erbitterung und die Leidenschaft des deutschen Volkes erst völlig geweckt». Das Attentat förderte den Haß gegen das Ausland. Die auf säkularisierter Theologie beruhende Argumentation verliert bei Heß ihr religiöses Mäntelchen, sie entpuppt sich nun als reine Haß-Agitation. «Die Anstifter des Verbrechens haben das deutsche Volk endlich gelehrt zu hassen. Sie haben die Hingabe des deutschen Volkes an den ihm aufgezwungenen Kampf, seine Bereitschaft, alles einzusetzen, unendlich erhöht.» Welcher Geist das deutsche Volk beherrsche, das spreche aus den Worten zweier Frauen der Opfer. Heß schreckt vor einem Zynismus auf Kosten der Witwen nicht zurück, das Individuum hat sich dem politischen Zweck unterzuordnen. Zwei Witwen hätten gesagt: «Was der Tod unserer Männer uns bedeutet, das kann nur ermessen, wer selbst sein Liebstes verloren hat. Wichtiger aber, als daß unsere Männer leben, ist, daß der Führer lebt.»

Für die Hinterbliebenen gibt es keine Gefühle, diese gelten allein Hitlers Errettung. Heß schwebt in einem nebulösen Messiasglauben davon. «Durch das Wunder der Errettung wurde der Glaube unerschütterlich: die Vorsehung hat uns den Führer erhalten, die Vorsehung wird uns den Führer erhalten, denn die Vorsehung hat ihn uns gesandt.» Getreu der christlichen Liturgie folgt nun ein Glaubensbekenntnis, das die Stationen des Messias Hitler in paralleler Formulierung zum apostolischen Glaubensbekenntnis aufzählt. «Die Vorsehung hat ihn [Hitler] uns in diesen Tagen erhalten, erhalten wie einst auf den Meldegängen des Weltkrieges, im Trommelfeuer des Weltkrieges, erhalten wie einst auf dem Marsch zur Feldherrnhalle, erhalten wie einst bei dem immer neuen Lebenseinsatze in der Kampfzeit und wie jetzt im polnischen Feldzug. Immer war die Vorsehung mit dem Führer und immer hat sie alles, was seine Gegner gegen ihn unternahmen, letzten Endes zu seinen Gunsten gewandt und damit gewandt zugunsten des deutschen Volkes.»

Als treuer Jünger seines Herrn ist Heß der «felsenfesten Überzeugung, daß [...] auch das ganz große Verbrechen, der vom Zaun gebrochene Krieg, sich zugunsten des Führers und zugunsten Deutschlands auswirken wird, zugunsten Deutschlands und der ganzen Welt.» Hitler wird die Utopie der Menschheit erfüllen: den ewigen Frieden schaffen, einen deutschen, versteht sich. «Unseren Feinden aber, den Anstiftern dieses Verbrechens, rufen wir zu: Ihr habt uns den Führer nehmen wollen und habt ihn uns näher gebracht denn je. Ihr habt uns schwächen wollen und habt uns nur stärker gemacht denn je. Ihr habt gehofft, uns den Glauben an die Zukunft rauben zu können, und habt doch nur den Glauben erhärtet an eine Vorsehung, die mit Deutschland ist. Ihr habt gehofft, uns die Siegeszuversicht nehmen zu können ...» An dieser Stelle geht Heß' Stimme kontinuierlich hinauf, wird schriller, bei gleichbleibender Langsamkeit. Nie sei das deutsche Volk «siegesgewisser» gewesen als heute. Heß stürmt am Ende gar gegen die Unterwelt: «Und wenn ihr die Hölle in Bewegung setzt, der Sieg wird doch unser sein. Der Sieg ist der Dank an die Toten.»

Nun werden die Opfergaben dargebracht: Kranzträger nehmen vor den Särgen Aufstellung, es erklingt das Lieblingslied des deutschen Militarismus: das Lied vom «Guten Kameraden». Sobald Hitler vor einen der Särge tritt, löst sich aus einer Ehrenbatterie, die drüben im Hofgarten steht, ein Salutschuß, das Häusergeviert wirft das Echo zurück. Hitler legt vor jedem Sarg einen Kranz mit Chrysanthemen nieder, tritt zurück und grüßt die Toten mit erhobener Hand.

Es folgen das Deutschlandlied, sehr langsam, dann, flotter, die Parteihymne, das Horst-Wessel-Lied, das nach dem langen Herumstehen in die Beine gehen könnte. Hitler gibt jedem der Angehörigen die Hand. «Schweigend sieht er in die Augen eines jeden», wie der «Völkische Beobachter» meint. Dann spricht er ihnen sein Beileid aus. Es endet, wie es begonnen hat: Über den Platz fegen militärische Kommandos: «Formationen stillgestanden!», «Präsentiert das Gewehr!», «Gewehr über!», «Trauerzug Marsch!», «Rechts um!» Wieder knallen Stiefel. Der Präsentiermarsch. Die Kirchenuhr schlägt halb zwölf. An der Spitze des abmarschierenden Zuges die Blutfahne, dahinter die Trauerwagen mit den Marschierern von 1923, anschließend die Formationen der Wehrmacht und der Partei.

Der Trauerzug nimmt seinen anstrengenden, einstündigen Weg über Odeonsplatz und Ludwigstraße durch das Siegestor hinaus, über die Leopoldstraße und Ungererstraße zum Nordfriedhof, musikalisch begleitet von Trommelwirbeln im Wechsel mit Trauermärschen. An den Straßen neugierige Münchner, nach der offiziellen Version «ganz München». Doch der SD der SS gestand ein: «Die Beteiligung der Münchener Bevölkerung an dem Staatsbegräbnis der Opfer des Attentates war verhältnismäßig schwach, nur am Odeonsplatz stauten sich die Zuschauer, ohne jedoch eine besonders tiefe Anteilnahme an dem feierlichen Akt zu zeigen.»

Goebbels' Propaganda gewann der Irrationalität des Totenkults noch eine rationale Seite ab, sie machte aus der Totenfeier einen Film, der gegen Ende der Berliner Verhöre Georg Elser vorgeführt wurde, um ihn zu erschüttern und zur Preisgabe seiner Hintermänner zu bewegen.

Auf dem Nordfriedhof lief das ganze Zeremoniell noch einmal in Kurzfassung ab, bis zum Schluß fest in der Hand der Partei; die Blutfahne ist auch am Grab dabei. Das «Regieprogramm» geht zu Ende: «Die Särge werden abgesetzt. Die Angehörigen und Hinterbliebenen nehmen Aufstellung. Sobald diese Aufstellung beendet ist, gibt Pg. Wenzl das Zeichen zum Versenken der Särge. Während des Versenkens der Särge spielt das Trapp'sche Kammerorchester getragen das Lied ‹Hakenkreuz am Stahlhelm›.»

10 Die Suche nach den Hintermännern

Gleich in der Nacht vom 8. auf den 9. November hatten Hitler und seine Gefolgschaft im Sonderzug über Hintermänner spekuliert. Hitlers Agitationslinie, wie er sie auch in seiner Bürger-bräu-Rede verfolgt hatte, ließ ihn sofort an England denken. Etwas später fiel ihm noch Otto Strasser ein, mit dem seit langem ein Kleinkrieg ausgefochten wurde. Strasser hatte das Regime von tschechoslowakischem Boden aus mit einem Freiheitssender at-tackiert, ab und zu konnte er in Deutschland Sprengstoff plazieren.

In Hitlers Vorstellung war ein wirkungsvoller Anschlag wie der im Bürgerbräukeller ohne Hintermänner überhaupt nicht möglich. Die Annahme von Kräften im Hintergrund lag ihm persönlich nahe, wäre er doch ohne sie ein Nichts geblieben: Gerade er war es, der nur durch Gönner und Förderer in der Justiz, in der Regierung, in der Polizei und vor allem in den tonangebenden, reichen Kreisen so hoch aufgestiegen war. Allein auf sich gestellt, hätte er sich nicht einmal ernähren können.

Bei der Frage, wer einem nach dem Leben trachtete, wurde die Führungsgruppe der Nationalsozialisten Opfer der selbstgewählten Abschottung: Um sie herum sah sie nur noch Feinde. Das Tippen auf diese oder jene Hintermänner mußte da beliebig bleiben.

Gegen seine jahrelange Propaganda verlor Hitler mit einem Schlag seinen bisherigen Hauptfeind aus dem Blickfeld: Warum soll-ten nicht Juden hinter dem Anschlag stecken? Das Attentat Herschel Grynszpans auf den Legationssekretär Ernst vom Rath in Paris vor einem Jahr, eines der wenigen gelungenen, hatte bewiesen, daß ein Jude dazu fähig sein konnte. Warum sollte nicht der Bolschewismus das Attentat ausgeheckt haben? Die GPU verfügte über dafür ausgebildete Leute. In der Tat knöpfte sich dann die Gestapo in München routinemäßig auch die Kommunisten vor und bewies so ihre völlige Unkenntnis der kommunistischen Widerstandsstrategie, in der Bombenanschläge keinen Platz hatten. Zur Zeit der deutsch-sowjetischen Verträge waren die Kommunisten ohnehin gelähmt.

Wenn schon ein künftiger Kriegsgegner wie England der Drahtzieher sein sollte, warum blieb Frankreich außer Betracht? Im elsässischen Straßburg arbeitete ein gut geführter Auslandssender, der im Süden Deutschlands Einfluß besaß. Eine Anstiftung aus Frankreich kam jedoch niemandem in der Führungsschicht in den Sinn. Hitler starrte auf England wie ein Schlangenbeschwörer auf seine Kobra.

Alle ernst zu nehmenden Indizien, die die Sonderkommission allmählich zusammenbrachte, verwiesen auf das Reichsgebiet und widersprachen Hitlers antienglischer Verschwörungstheorie. So interessant die Details über die Beschaffung des Sprengapparats, über die Konstruktion des Sprengapparats, über die ohne ihre Kenntnis mithelfenden Münchner Handwerker aussehen mochten, mit der großen Politik, wie Hitler sie brauchte, hatte all das nichts zu tun. Die Gestapo dagegen verlegte selbst zwei Fährten ins Ausland und bewies dabei, wessen Geistes Kind sie auch in der Kriminalistik war. Die falsche Spur in die Schweiz ist bis heute unbeachtet geblieben, sie soll ausführlicher vorgestellt werden, fügt sie doch dem Bild vom Attentat eine skurrile Facette hinzu.

Alle deutschen Zeitungen brachten am 22. November 1939 denselben Artikel, in dem Himmler Elser als Attentäter vorstellte. Ohne daß Himmler das geringste Indiz dafür besaß, ließ er aber zugleich eine Lüge in die Welt setzen: «Auftraggeber bzw. Geldgeber für das Unternehmen war der britische Intelligence Service. Organisator des Verbrechens Otto Strasser.» Damit abgestimmt erschien der Bericht über die Venlo-Entführung. Die mit Waffengewalt von holländischem Boden aus nach Deutschland verschleppten britischen Geheimdienstler Best und Stevens wurden als «Hintermänner» angepriesen. Dabei brüstete sich die SS: «Wie Englands Geheimdienst überlistet wurde.» Die beiden hätten die Grenze nach Deutschland überschritten, um mit der deutschen Opposition Kontakt aufzunehmen. Überfall und Entführung wurden verschwiegen.

Gleichzeitig gab die Nazi-Agentur DNB in ihrem sonst kaum nachweisbaren Auslandsdienst eine Meldung heraus, die in Deutschland nicht erscheinen durfte und für die Schweiz bestimmt war: Elser sei am 5. November über die Grenze und nach Zürich gefahren, um seinen Auftraggeber Otto Strasser zu treffen.

Am nächsten Tag erzählte die NS-Presse, die Gestapo habe 21 Tage lang Funkkontakte mit dem gelinkten englischen Geheimdienst gehabt, und zwar über einen Geheimsender, den pikanterweise die Engländer selbst der vorgeblichen deutschen Widerstandsgruppe geliefert hatten, die die beiden Dilettanten dann in Venlo überfiel. Fette Schlagzeilen boten genüßlich den Erfolg dar: «Bis gestern Funkgespräche der Gestapo mit dem britischen Geheimdienst. So wurden die Londoner Drahtzieher des Attentats entlarvt.» Himmler konnte es sich nicht verkneifen, seine Schadenfreude gedruckt zu sehen, im letzten Funkspruch: «Auf die Dauer ist die Unterhaltung mit eingebildeten und törichten Menschen langweilig. Sie werden verstehen, daß wir abbrechen. Es grüßt herzlich die euch wohlgeneigte ‹Deutsche Opposition›. Die Deutsche Gestapo.»

In der Berliner Prinz-Albrecht-Straße 8 werden sich die Witzbolde auf die Schenkel geklatscht haben. Was sonst noch in der Presse stand, waren eher Geheimdienstmärchen. Interessanter war, was die Zeitungen über Otto Strasser berichteten, erfuhren doch damit die Deutschen erstmals von dessen Widerstandsarbeit. Die Presse gab sich die Blöße, einzugestehen, daß 1935 zwei deutsche SS-Männer widerrechtlich in die Tschechoslowakei eingedrungen waren und Strassers Sender zerstört hatten.

Auf die bloße Beschuldigung hin, Strasser habe von der Schweiz aus das Attentat organisiert, nahmen sich in der Schweiz die Zeitungen des Falls an. Allein schon der Verdacht konnte gefährlich werden, der deutsche Nachbar war als gewalttätig bekannt – und gefürchtet. Seit 1933 waren immer wieder Personen aus der Schweiz nach Deutschland entführt worden, nicht nur deutsche Emigranten, sondern auch unbequeme Schweizer.

Die «Appenzeller Zeitung» in Herisau stellte am 23. November Strasser vor, erwähnte sein letztes publizistisches Werk, in dem er ein neues Europa wünschte, «ein Europa der Freiheit, der Gerechtigkeit und des Friedens». Strasser sei inzwischen in Paris und habe dort ein Interview gegeben: «Ich kenne Elser nicht, und es ist sicher, daß er nicht einer meiner Leute ist. Ich habe weder Best noch Stevens gekannt.» Die Beschuldigung der Gestapo, Strassers Organisation «Schwarze Front» sei daran beteiligt, ehre ihn. Die Gestapo habe ihn schon mehrmals zu ermorden versucht, das letztemal sei er von einem Gestapomann gewarnt worden.

Die «Appenzeller Zeitung» schrieb von Ermittlungen der Schweizerischen Bundesanwaltschaft in Bern und der Politischen Polizei. Man wird den Eindruck nicht los, in Bern gehe es um vorauseilenden Gehorsam gegen den gewalttätigen Nachbarn. Gleich nach dem Attentat nahm die Bundesanwaltschaft selbständig Nachforschungen auf, ob es Zusammenhänge mit der Schweiz gebe, achtete nicht nur auf Strasser, «sondern auch auf andere der gegenwärtigen deutschen Regierung ungünstig gesinnte Elemente». Das Ergebnis war negativ.

Allerdings verfügte die Bundesanwaltschaft unmittelbar nach dem Münchner Anschlag, Strasser habe innerhalb von vier Stunden die Schweiz zu verlassen; seit dem Überfall der Nazis auf die Tschechoslowakei lebte er ohne Anerkennung als Flüchtling im Kanton Zürich.

Otto Strasser ergriff die Chance, in Paris, wohin er am 13. November gereist war, seinerseits die Nazis als Urheber des Münchner Attentats zu bezichtigen. Sein Beweis stand auf schwachen Beinen:

Die Verwaltung des Bürgerbräus habe vor einigen Wochen ihr Gebäude in der Schweiz versichern lassen. Dann schwang er sich, unter dem Eindruck von Elsers Anschlag, zu einer optimistischen Prognose auf: Das Reich sei «zu einer Revolution gegen Hitler bereit». Allerdings mit der Einschränkung, «vorher müsse Deutschland die Schrecken des Krieges verspüren, das Dritte Reich seine erste militärische Niederlage erlitten haben und die Wirkung der Blockade fühlbar werden». Als Zeitpunkt erwartete er das Frühjahr 1940.

Solche Artikel, überhaupt die deutschsprachige Presse der Schweiz, empörten Berlin. Das Propagandaministerium erwog am 10. November 1939, endgültig die Einfuhr von Schweizer Zeitungen nach Deutschland zu verbieten. Es spielte keine Rolle, daß sich nur noch wenige Zeitungen kritisch gegen die Nazis äußerten, die meisten beugten sich, paßten sich an oder schwiegen einfach.

Die Gestapo ließ sich bis Ende Januar 1940 Zeit, bis sie in Bern massiv Nachforschungen forderte. Diesen Umtrieben verdanken wir ein bislang unbekanntes Elser-Dossier in den Strasser-Akten des Berner Bundesarchivs. Eine Fundgrube: hier erfahren wir Dinge, die in Berlin untergegangen sind und die uns die skrupellose Taktik der Gestapo veranschaulichen. Dort finden sich auch Elsers Fingerabdrücke – abgenommen in München, am 15. November 1939 – und eine Menge eindrücklicher erkennungsdienstlicher Fotos, die anderswo nicht mehr existieren.

Das Reichssicherheitshauptamt in Berlin verlangte von der Schweizer Polizei die Beantwortung eines 18 Seiten umfassenden Fragenkatalogs, genannt «Requisitorial». Die meisten Fragen kreisten um den Münchner Anschlag, einige wenige um den Brand des Dampfers «Deutschland». Der Chef der Schweizer Polizei, Dr. Heinrich Rothmund, bekannt für seine enge Kooperation mit den Nazis besonders in der Flüchtlingspolitik, schrieb in seinem Begleitschreiben vom 1. Februar 1940 an die Bundesanwaltschaft: beim «Münchner Sprengstoffattentat» handle es sich nicht «um ein ausschließlich politisches Verbrechen», allerdings werde in Deutschland alles «ebenfalls nach der politischen Seite untersucht»: «Wir möchten daher dringend empfehlen, bei der Behandlung des Requisitorials zurückhaltend und vorsichtig zu sein und die Beantwortung vorher mit uns und der Abteilung für Auswärtiges zu besprechen.»

Der Fragebogen dringt mit 163 Fragen auf die Schweizer Polizei ein. Im vorderen Teil über die Beziehungen Elsers zu Strasser und im abschließenden Teil über die Verhaftung an der Grenze finden sich Dinge erwähnt, die in keinem Verhör erscheinen und die auch nie von irgendwelchen anderen Personen bestätigt wurden. Nur im Mittelteil fragt die Gestapo relativ sachlich nach Vorgängen aus Elsers Leben am Bodensee.

Zuerst ist schwer zu entscheiden, ob Elser die unglaublichen Behauptungen unter schwersten Folterungen erfand, um Ruhe zu haben, oder ob die Gestapo, nachdem ihr die Akten der Sonderkommission am 20. November übergeben worden waren, hier ihrer Phantasie freien Lauf ließ. Allerdings gewinnen die befremdlich anmutenden Teile nach gründlicher Lektüre das Aussehen eines riesigen Gestapo-Märchens. Dazu paßt der Ton: Die Gestapo tut so, als ob ihr die Schweizer Polizei schon unterstellt sei. So war in Berlin der allgemeine Stil. Es gilt, die Schweizer total auszufragen. Wenn sich dabei auf Schweizer Seite Lücken in den Erkenntnissen herausstellten, soll der Schweizer Polizei gleich ein schlechtes Gewissen eingejagt werden. Wer von der Gestapo gefragt wird, hat auf jeden Fall irgendwie Unrecht, sonst müßte er ja nicht gefragt werden. Im Grunde ist das Requisitorial kein Amtsersuchen, sondern ein barsches Verhör, unverfrorenerweise gegen einen souveränen Staat.

Um diesen Vorstoß nach Bern vorzubereiten, hatte die Gestapo vermutlich ihren Auslandsdienst beauftragt, Angaben, Behauptungen und Beschuldigungen aus der Züricher Umgebung Strassers zu sammeln oder einfach Gerüchte zusammenzutragen. Der Auslandsarm der Gestapo für die Schweiz wurde von Stuttgart aus geführt und verfügte in der Eidgenossenschaft über ein beachtliches Netz von Spitzeln, Deutschen wie Schweizern. Auf Schweizer Boden betreute die deutsche Botschaft in Bern diese Zuträger. So konnte die Gestapo auftreten, als ob sie alles Wichtige schon wisse und nur noch die amtliche Bestätigung brauche.

Laut Gestapo habe Georg Elser zum Beispiel erklärt, «daß er u. a. glaublich im Mai, September und Oktober bzw. November 1939 den Besuch eines Beauftragten Otto Strassers erhalten hat». Dieser Mann habe ihm gesagt, falls das Münchner Attentat nicht gelinge, könne es ein weiteres geben. Elser habe die Person, die er dann genau beschrieb, 1938 in Konstanz kennengelernt.

Bereits diese erste Konstruktion ist an Dummheit kaum zu überbieten. 1938 wohnte Elser schon lange in Königsbronn, er war bei Waldenmaier beschäftigt. Wenn er nach Konstanz kam, dann nur kurz, um die Grenzsituation zu prüfen. Langwierige Kontakte zum Zweck einer gemeinsamen Attentatsplanung waren zeitlich undenkbar.

Dann beginnt die Gestapo, die Schweizer Polizei zu löchern, will alles von Strassers Reisen wissen: wohin, mit wem, wann, auf welchem Weg, warum. Ebenso von seinen Tätigkeiten und Verbindungen, sogar von seinen Nachbarn, seinen Besuchern, seinem Geldaufwand, seiner Wohnungsinhaberin, von seinem möglichen Auto, von seinen Kontakten unterwegs, von seinen deutschen Besuchern.

Die Gestapo tritt hier so dummdreist auf, wie es auch aus Deutschland bezeugt ist. Sie vertraute auf die Angst der Befragten, eine Folge des Gestapo-Mythos, und nahm an, die Schweizer Polizei zu ihrem Büttel machen zu können. Kühn wird einfach behauptet, Strasser habe mehrfach Deutsche empfangen. Nun ja, das kann ja nie falsch sein. Dann aber will die Gestapo die Namen aller Deutschen wissen, die damals in Zürich sich aufhielten und übernachteten.

Der nächste Fragenkomplex gründet auf ein Geschwätz, wie wir es aus den Gerüchteküchen nach dem Attentat kennen. Hier hatte wohl ein Spitzel aus der Schweiz ein Hörensagen nach Stuttgart gemeldet. Zwei Personen fahren mit dem Auto nach Vaduz, es ist der

8. November. Der erste sagt: «Hoffentlich klappt die Sache heute abend. Schade, daß es nicht miterlebt werden kann.» Der zweite: «Auf jeden Fall hören wir die Wirkung am Radio. Es nimmt wohl alle.» Über die beiden wird dann in acht Fragen wild spekuliert.

Im dritten Fragenkomplex wird es richtig lustig: eine Polizeikomödie. Zehn Tage vor dem Attentat sitzen in einem «Wiener Café» von Bern zwei deutschsprechende Personen mit leicht englischem Akzent. Worüber unterhalten sie sich? Über den Bürgerbräukeller und seine Räumlichkeiten: «Es muß gelingen», sagt einer. Nach dem 9. November sind sie nicht mehr zu sehen. Jetzt will die Gestapo wissen: Aus welchen Kreisen setzen sich die Besucher des Lokals zusammen? Welche Beobachtungen machte die Bedienung? Natürlich darf nicht fehlen, daß einer der beiden Bösewichter «jüdisches Aussehen» hatte. Von ähnlicher Detailwut waren beim Berliner Verhör auch die Fragen an Elser geprägt, ein Zeichen pedantischer Kleingeisterei, der Überblick ist schon lange verlorengegangen.

Ein Gestapospitzel meldete aus der Schweiz, eine Frau am Genfer See solle gesagt haben, «Hitler wird demnächst ermordet». Das hofften und sagten damals in Europa viele Leute, sogar die Gestapo mußte dies wissen. Nun will die Gestapo jedoch alles über diese Frau erfahren.

Wenn die Fragen Elsers Aufenthalt am Bodensee betreffen, zieht wenigstens in die Grundlagen der Fragenflut ein Hauch Rationalität ein. Man spürt eine andere Handschrift: nicht mehr die der paranoiden Gestapo, sondern die der kühleren Kripo. Doch die Fragen werden von der Gestapo aufgebläht. Allein zu Elsers Arbeit in der kleinen Schreinerei Schönholzer zu Bottighofen bei Kreuzlingen stellt die Gestapo 24 Fragen. Keine Sekunde, kein Kontakt darf undurchleuchtet bleiben. Hier fragt der Allmächtige persönlich jeden Augenblick eines Lebens ab, eine Art Jüngstes Gericht der Polizei.

Es folgen vierzehn Fragen über Elsers Umgang in einem Abstinenzlerlokal von Kreuzlingen, acht Fragen über den Besuch eines

Trachtenfestes, sieben Fragen über den Schmuggel von Dingen des täglichen Bedarfs, sieben Fragen zu zwei Abtreibungsversuchen seiner Freundin Mathilde Niedermann, acht Fragen über Einkäufe in einem Lebensmittelladen in Kreuzlingen. Dreizehn Fragen behandeln die an den Haaren herbeigezogene Behauptung, der Züricher Musikalienhändler Karl Kuch sei in das Attentat verwickelt. Noch heute wird Kuch in der lokalen Phantasie auf der Ostalb gelegentlich als Anführer einer kommunistischen Sprenggruppe verkauft.

Zu den Umständen der Verhaftung Elsers erfindet die Gestapo zu der einen unbekannten Gestalt auf Schweizer Seite gleich zwei weitere hinzu, die ebenfalls dort herumspaziert seien. Aber alles bleibt völlig nebelhaft.

Die schweizerische Bundesanwaltschaft antwortet in devotem Ton, sie hat Strasser hart angefaßt, schon vor der Intervention der Gestapo: «Nachdem die Schweizer-Behörden Ende Oktober 1939 feststellten, daß Dr. Strasser in einer ausländischen Zeitung gegen den deutschen Reichskanzler polemisierte und sich auch über das Verhältnis Deutschland zur Schweiz ausließ, wurde dessen sofortige Ausreise verfügt, welcher Beschluß ihm anfangs November 1939 eröffnet wurde.» Am 13. November wurde Strasser mit einem Auto an die französische Grenze gebracht und mußte dann alleine die Grenze überschreiten. Ob Strasser zu bestimmten Zeiten Post aus Deutschland bekam, könne man nicht mehr feststellen, bei einer Haussuchung habe man keine gefunden. – Wir können erahnen, was sich Strasser alles an Aufsicht gefallen lassen mußte.

Die Eigentümerin von Strassers Wohnung in Wetzwil-Herrliberg hieß übrigens Johanna Lehmann. Bei der Gestapo dürften die Alarmglocken geklingelt haben: Aha, eine Verwandte der Rosa Lehmann in München, Türkenstraße 94, wo Elser während der Arbeiten an seinem Sprengsatz wohnte? So wie die Gestapo wochenlang verrückt spielte, als sie in Meersburg feststellte, daß Frau Dreher, in deren Wohnung Elser 1932 arbeitete und eine Schlafstelle hatte, eine geborene Strasser war.

Am Schluß des Antwortkatalogs wird es so, wie man es neugierigen Schnüfflern wünscht. Die gefährliche Frau am Genfer See ist schon gestorben. Die Arbeit in Bottighofen bekam Elser durch das Arbeitsamt Kreuzlingen. Elsers alter Chef Schönholzer ist auch schon tot, aber sein Sohn stellt dem ehemaligen Beschäftigten des Kleinbetriebs ein glänzendes Zeugnis aus: «Durch Karl Schönholzer wird Elser als arbeitsam, ruhig und solide geschildert. Als sonderbar ist aufgefallen» – aha, kommt jetzt der schräge Sonderling? –, «daß Elser an Nachmittagen öfters seine Arbeitsstelle verlassen hat, um baden zu gehen. Die versäumte Zeit hat er jeweils abends wieder reichlich nachgeholt.» Es gibt kaum ein ansprechenderes Zeugnis über Elsers freien Geist.

11 Attentatshausen

Als für die Gestapo feststand, Königsbronn sei der Ort, von dem aus jemand Hitler hatte beseitigen wollen, fiel sie in Wellen über die Gemeinde her. Es kamen Beamte aus Stuttgart, aus München und aus dem Reichssicherheitshauptamt in Berlin. In Königsbronn verdichtete sich der Druck zu einem Alptraum, der den stillen Ort lähmte. Viele wurden in den Monaten nach dem Attentat immer wieder zum Verhör abgeholt. Immer wieder dieselben Fragen, nicht sehr intelligent, aber zermürbend. Jedes Verhör bewies dem Opfer, daß alles bisher wahrheitsgemäß zu Protokoll Gegebene für die Katz gewesen war. In den oberen Rängen der Gestapo war man immer derselben Ansicht: der ganze Ort ein Verbrechernest, niemand sagt die Wahrheit, nur permanente Wiederholungen der Verhöre bis zum Zusammenbruch führen weiter.

Dem Ort haftete von nun an ein Stigma an. Wo auch immer Elser den Erdboden berührt und ein Haus betreten hatte, war Ansteckungsgefahr zu befürchten. So bildeten sich auf den Spuren der Gestapo im Süden verbrannte Gebiete heraus, kleinere oder größere, in Konstanz, Meersburg, München, Stuttgart, begrenzt zwar, aber oft sehr nachhaltig. Die Geheime Staatspolizei erwartete, mit der Durchleuchtung auch der unscheinbarsten Lebensäußerung und mit dem Aufspüren jedes noch so zufälligen Kontaktes den Agentenring um Georg Elser fassen zu können.

Zurückzuhalten brauchte sich die Gestapo nicht, durch den obersten Gesetzgeber war sie von jeder Einschränkung befreit. Da wenigstens öffentlich alle Zeitgenossen in der Verurteilung des Attentäters übereinstimmten, war nicht zu befürchten, daß die Polizeibeamten später je einmal für ihre Methoden zur Rechenschaft gezogen würden. So kam es denn auch: Die Befehlshaber des polizeilichen Terrors gegen Königsbronn und alle anderen Orte, wo Elser gelebt hatte, kamen nie vor Gericht. In Ruhe, Anerkennung und Zufriedenheit durften sie ihre Pensionen verzehren, während die lange geplagte Elser-Verwandtschaft keine Entschädigung erhielt.

Gleich nach der Verhaftung fiel zudem der Spott über die Königsbronner her. Seitdem hatten sie die Nase voll. Als viel später, im Jahr 1959, ein Journalist in Königsbronn Spuren der Erinnerung an Elser suchte, wurde er enttäuscht. Leute, die zwanzig Jahre zuvor ausgequetscht worden waren und mit ihren Anekdoten über Elser nicht hinter dem Berg gehalten hatten, wollten jetzt nichts mehr von ihm wissen, der Name war tabu. Sie wußten nichts, konnten sich an nichts erinnern oder wiesen den Frager einfach ab. In einer kleinen Gemeinde pflegt man einen problematischen Mitbewohner zuerst im Ort zu halten, jedes Interesse von außen ist verdächtig. Allein schon die periodisch wiederkehrenden Fragen nach Elser – regelmäßig zum Jahrestag des Attentats – waren der beste Beweis für die Unlauterkeit der Motive der Fremden und für die Gefährdung der inneren Ruhe des Ortes. Die Generation, die Elser vor dem Weltkrieg hatte retten wollen, war mit den deutschen Heeren durch ganz Europa gezogen, darunter eben auch viele Königsbronner. Nun galt das Motto: Schwamm drüber.

Als derselbe Journalist nach der alten Schule Elsers forschte, wurde er zum Hausmeister der neuen Schule geschickt, der 1939 noch Amtsbote gewesen war. Dieser Hausmeister deckte mit einer Anekdote die Traumatisierung der Königsbronner auf. Als er im Krieg eingezogen wurde, fragte ihn sein Hauptfeldwebel: «Wo sind Sie her?» Antwort: «Aus Königsbronn.» Der Chef: «Aha, aus Königsbronn, Attentatshausen. Zehn Liegestützen!» Ähnlich muß es Dutzenden anderer Königsbronner gegangen sein.

Die Traumatisierung setzte mit dem ersten Tag ein und fraß sich fest. Jedes Verhör, jede Schikane, jede Haft endete mit der Auflage, über das Gesagte und Erlebte nie auch nur das Geringste zu erzählen, sonst setze es harte Bestrafung. Jeder verstand: Dachau.

Maria Schmauders Vater in Schnaitheim wurde verhaftet und lange verhört, nur weil Elser angegeben hatte, bei ihnen ausländische Sender gehört zu haben, was aber erst ab dem 1. September 1939 verboten war. Bald täglich wurde einer der Schmauders von der Gestapo nach Heidenheim zum Verhör geholt. Man hätte ja die Fragen sammeln können. Nein, wichtig war die demütigende Wiederholung unter den Augen der Nachbarschaft.

Maria Hirth erlebte in Berlin nach der Konfrontation mit ihrem mißhandelten, kahlgeschorenen Bruder einen Nervenzusammenbruch. Bei einer Zeugenvernehmung in Stuttgart elf Jahre später für ein Münchner Untersuchungsverfahren erklärte sie: «Ich habe heute noch darunter zu leiden.» Ein Versuch, für die erlittenen Qualen und die jahrelange Arbeitslosigkeit eine Entschädigung zu erhalten, endete mit einem Mißerfolg. Seitdem wollte sie nichts mehr davon wissen, bis zu ihrem Tod 1999 durfte an dieser Sache nicht mehr gerührt werden.

Die Hirths wurden am härtesten hergenommen. Auch hier machte die Gestapo nicht nur eine einzige, gründliche Hausdurchsuchung, sondern kam ständig wieder, als ob belastendes Material nachwachsen könnte. Elsers Schwager Karl Hirth wurde in Berlin später als die anderen entlassen, erst Mitte Dezember 1939, in Stuttgart aber bald erneut verhaftet, am 22. Dezember. Der Sohn Franz steckte derweil im Waisenhaus. Das Ehepaar Hirth kam erst am 20. Februar 1940 frei und fand mit dem Kainszeichen, zu Elser zu gehören, lange keine Arbeit; Maria war über Jahre hinweg arbeitsunfähig.

Die Schwester Anna Lober gab 1950 bei der Zeugenvernehmung zu Protokoll: «Nach dem Umsturz» seien viele Zeitungsleute gekommen, die etwas über Georg wissen wollten. «Wir haben dies abgelehnt und die Leute abgewiesen, weil es uns am liebsten war, wenn von dieser Sache nichts mehr in die Zeitung kam, da meine Mutter sich doch nur immer wieder aufgeregt hätte, wenn sie von dieser Sache etwas in der Zeitung gelesen hätte.»

Damals wußte die Familie noch nichts von Georgs Verbleib, irgendwann hatten sich die Spuren in Dachau verloren. Um 1940 war ein Gestapomann zu Georgs Mutter gekommen: Ihr Sohn befinde sich in einem KZ, sie dürfe ihm schreiben, die Post solle sie an das Reichssicherheitshauptamt adressieren. Sie schrieb nur einmal, erhielt keine Antwort und verlor gleich allen Mut: «das Schreiben hat doch keinen Wert». In ihrem Brief sprach sie nur ganz persönliche Dinge an, nach dem Rat des evangelischen Pfarrers von Königsbronn. Allgemeine Angst lähmte sie, wie sie 1950 erläuterte: «Ich war auch gleich etwas mißtrauisch und habe mir gedacht, daß ich da auch hereinfallen könnte und daß man mich dann evtl. holen würde, wenn ich in den Brief irgend etwas Ungeschicktes schrieb. Ich bin heute überzeugt davon, daß man mir damit nur eine Falle stellen wollte und daß mein Sohn diesen Brief überhaupt nie erhalten hat.» Vielleicht hatte diese unpolitische Mutter doch das richtige Gespür.

Die Familie konnte sich in dieser erstarrten, abweisenden Umgebung nur schwer mit Georgs Anschlag zurechtfinden. Die Mutter blieb auch 1950 entschieden dabei, alles auf andere zu schieben: «Ich glaube nicht, daß mein Sohn von sich aus auf so etwas gekommen ist, sondern halte es eher für möglich, daß jemand dahinter gesteckt ist und ihn auf diesen Gedanken gebracht hat.» Gefragt, woher sie das wisse, gab sie an: «Ich denke mir das halt so, daß jemand hinter meinem Sohn gesteckt ist.»

Die Schwester Friederike Kraft in Schnaitheim erinnerte sich im selben Jahr, wie nach ihrer Rückkehr aus Berlin die Umgebung reagierte. «Wir hatten damals keine gute Zeit, als wir wieder in Schnaitheim waren, weil die Leute einen wegen dieser Sache angesehen haben. Ich bin eine ganze Zeitlang nicht mehr unter die Leute gegangen, und meinem Mann, der bei Voith in Heidenheim arbeitete, hätten sie dort am liebsten hinausgeworfen.»

Der Bruder Leonhard Elser wiederum meinte 1959, die Leute von Königsbronn hätten sich damals der Familie gegenüber neutral verhalten, allmählich seien die Dinge in Vergessenheit geraten. Anders sah dies Elsers bester Freund Eugen Rau, dem allein Georg kurz vor der Abreise nach München seine Attentatspläne angedeutet hatte. Rau erinnerte sich noch 1988 an den entscheidenden Vorwurf in Königsbronn: «Man muß keine solchen Freunde haben, die einen an den Galgen bringen können!» Dabei war kein einziger Königsbronner an den Galgen gekommen, und der Steinbruchbesitzer Georg Vollmer war in ein KZ eingeliefert worden wegen Schlamperei im Umgang mit seinem Sprengstoff.

Zwei der Freundinnen Elsers veranschaulichen die verschieden lang nachwirkende Belastung durch ihr Verhältnis zum Attentäter. Mathilde Niedermann in Konstanz, die Mutter seines Sohnes Manfred Bühl, hatte sich 1930 im Streit von Elser getrennt. Er wollte das Kind nicht haben, versuchte ihr zweimal eine Abtreibung in der Schweiz zu besorgen, zahlte keine oder wenig Alimente, das Amtsgericht Konstanz pfändete später rund die Hälfte seines Lohns, so daß er von da an durch selbständige Arbeiten dem amtlichen Zugriff auf seinen Geldbeutel zu entgehen suchte. Mathilde Niedermann war es nicht zu verdenken, daß sie über Georg Elser verbittert war. Aus Scham über die uneheliche Herkunft ihres Kindes verschwieg sie diesem den leiblichen Vater, bis Manfred mit sieben Jahren auf der Straße von einem gleichaltrigen Jungen «aufgeklärt» wurde. Später fiel Manfred einmal zufällig im Schmuckkästchen seiner Mutter das Paßfoto eines unbekannten Mannes in die Hände: Elser. Auf seine Frage, wer das ist, zerriß es die Mutter.

Mathilde Niedermann heiratete, ihr Kind wurde legitimiert, ihr Mann starb im Krieg, sie heiratete ein zweites Mal. Dennoch lastete lebenslang Attentatshausen auf ihr. Als ihr 1959 der «Stern» auf die Spur kam, wollte sie eigentlich nichts sagen, nun mit dem Wunsch, das Blatt «soll nicht alles wieder aufwühlen und das Leben ihres Sohnes nicht gefährden». Sie bat inständigst darum, ihren Namen und den ihres Sohnes nicht zu nennen. Sie wollte nur die «Hilde von der St. Gebhardstraße» heißen. Ihrem Sohn Manfred hatte sie erst mit 18 Jahren ausführlich von seinem Vater erzählt. Sehr viel später begann Manfred Bühl selbst, sich mit seinem toten Vater zu beschäftigen, sprach über ihn erstmals in einem kleinen Kreis in Meersburg 1995, dann zwei Jahre später bei der Einweihung des Georg-Elser-Platzes in München, ein halbes Jahr vor seinem Tod. Attentatshausen gab auch die zweite Generation erst spät frei.

Mathilde Niedermann wurde 1939 von der Gestapo nächtelang verhört, sie empfand die Verhöre als sehr belastend. Dabei konnte sie über Georgs politische Orientierung nichts sagen, sie hielt ihn «für politisch völlig uninteressiert». Eigenartig, denn Elser hatte sich in Konstanz mit Kommunisten angefreundet. Die Angst vor der Gestapo, die Methode, am besten alles abzuleugnen, und die verharmlosende Grundstimmung der fünfziger Jahre scheinen bei Mathilde Niedermann viel verschüttet zu haben.

Ganz anders nahm es die flottere Elsa Härlen. Ihr zweiter Mann, den sie heiratete, als Elser sich mit seinen Nachtarbeiten im Bürgerbräukeller vor ihr verkrochen hatte, starb im Krieg. 1959 erzählte sie einem Journalisten vier Stunden lang ihre Geschichte. Wiedergutmachung wollte sie nicht, die Bundesregierung habe sie ja um nichts gebracht, sie sei geschädigt worden «durch die Zigeuner vorher», womit sie das NS-Regime meinte, das könne sie dem jetzigen Staat nicht ankreiden.

Auch mit ihr sprach die Nachbarschaft nach Elsers Verhaftung zuerst nicht mehr. Doch das gab sich mit der Zeit. «Als sich aber herausstellte, daß der Krieg verloren gehe, und erst recht in der ersten Zeit nach dem Krieg hätte sie plötzlich so viel Freunde gehabt wie nie. Da hätte man versucht, ihr Lebensmittelmarken etc. zu bringen, sie habe es aber abgelehnt.» Ihre Aussage, «Elser hat ein Doppelleben geführt und sein politisches Leben vollständig von seinem Privatleben getrennt», bezeugt ihre genaue Kenntnis.

Auch mit dem Münchner Schlossermeister Max Niederhofer,

einem der uneingeweihten Helfer Elsers, sprang die Gestapo nicht zimperlich um. Er wurde in der Münchner Gestapozentrale zwei Wochen festgehalten, gefesselt, geohrfeigt und geschlagen. Weil er Metallteile für den Sprengapparat bearbeitet hatte, galt er als hochgefährlich. Noch lange mußte er sich jeden Morgen um 9 Uhr bei der Gestapo melden; sein Geburtsort London erregte die Gestapo aufs höchste.

Ebenfalls unter die Lupe der Gestapo gerieten zwei Betriebe in Elsers heimatlicher Umgebung: die Firma Waldenmaier in Heidenheim und der Steinbruch Vollmer in Königsbronn. Bei Waldenmaier hatte sich Elser etwas Sprengstoff und Geschoßzünder besorgt, von Vollmer den größten Teil des Sprengmaterials. Beide Firmen standen unter dem Verdacht, Elser nicht nur geholfen, sondern womöglich im Auftrag ausländischer Agenten gehandelt zu haben. Der Unternehmer Erhard Waldenmaier wurde am 15. November 1939, kurz nach Mitternacht aus dem Bett geholt und verhaftet. Die Gestapo richtete ein halbes Jahr lang in der Firma ein eigenes Büro ein und verhörte zahlreiche Beschäftigte. 1940 trat Waldenmaier in die Partei ein, zur Rückendeckung.

Der Gestapo fiel als sehr verdächtig ins Auge, daß Frau Waldenmaier Beziehungen nach England unterhielt zur Tochter eines in den USA lehrenden Professors für Hebräisch. Ein ideales Beweisstück für die Verschwörungstheorie: Für die Gestapo handelte es sich bei diesen Ausländern um Leute des britischen Geheimdienstes. Die Korrespondenz der Waldenmaiers mit dem Ausland wurde schon vor dem Attentat bespitzelt, die Gestapo brachte zu den Verhören viele Abschriften aus abgefangenen Briefen mit.

Erhard Waldenmaier betrieb nicht nur eine wichtige Rüstungsfirma, sondern war seit 1934 bis zum Kriegsende auch «Abwehrbeauftragter der Abwehrstelle», mit der Aufgabe, die «Wehrmachtsfertigung» zu überwachen. Er unterstand der Ulmer Abwehrstelle. Als die Gestapo im November 1939 ihre Untersuchungen in seinem Betrieb begann, rief die Abwehr Waldenmaier zu sich nach Ulm.

Nachts berieten ihn der Rüstungskommandeur und seine Abwehroffiziere, was er der Gestapo sagen solle und was nicht. Eines der üblichen Spielchen im NS-Regime. Der Eifer der Gestapo galt auch der Frage, ob hinter dem Anstieg der Rüstungsproduktion bei Waldenmaier nicht ausländische Auftraggeber steckten. In Wirklichkeit war es Hitlers Aufrüstung.

Als dann der Steinbruchbesitzer Georg Vollmer im KZ Welzheim verschwand, mußte Waldenmaier ein ähnliches Schicksal befürchten. In seiner Entnazifizierungsakte beschrieb er im November 1945 seine Verzweiflung: Man habe ihm gesagt, Vollmer werde das KZ nicht lebend verlassen. «Ich schwebte in stündlicher Todesangst und beabsichtigte, freiwillig mein Leben zu enden.» Vom leitenden Gestapomann bekam Waldenmaier zu hören, gegen ihn und Elser werde «nach der Einnahme Englands der Prozeß durchgeführt». Und dann folgt ein starker Satz, der Ende 1945 nicht gefragt war, zu einer Zeit, als Dutzende angeblicher Zeitzeugen und bald eine Menge schlampiger Historiker Nazi-Legenden nachplapperten. Der Gestapomann versicherte Waldenmaier schon 1940: «Trotz Folterungen war Elser dabeigeblieben, daß er das Attentat durchgeführt hätte, um die Arbeiterschaft und der ganzen Welt den Krieg zu ersparen.» Der Unternehmer, den Elser wider Willen in größte Gefahr gebracht hatte, hielt 1945 zum Attentäter: «Elser, der glaubte, im Interesse des deutschen Volkes und der Welt Hitler beseitigen zu müssen, werde in der Presse als SS-Mann und SS-Führer dargestellt.» Diese Stimme aus Heidenheim ging bald unter.

Im Jahr 1940 wendete sich für Waldenmaier dann alles zum Guten. Dank seiner Fürsprecher in der Abwehr erhielt der Firmenchef im November 1940 für seine Rüstungsproduktion das Kriegsverdienstkreuz II. Klasse, und noch im September 1944, als das Ende abzusehen war, das der I. Klasse. Er spendete viel für das NS-Kraftfahrerkorps und das Winterhilfswerk, wurde 1944 in den Stadtrat geholt und verdiente mit 40000 Mark Jahreseinkommen sehr gut: am Krieg.

Der Tod eines polnischen Zwangsarbeiters, der bei Waldenmaier gearbeitet und den er auf Verlangen den Nazis ausgeliefert hatte, sollte ihn das Leben kosten. Der Pole war von den Nazis umgebracht worden, nach dem Krieg gaben die Polen die Schuld daran dem Firmenchef. Ein amerikanisches Gericht lieferte Waldenmaier im Oktober 1946 an Polen aus, wo er am 20. September 1947 in einem polnischen Gefängnis starb. Der Schadensersatzprozeß der Witwe dauerte bis in die sechziger Jahre.

Am schlimmsten traf es zu Hitlers Zeiten den Steinbruchbesitzer Georg Vollmer aus Königsbronn. Am 15. November 1939 wurde er zusammen mit seinem 16jährigen Sohn Ernst, dem Buchhalter und dem Sprengmeister verhaftet. Vollmer zog zusätzlich den Zorn der Gestapo auf sich, weil er nach den ersten Verhaftungen in Königsbronn Elsers Namen aus der Lohnliste ausradiert hatte, was die Gestapo sofort bemerkte. Vollmer war «Alter Kämpfer», Parteimitglied und Ortsgruppenleiter seit 1931, der erste Nazi des Ortes. Ein fanatisches Regiment gegen andere richtete er nicht auf, er gab sich als Patriarch, der sich nach 1933 nicht mehr sonderlich für die Partei einsetzte. 1937 wurde er wegen Rivalitäten mit dem Heidenheimer Kreisleiter abgesetzt – ein guter Anlaß für die Legende, er sei Oppositioneller gewesen.

Aus Vollmers Betrieb stammte der größte Teil des Sprengstoffs in Elsers Bombe, und die Gestapo sparte aus diesem Grund bei den Untersuchungshäftlingen nicht mit Schlägen. 1947 schrieb Vollmer an die Spruchkammer: «Während der Verhöre erhielt ich Prügel. Ich wurde vier Wochen in Dunkelarrest bei Wassersuppe und Brot gehalten und wiederholt gefesselt. Immer wieder wurde mir ins Gesicht geschrien, daß ich mein Lebtag nur Kommunist und Vaterlandsverräter gewesen sei, ich sei der indirekte Attentäter, ich gehöre erschossen und meine ganze Sippe ausgerottet.»

Nachdem Vollmer 1941 freigelassen worden war, erlebte er den Zusammenbruch seiner Frau. «Meine Ehefrau wurde maßlos schikaniert und kam schier vom Verstand. Nach meiner Rückkehr vom KZ fuhr sie nachts aus dem Schlafe auf und lief ruhelos im Haus herum in der irren Meinung, daß die Beamten [der Gestapo] mich wieder holen wollten. Ein halbes Jahr später erlag sie, auf die Knochen abgemagert, einer Blinddarmentzündung.»

Während Vollmer noch im KZ war, gelangen seiner Ehefrau in höchster Not zwei Streiche. Dank alter Parteiverbindungen in Berlin drang sie bis zu einem Adjutanten von Heß vor. Ihr Mann, den Himmler für 20 Jahre in ein KZ hatte einliefern lassen, wurde daraufhin am 19. April 1941 zusammen mit dem Buchhalter und dem Sprengmeister entlassen.

Der zweite Streich wirkt bis in die Gegenwart nach. Um die tödliche Beschuldigung aus der Welt zu schaffen, ihr Mann habe Elser Zugang zum Sprengstoff gegeben, erfand sie aus freien Dingen die brisante Kriminalgeschichte vom Zürcher Musikalienhändler Kuch, einem einstigen Königsbronner. Dieser sei der heiß gesuchte Hintermann: Mit einer kommunistischen Dreiergruppe habe er Elser zum Attentat angestiftet. Dieses Märchen von Itzelberg, dem Ort des Steinbruchs, lebt noch heute.

12 Jugend und Berufsjahre in Königsbronn

Gefangen in ihrem biologistischen Weltbild, kümmerte sich die Gestapo, als sie Elsers Charakter auf die Spur kommen wollte, mit der Anlage eines «Sippschaftsbogens» um die Familiengeschichte. Es wäre zu schön gewesen, Elsers politische Tat als Folge einer erblichen Belastung nachzuweisen, als ob sich die Bereitschaft zum Attentat vererben ließe, gerade in Deutschland, dem klassischen Land des Untertanengehorsams. Georg Elser erwies sich jedoch von Anfang an als Spielverderber. Er zeigte keine der Neigungen, die für die Gestapo von Bedeutung gewesen wäre: Er war Abstinenzler, wodurch er schließlich im Bürgerbräukeller aufgefallen war. Er hatte sich nirgends eine Geschlechtskrankheit geholt, verkehrte nicht mit Juden, weil es um ihn kaum welche gab. Vor allem hatte er keine Geistlichen in der Verwandtschaft.

Was heute auffallen mag, war damals und auch für die Nazis ohne Bedeutung. Unter Elsers Vorfahren wimmelt es von unehelichen Kindern. Das war üblich, denn man konnte nicht so bald heiraten, wie der Geschlechtstrieb sich regte. Verhütungsmittel waren auf dem Land und für ärmere Leute aber unerreichbar. Die christliche Moral tat ihr Bestes, gegen den vorehelichen Geschlechtsverkehr anzupredigen, vergeblich. Also gab's halt reichlich Kinder, geheiratet wurde später, wenn Wohnung und Aussteuer da waren. Georg Elser tanzte mit seinem unehelichen Sohn Manfred in Konstanz keinesfalls aus seiner Ahnenreihe.

Die Großmutter mütterlicherseits, Karolina Müller, war ebenfalls unehelich. Woher sie stammte, läßt sich nicht mehr genau herausfinden, angeblich aus Neunkirchen bei Heidelberg. Am 29. Dezember 1879 gebar sie in Heidelberg ihre Tochter Maria, Georgs Mutter, neun Tage danach verschwand sie aus dem Wochenbett. Ihr Kind ließ sie dem Vater zurück, niemand hat je wieder von ihr gehört. Vater Müller brachte seine kleine Tochter zuerst in ein Kinderheim und nahm sie dann später zu sich, als er in eine Wagnerei in Hermaringen einheiratete, einem Ort südlich von Heidenheim.

Auch Großvater Elser war unehelich. Er übernahm den elterlichen Hof in Ochsenberg bei Königsbronn, war fleißig, genoß einen guten Ruf. Bei einer Rauferei auf einer Hochzeitsfeier warf er einem Gast einen Maßkrug an den Kopf. Zwei Monate Gefängnis gab's dafür. Für eine erbliche Belastung Georgs wirklich nicht der Rede wert. Am Ende starb er an einer Wurstvergiftung, ein echter Schwabe, dem es arg war, eine verdorbene Wurst wegzuwerfen.

Der Vater Ludwig Elser kam 1872 in Ochsenberg auf die Welt, hatte 18 Geschwister und war ein guter Schüler in der Volksschule. Als Vater und Mutter Elser 1902 Georg, ihren Ältesten, zeugten, war der Vater Fuhrmann einer Mühle in Hermaringen. Die Mutter arbeitete im selben Ort in der elterlichen Landwirtschaft und im Haushalt mit. Georg kam am 4. Januar 1903 in Hermaringen auf die Welt. Sein Geburtshaus wurde 1985 abgerissen, auf seinem Platz steht heute eine Tankstelle.

Nach der Heirat zogen die Eltern 1904 nach Königsbronn, eine Gemeinde nördlich von Heidenheim. Der Vater betrieb dort ein Fuhrunternehmen mit zwei, später mit vier Pferden und einen Holzhandel. Durch eine Erbschaft konnte er sich eine Landwirtschaft aufbauen, die freilich seine Frau mit den kleinen Kindern zu betreiben hatte, er selbst kümmerte sich darum nicht.

Die Beziehung zum Vater war eine schwere Belastung für Georg, doch das interessierte die Gestapo nicht, standen doch Brutalität und Jähzorn bei ihr hoch im Kurs. Georg Elsers tief verwurzelte, von Anfang an feststehende Abneigung gegen die Nazis gründet in seinen

Die Familie Elsers vor ihrem Haus in Königsbronn, 1910.
Von links: unbekanntes Mädchen mit dem 1915 gestorbenen Ludwig Elser
auf dem Arm, Maria, Georg, Friederike und Anna Elser auf dem Arm der
Mutter Maria.

Erfahrungen mit dem Vater. Im Berliner Verhör wurde Elser ausführlich nach seinem Vater befragt; hier, wie an den meisten Stellen
des Protokolls, mußte der entsprechende Abschnitt nach zahlreichen
Zwischenfragen mühselig zusammengeflickt werden. Elser selbst
hatte kein Bedürfnis, gegen seinen Vater vom Leder zu ziehen. Die
Fragen berührten einen wunden Punkt seines Inneren, das depri-
mierende Familienleben, das für ihn immer ein Trauma blieb.

Nach einem Familienstreit, bei dem sich Georg um sein Wohnrecht im 1938 gekauften Haus in der Königsbronner Wiesenstraße
betrogen fühlte, zerfiel er mit der Mutter und fast allen Geschwi-
stern. Auch daraus speiste sich die Legende vom Sonderling Georg
Elser. Nur mit dem Vater kam er jetzt besser aus, zumal dieser

draußen im Gartenhaus am Flachsberg oberhalb Königsbronn wohnte und sehr leidend geworden war, wie die Gestapo im Sippschaftsbogen festhielt: «Durch jahrelange rheumatische Krankheit sind seine beiden Beine fast gelähmt, er macht einen schwer leidenden Eindruck und kann sich nur in knapper Not mit zwei Stöcken fortbewegen.»

Im Berliner Verhör suchte Elser anfangs, das alte Trauma und dessen Ursachen zu verbergen, zumindest zu verharmlosen. Erst zähes Nachfragen holte die unangenehmen Erinnerungen aus ihm heraus. Wir müssen uns nach jedem kleinen bruchstückhaften Satz Elsers ein, zwei oder mehr Fragen der Kriminalkommissare vorstellen. Ohne Nachbohren verharrte Elser in Schweigen. Im Nichtreden war er schwer zu übertreffen.

«Nicht jeden Tag, aber oft kam mein Vater sehr spät nach Hause. Soviel ich weiß, war er oft im Wirtshaus. Meine Mutter hat uns Kindern erzählt, daß sie vom Vater oft geschlagen werde. Gesehen habe ich es allerdings nicht. Ob mein Vater die Mutter nur mit der Hand oder mit einem Stuhl, einer Laterne oder mit sonst etwas geschlagen hat, weiß ich nicht. Es kam vor, daß wir vom Vater, wenn er nachts nach Hause kam, noch zu irgend etwas, z. B. Stiefelausziehen, aus dem Bett geholt wurden. Ich kann mich aber nicht erinnern, und ich glaube es auch nicht, daß er uns nachts im Rausch einmal geschlagen hätte. Von meinem Vater habe ich überhaupt nur Schläge bekommen und dies oft, wenn ich etwas angestellt hatte. Auch von meiner Mutter habe ich gelegentlich, nicht oft, Schläge bekommen.»

Das Protokoll kommt eher nebenbei auf die Angsterfahrungen der Kinder zu sprechen, wenn der Vater nachts besoffen ins Haus polterte. «Aufgewacht sind wir nachts immer, wenn mein Vater nachts im Rausch nach Hause kam. Beim Betreten des Hauses hat er

Georg Elsers Vater Ludwig auf seinem Holzlagerplatz in Königsbronn, um 1920.

immer schon geschimpft. Es war nicht nur so, daß mein Vater etwa nur samstags betrunken war, es kam auch wochentags, ganz unterschiedlich, vor. Soviel ich weiß, hat er lediglich Bier und Wein getrunken. Schnaps glaube ich wenig. Daß mein Vater meiner Mutter mal versprochen hätte, nicht mehr zu trinken, kann ich mich nicht erinnern, gehört zu haben.»

Ein Foto um 1920 zeigt Ludwig Elser auf seinem Holzplatz in Königsbronn. Vor hoch aufgeschichteten Holzstücken steht ein kleiner, gedrungener Mann. Alle Elsers waren so klein. Sieben Holzstöße dieser Art sind zu sehen. Der Händler steht grimmig davor, er sieht aus wie ein Opfer der übermächtigen Holzmenge. Auch zu dieser Zeit mußte Georg ständig seinem Vater helfen. Der Vater hatte freilich keine glückliche Hand beim Holzhandel: Er war auffahrend, verletzend, jähzornig, ehrsüchtig und ließ sich leicht provozieren. Bei Holzversteigerungen kam er schon mit ein paar Bier hinter der Binde an und konnte nicht mehr mit kühlem Verstand der Versteigerung folgen. So wurde er manchmal das Opfer von Konkurrenten, die seine Gebote zum Spaß oder aus Berechnung höher trieben, als er sich wirtschaftlich leisten konnte. Am Ende saß dann der sture Holzhändler Elser zwar als Sieger da, machte aber beim Verkauf häufig Verluste, die an die Substanz des Familienbesitzes gingen, an die Äcker. Das mag dazu geführt haben, daß dieser erfolglose Trinker schimpfend nach Hause kam und seine Wut vor allem an seiner Frau ausließ.

Im Jahr 1910, als Georg gerade sieben Jahr alt war, hatte die Mutter genug von den Prügeln und zog mit den Kindern zu ihren Eltern in die Wagnerei nach Hermaringen. Schon eine Woche danach gelang einer Schwester des Vaters die Aussöhnung, Mutter und Kinder kehrten zurück, ohne daß sich viel änderte. In diesen Erfahrungen der Gewalt dürfte Georgs starkes Gerechtigkeitsempfinden gründen, ein wesentliches Motiv seiner antinazistischen Einstellung.

Als der Älteste wurde Georg in jeder Hinsicht am schwersten hergenommen. Als einziger mußte er hart im väterlichen Holzhandel arbeiten – die nächsten Geschwister waren Mädchen – und ebenso in der Landwirtschaft, die seine Mutter betrieb. Er bekam nicht einmal ein Taschengeld für seine Arbeit, während der gewalttätige Vater viel Geld in die Gasthäuser trug.

Nebenher mußte Georg auch noch «Kindsmagd» sein, auf die kleineren Geschwister aufpassen. Wie es bei bäuerlichen Familien häufig der Fall war, hatte Georg nach der Schule zuerst in der Landwirtschaft zu helfen, erst dann kamen die Hausaufgaben an die Reihe. Die Eltern hatten kein Interesse an seinen Schulleistungen, sie fragten nicht einmal nach seinen Zeugnissen. Noch beim Berliner

Verhör erinnerte sich Georg Elser, daß ihm auf diese Weise das Lernen «ziemlich erschwert» wurde. Seine Talente konnte er nur auf autodidaktischem Wege entwickeln.

Die Mutter ging nie aus, so etwas war nicht üblich. Ihre einzige Abwechslung und ihr einziger Trost bestanden darin, am Sonntagnachmittag die Bibelstunde zu besuchen, eine Veranstaltung der evangelischen Kirche und ein Erbe des württembergischen Pietismus, dennoch keine pietistische «Stunde». Und merkwürdig: als Elser in München während der nächtlichen Attentatsvorbereitung immer nervöser, unruhiger wird, findet er seinen einzigen Trost darin, eine stille Kirche zu besuchen, wohl zumeist eine katholische, und dort das Vaterunser zu beten. Der Konfessionsunterschied spielte für ihn keine Rolle. Zeitlebens lag sein sonstiger Trost in seiner Tüftelei und in der Musik.

Die Ehe der Eltern blieb eine Qual, was man im Ort natürlich wußte. Als 1959 ein Journalist Elsers Königsbronner Spuren nachging, traf er auf Anton Egetemaier, der in den dreißiger Jahren mit Elser im Zitherklub gespielt hatte und Schneider und Briefträger gewesen war. Nach Egetemaier war der Vater Elser «äußerst jähzornig, rücksichtslos und brutal». «Bei der geringsten Kleinigkeit konnte er in einen unbändigen Zorn geraten, den nächstbesten Knüppel greifen und wahllos auf seine Familie einschlagen. Er verprügelte dann auch sehr wohl seine Frau.»

Für Georg Elsers Kindheitstrauma zeigte seine Freundin Elsa Härlen das größte Verständnis. Sie hatte eine ähnliche Ehe hinter sich wie Elsers Mutter: der Mann ein Trinker, der nur ab und zu arbeitete und das Geld versoff. Ihre Ehe nannte sie «ein Martyrium». Georg Elser konnte ihr sein Herz ausschütten, wie Elsa Härlen sich noch zwanzig Jahre später erinnerte: Er hatte nie ein richtiges Elternhaus, sein Vater vertrank oft das Familieneinkommen, Georg mußte als der Älteste für seine Mutter und Geschwister sorgen. «Er muß eine sehr schlechte Kindheit gehabt haben», folgerte Elsa. Sie selbst backte gerne Kuchen, die Georg mit besonderem Vergnügen aß, er hatte so etwas zu Hause nie erlebt.«Meine Mutter hatte nicht einmal das Geld, mal ½ Pfund Zucker zu kaufen.»

Die Mutter verschwieg 1950 die schlimmen Zustände in der Familie. Um so mehr lobte sie ihren Sohn, eine späte Aussöhnung mit dem hinausgedrängten Ältesten. «Georg war ein folgsamer Junge und hat uns in der Erziehung keinerlei Schwierigkeiten bereitet. Er war ziemlich ruhig, beinahe unserer Meinung nach zu ruhig.»

In der Schule ging es nicht ganz so hart zu wie in der Familie, aber gerne hatte Georg nur die Fächer, die ihm lagen: Schönschreiben, Rechnen und Zeichnen. An Schlägen gab's keinen Mangel, nur fiel Georg das nicht weiter auf. «Schläge bekam ich nicht mehr als die anderen und immer nur dann, wenn ich meine Hausaufgaben nicht richtig gelernt hatte.» Und da er in der Landwirtschaft mitarbeitete, war dies nicht selten der Fall. Die meisten Lehrer, so erinnerte sich Elser, waren gerecht, für ihn ein wichtiger Gesichtspunkt der Menschenbeurteilung. Im Berliner Verhör sagte er treuherzig über seinen ersten Lehrer: «Schläge gab es, soweit ich glaube, immer nur dann, wenn es notwendig war.»

Schlimmer führte sich der Lehrer der vierten und fünften Klasse auf, der «zwischendurch mal die ganze Klasse einfach verprügelt hat». Aber so jemand war selbst damals eine Ausnahme. Gerade zu dieser Zeit erhielt Elser zweimal eine Belobigung, wenn auch in einem bescheidenen schwäbischen Ausmaß: für gutes Zeichnen ein Schulheft, für gutes Rechnen zehn Pfennig.

Zum Beginn des Ersten Weltkriegs wurde der Vater nach Ulm dienstverpflichtet, als Fuhrmann für Arbeiten in der Festung. Am Ende jedes Kriegsjahres herrschte bei den Elsers Hunger, sie mußten eine bestimmte Menge landwirtschaftlicher Produkte abliefern und durften nur wenig behalten, mit dem sie im nächsten Jahr auskommen mußten. Den Krieg empfand Georg Elser als tiefen, unheilvollen Einschnitt, auch wenn er selbst nicht mehr eingezogen wurde. Die Gestapo konnte sich später nicht gut vorstellen, warum ein Nichtsoldat wie Elser den Krieg verhindern wollte.

Wegen seiner Familie, die sich in Königsbronn am sozialen Rand befand, und wegen seines gedrückten Lebens stand Georg Elser nicht gerade im Zentrum jugendlicher Freundschaften. Doch sein bester Freund, Eugen Rau, saß mit ihm vom ersten Schuljahr an auf der Schulbank, er war entscheidend bei der ersten Berufswahl und wohnte neben ihm in der Wiesenstraße, wo das zweite Haus der Familie lag. Im Berliner Verhör, bei dem Elser möglichst alle, die ihn kannten, aus dem Verdacht der Gestapo herauszuhalten suchte, gelang Elser ein glücklicher Streich. Die Freundschaft mit Eugen Rau stufte er als nicht mehr besonders eng herunter, wofür Rau ihm dankbar sein konnte, darüber hinaus nannte Elser schlitzohrig als Freund nur noch Hans Scheerer, der nach Amerika ausgewandert und dort verschollen sei. Andere Freunde wie den Kommunisten Josef Schurr konnte er erfolgreich verschweigen.

Im Jahr 1917 beendete Elser die siebenjährige Volksschule. Bis er im Herbst eine Lehrstelle antreten konnte, arbeitete er im Holzhandel des Vaters und in der Landwirtschaft der Mutter, erhielt dafür Kost und Logis, aber keinen Lohn. Seine Sparsamkeit, die ihm bei der Vorbereitung des Attentats sehr zustatten kam, erhielt einen Zug zum Geiz, wie sein Königsbronner Lehrmeister Robert Sapper bemerkte. Freizeit kannte Elser nicht. Eine Chance, sich selbst zu entwickeln, bekam er erst außerhalb seiner Familie, am Bodensee.

Auf den Rat von Eugen Rau hin begann Elser im Herbst 1917 eine Lehre als Eisendreher in den Hüttenwerken Königsbronn, einem der ältesten Industriebetriebe Württembergs. Den Ausschlag für diese Berufswahl gegen den Willen des Vaters gab, daß Eugen im selben Betrieb arbeitete. Elser hielt für erwähnenswert, daß er dafür von seinem Vater keine Schläge bezog. Der Vater riet also ab, die Mutter aber hielt zu ihm. Der Vater wollte, daß der Junge weiterhin zu Hause mitarbeitete, natürlich als kostenlose Arbeitskraft. Immerhin setzte er dann durch, daß Georg seinen ganzen Lehrlingslohn abgab. Nur wenn er etwas Bestimmtes kaufen wollte, bekam er den genauen Betrag ausgehändigt.

In der Heidenheimer Gewerbeschule war Elser dann überaus erfolgreich, von drei Belobigungen in seiner Klasse entfiel eine auf ihn. Ohne Zweifel besaß er technisches Talent. Den Grund für seinen Berufsstolz, an dem er noch in der Zentrale des Gestapoterrors, in der Prinz-Albrecht-Straße, festhielt, legte er mit diesen Anfängen. Und er erwarb Grundfertigkeiten in der Metallverarbeitung, die ihm beim Bau seines Sprengapparats nützten.

In der Eisendreherei bekam Elser bald Fieber und Kopfschmerzen, die schmutzige Arbeit schadete seiner Gesundheit. Nach anderthalb Jahren mußte er aufhören und einen neuen Lehrberuf suchen. Nun folgte er seiner Neigung zur Schreinerei. Diesen Beruf hatte er in der Nachbarschaft kennengelernt. Wenn er nach Feierabend für den Hof Sägemehl und Hobelspäne holte, sah er in der Schreinerei bei der Arbeit zu, die ihm immer besser gefiel. Am 15. März 1919 trat er als Lehrling beim Schreinermeister Robert Sapper ein. Ein Kleinbetrieb, in dem neben dem Chef, dem Meister, ein Geselle und drei Lehrlinge arbeiteten.

Als Elser im Reichssicherheitshauptamt nach seiner Schreinerlehre gefragt wurde, lief ihm die Sprache besser. In der Lehre machte er anfangs einfache Dinge, stellte Kisten, Schemel und Hocker her, schnitt das Holz zu, hobelte und baute es zusammen. Schon diese Arbeiten sagten ihm zu, und er war offenbar sehr geschickt. Die Aufgaben wurden schwieriger, am Ende seiner Lehrzeit konnte er große und aufwendige Möbel alleine anfertigen. Nebenher arbeitete er gelegentlich in der Bauschreinerei mit, einem meist schmutzigen Geschäft, das er nicht mochte. Seine Vorliebe galt der anspruchsvolleren Möbelschreinerei, er nannte sich am liebsten «Kunstschreiner». Als Wochenlohn erhielt er im ersten Lehrjahr eine Mark, im zweiten zwei Mark, im dritten drei oder vier Mark. Damit durfte er sich jetzt Kleidung und Werkzeuge für seine Tüfteleien anschaffen. An seiner Werkzeugsammlung hing also sein Herzblut, was seiner Schwester Maria Hirth in Stuttgart 1939 zum Verhängnis werden sollte. Auch zu Hause bewies Elser Talent und Fleiß. Er

Georg Elser als junger Mann.

baute einen Keller zum Wohnraum um, wohl sein erstes eigenes Zimmer.

Die Heidenheimer Gewerbeschule absolvierte er als Bester seines Jahrgangs. Jetzt wenigstens waren seine Eltern mit ihm zufrieden. Da er im Lehrbetrieb Sapper zu wenig verdiente, kündigte er bald, um in Aalen in der Möbelfabrik Rieder (heute Hotel Antik) zu arbeiten. Sein Chef Sapper mochte ihn aber nicht gehen lassen, dieser geschickte Geselle war unersetzlich, schon als Lehrling hatte er auch über die Zeit hinaus gearbeitet, wenn es Not tat. Nach seiner zweiten Kündigung ging Elser einfach nicht mehr zur Arbeit. Selbständigkeit und Entschiedenheit zeichneten ihn sein Leben lang aus.

Bis Herbst 1923 arbeitete Elser dann in Aalen. Anschließend stürzte ihn die Inflation in die erste Krise seines Berufslebens. Der galoppierende Geldverfall entwertete den Lohn wöchentlich, bald täglich und am Ende stündlich. Was heute in der Lohntüte steckte, mit dem konnte man sich morgen gerade noch einen Laib Brot kaufen. So zog es Elser vor zu kündigen und kehrte in alte Verhältnisse zurück: Mitarbeit im Holzhandel des Vaters und in der Landwirtschaft der Mutter gegen Kost und Logis, wieder ohne Taschengeld.

Im Sommer 1924 fand Elser eine neue Stelle in der Heidenheimer Möbelschreinerei Matthias Müller. Auch dies ein kleinerer Betrieb mit vier bis fünf Gesellen und ein bis zwei Lehrlingen. Die Firma fertigte auf Kundenbestellung Wohnungseinrichtungen an; Elser baute vorwiegend Küchen- und Kleiderschränke – völlig selbständig, was ihm wichtig war. Diese Selbständigkeit, sein Stolz, wurde durch moderne Möbelfabriken mit Massenfertigung gefährdet, sie hielt sich vor allem noch im ländlichen Bereich, dank kürzerer Wege zu den Kunden und geringerer Löhne. Für seinen Entschluß und die Vorbereitung des Attentats war es gerade die Selbstverantwortung in Planen und Handeln, die ihn von weiten Teilen des Widerstandes gegen Hitler unterschied. Auf eigene Faust Hitler zu beseitigen kam für die Männer des militärischen Widerstandes nicht in Frage.

Anfang des Jahres 1925 kündigte Elser, auch Matthias Müller

wollte ihn nicht gehen lassen. Elser blieb dem Betrieb ohne Zustimmung fern und arbeitete zu Hause mit wie gewohnt. Auf die Dauer hielt es ihn jedoch nicht mehr daheim: «Ich hatte ein Verlangen, in die Fremde zu gehen, um mich in meinem Beruf weiter auszubilden.» Ähnlich seine Mutter nach dem Krieg: «Georg war sehr strebsam in seinem Beruf, er wollte vorwärts kommen und immer weiter lernen.» Seine Lebensweise sei sehr solide gewesen, er habe nicht geraucht und nicht getrunken. Die Abneigung gegen den Alkohol dürfte sich den schlimmen Erfahrungen mit dem Vater verdanken.

Georg Elser ging es um mehr: Er wollte weg vom Elend der zerstrittenen Eltern, von der ständigen Aufsicht über sein Leben und seinen Lohn, vom Zwang, als der Älteste zu Hause ständig zur Verfügung stehen zu müssen. «Auch von den Mädchen wollte Georg, solange er hier in Königsbronn war, nichts wissen», berichtete seine Mutter und traf damit ganz unbewußt einen neuralgischen Punkt. Der 22jährige empfand sicher, daß sich das ändern müsse, und er sah keine Chance, angesichts seiner aufmerksamen Mutter hier erste Liebeserfahrungen zu machen. Als er sieben Jahre später aus Konstanz zurückkehrte, sich in eine gleich seiner Mutter gequälte, aber noch verheiratete Frau verliebte und sie mit auf sein Zimmer nahm, warf ihn seine Mutter aus dem Haus.

13 Freieres Leben
am Bodensee

Georg Elser, von der Nachwelt zum Sonderling und Einzelgänger gestempelt, quälte sich Anfang 1925 wochenlang mit seinem Wunsch, «in die Fremde zu gehen». Aber er wußte nicht, wohin. Bei einem seiner sonntäglichen Spaziergänge mit Eugen Rau traf er im benachbarten Oberkochen in der Gaststätte «Zum Hirsch» einen Schreiner, der selbst schon fortgewesen war und ihm seine alte Arbeitsstelle empfahl: die kleine Schreinerei Wachter in Bernried bei Tettnang.

Auf seine briefliche Nachfrage erhielt Elser eine Stelle für den 15. März 1925 zugesagt. Mit der Eisenbahn fuhr er bis Tettnang, nach zwei Stunden Fußmarsch kam er nach Bernried, einem kleinen Ort aus wenigen, weitverstreuten Häusern.

Die Schreinerei Wachter wird noch heute betrieben, nun vom Enkel des einstigen Chefs. Damals war sie technisch sehr einfach ausgerüstet. Alle Arbeiten gingen noch mit der Hand, was Elser nicht schätzte. Die einzige Maschine war eine Kreissäge, die der Meister selbst gebaut hatte. Es gab nicht einmal eine Hobelbank, die Werkstücke mußten mit der Hand gehobelt werden.

Georg Elser war der einzige Beschäftigte, das brachte Familienanschluß mit sich: ein Dachzimmer im Haus des Meisters und gemeinsames Essen. Kost und Logis waren frei, dazu kamen wöchentlich 8 bis 12 Mark Lohn. Insgesamt keine schlechte Entlohnung, nur war es Elser zu einsam. Nach sechs Wochen kündigte er. Der Meister ließ ihn ungern gehen.

Anfang Mai marschierte Elser einfach los, ins Blaue hinein, ohne eine neue Stelle zu haben. Zum ersten Mal in seinem Leben befand er sich richtig auf Wanderschaft. Er ließ sich Zeit, wanderte am Bodensee entlang, vielleicht über Kressbronn und Langenargen, jedenfalls nach Friedrichshafen. Eine Woche nahm er sich Zeit für diese Strecke von etwa 25 Kilometern: sein erster Urlaub ein Naturerlebnis am See. Während seine Mutter ihn nur als «Schaffer» kannte, der auch viele Sonntage zu Hause blieb und für sich in seiner Werkstatt bastelte, entdeckte er jetzt seine persönliche Freiheit und das angenehme Nichtstun. Für einen arbeitseifrigen Schwaben ein unvorstellbarer Umsturz traditioneller Werte, die Fesseln seiner gedrückten, streitsüchtigen Herkunft begannen sich zu lockern.

Unterwegs brauchte er nicht zu betteln, dank seines ersparten Geldes übernachtete er in Gasthäusern und fragte überall nach Arbeit, vergeblich. In Friedrichshafen bekam er vom Arbeitsamt eine Stelle als Schreiner bei der Firma «Dornier-Metallbauten» im benachbarten Manzell angeboten. Größer kann man sich einen Technologiesprung zu dieser Zeit nicht vorstellen: vom einfachen Schreinerhandwerk zur modernen, rasant aufsteigenden Flugzeugindustrie, die eine Sensation nach der anderen produzierte.

In seinem erst 1923 gegründeten Betrieb ließ Claude Dornier eine Serie seines Flugbootes «Wal» bauen. Alles war noch im Pionierstadium. Das neue Flugboot errang allein 1925, zu Elsers Zeit dort, zwanzig Weltrekorde. Der zaghaft beginnende weltweite Luftverkehr wurde wesentlich mit Dornier-Flugzeugen betrieben, vor allem mit dem «Wal». Das Flugboot war zwar eine Metallkonstruktion, die Propeller jedoch wurden aus Holz gefertigt. Die Arbeit verlangte Genauigkeit, sie kam Elsers Neigung zur Präzision entgegen. Mag sein, daß seine später belächelte «Prüfmanie» hier einen Wachstumsschub erhielt. Das Holz wurde schichtweise verleimt, grob mit der Kreissäge zugeschnitten und in geduldiger Arbeit auf die vorgegebene Rundung zurechtgehobelt. Langweilig wurde die Arbeit nicht, denn die Propeller waren sehr unterschiedlich nach Form, Flügelzahl, Schichtung und Durchmesser. In dem modernen Betrieb stimmte auch die Entlohnung, Elser kam mit Akkord und vielen Überstunden auf einen so hohen Lohn wie bisher nie. An die genaue Höhe erinnerte er sich später nicht mehr.

Nur mit dem persönlichen Umfeld war Elser wieder unzufrieden. Da der Bodensee im Sommer viele Urlauber anzog, konnte Elser in Friedrichshafen kein Zimmer finden, wich nach Kluftern aus, an der Bahnstrecke zwischen Friedrichshafen und Markdorf gelegen, in eine Gaststätte. Bei Dornier freundete er sich mit Leo Dannecker an, der Klarinette spielte und sich einem Musikverein in Konstanz anschließen wollte. Diese Idee riß Elser mit, der schon seit seiner Schulzeit gerne musizierte. Beide erhielten eine Stelle bei einer Konstanzer Uhrenfabrik als Schreiner und kündigten bei den viel zukunftsträchtigeren Dornier-Werken.

Der Konstanzer Uhrenbetrieb pflegte Uhrwerke im Schwarzwald aufzukaufen und dazu eigene Gehäuse bauen zu lassen. So entstanden Tisch-, Wand- und Standuhren. Aber in den Jahren der Wirtschaftskrise und der Arbeitslosigkeit hielten sich die Kunden mit Bestellungen zurück. Die Uhrenfabrik lag im linksrheinischen Stadtteil Paradies, in der Fischenzstraße 1, in einem geräumigen Fabrikgebäude. Im Erdgeschoß war die chemisch-pharmazeutische Fabrik Medico, im ersten Stock die Uhrenproduktion.

Sein Zimmer hatte Elser zuerst mitten in der Konstanzer Altstadt, in der Inselgasse 15, Hinterhaus, 2. Stock, beim Maler Bruno Braster. Das Vorderhaus ist ein altes Patrizierhaus mit dicken Mauern und vier Stockwerken, in alten Urkunden heißt es «Haus zum Blaufuß». Elser wohnte zusammen mit einem kommunistischen Freund, dem Kollegen Fiebig aus der Uhrenfabrik. 1928 bewegte ihn dieser zum Eintritt in den Roten Frontkämpferbund, eine KPD-Organisation, die 1929 verboten wurde. Nach dem Tod dieses Freundes 1930 zog Elser um in den rechtsrheinischen Stadtteil Petershausen, in die St. Gebhardstraße – seine Freundin Mathilde Niedermann wohnte in derselben Straße Nr. 4 –, später logierte er bis Frühjahr

1932 in der Fürstenbergstraße 1 bei einer Schwägerin seiner Freundin.

Wie schon in Friedrichshafen, so blieb Elsers Familie, genauer die Mutter, auf traditionell mütterliche Art mit ihrem Sohn verbunden: Georg schickte seine Wäsche zum Waschen und Flicken nach Hause. Zwei seiner Geschwister kamen einmal nach Konstanz auf Besuch, die Schwester Anna über Pfingsten 1928 oder 1929, der Bruder Leonhard auf einer Fahrradtour mit Freunden 1929.

Für die größeren Freizeitmöglichkeiten in Konstanz bezahlte Elser mit beruflicher Unsicherheit. Er arbeitete vom August 1925 bis zum Frühjahr 1930 mit Unterbrechungen von dreimal je einem halben Jahr in derselben Uhrenfabrik als Uhrengehäuseschreiner. Die ganze Uhrenbranche lag in einer Dauerkrise, der Betrieb wechselte mehrmals den Besitzer. 1920 hieß die Firma noch «Hausuhren-Fabrik Winterhalder», 1925 Uhrenfabrik «Constantia» von Rudolf Metzner und Georg Fuchs, sie ging 1926/27 in Konkurs. Ein halbes Jahr lang hatte Elser nun keine Arbeit, obwohl er ständig beim Arbeitsamt, bei Möbelbetrieben und Schreinereien nachfragte. 1928 öffnete der Betrieb neu als Uhrenfabrik Schuckmann & Co., Elser wurde wieder eingestellt.

Anfang 1929 stand Schuckmann das Wasser bis zum Hals, er bot der Stadt Konstanz das ganze Anwesen für 90 000 Mark an. Der Stadt war dies zu teuer, so versuchte Schuckmann die Grundstücke einzeln für 10 Mark pro Quadratmeter loszuschlagen. Doch die Firma war nicht zu retten. Aus Verzweiflung legte der Chef Feuer, die Polizei kam hinter die Brandstiftung. Wieder wurden alle Arbeitskräfte entlassen. Ein exemplarisches Schicksal für die Jahre der Wirtschaftskrise.

Durch das Arbeitsamt Kreuzlingen fand Elser eine angenehme Stelle in dem benachbarten schweizerischen Dörfchen Bottighofen. Das erste Mal arbeitete er in der Schweiz, bei einem Stundenlohn von 1 Franken 30, was damals 1,04 Mark waren. Es gefiel ihm dort ausnehmend, doch leider ging auch in diesem Kleinbetrieb, wo Elser wieder einmal der einzige Beschäftigte war, schon nach einem halben Jahr die Arbeit aus. Elser wurde entlassen.

Die Perioden wiederkehrender Arbeitslosigkeit überstand Elser, aber sie machten ihn ernster, wie einige seiner Geschwister bei der Rückkehr bemerkten. Er lebte von der Arbeitslosenunterstützung und seinen Ersparnisssen, ohne auf jemanden angewiesen zu sein. 1927 hatte er so viel gespart, daß er sich für 140 Mark ein neues Fahrrad kaufen konnte, ein Zeichen von Wohlergehen auf bescheidenem Niveau. Zur eigenen Befriedigung stellte er kleine Kunstschreinerarbeiten her wie Schmuck- und Nähkästchen, oft mit hübschen Intarsien. Die meisten Arbeiten verschenkte er an seine Freundinnen.

Ab Mai 1929 fuhr Elser täglich mit seinem Fahrrad nach Bottighofen zur Schreinerei Schönholzer. Eine kurze Strecke von fünf Kilometern, mit dem Fahrrad nicht mehr als 20 Minuten. Am Kreuzlinger Zoll zeigte er die übliche rote Karte für den kleinen Grenzverkehr. Damals wurde die Grenze noch recht locker überwacht. Die Zöllner auf beiden Seiten machten sich nichts daraus, daß die Einheimischen kleine Mengen Kaffee, Zucker, Kakao und Tee schmuggelten. Aus diesen harmlosen Zeiten glaubte Elser den Grenzbereich zwischen Kreuzlinger Zoll und Emmishofer Zoll gut zu kennen. Daß er sich die Veränderungen durch den Kriegsbeginn 1939 nicht vorstellen konnte, wurde ihm am 8. November 1939 zum Verhängnis.

Georg Elser konnte sich in Konstanz weiter und freier entwickeln. Er erwarb Kenntnisse in der Uhrmacherei und stellte Gehäuse für anspruchsvolle Uhren her. Später in Königsbronn machte er ein kleines Gewerbe daraus, seine Attentatspläne setzten diese Fertigkeiten voraus.

Persönlich freier konnte er sich erst entwickeln, als er der Aufsicht seiner strengen Mutter entflohen war. Die Kontakte zum weiblichen Geschlecht ergaben sich keineswegs so rasch, wie die Elser-Literatur glauben machen will. Zuerst wagte er nach Übungsabenden im Konstanzer Zitherklub oder nach Abenden im Kreuzlinger Abstinenzlerklub ein Abschiedsküßchen. In der ewig neugierigen Umwelt pflegt es dafür gleich den Spruch zu setzen: Jetzt «geht» er schon wieder mit einer anderen. Auch die Gestapo war 1939 in Berlin bei dem Thema so aufgeregt, daß sie dafür ein eigenes Kapitel ansetzte: «Sexualleben». Passenderweise folgte darauf das Kapitel «Religiöses Leben».

Das erste Mal schlief Georg Elser mit einer Frau, als er 22 Jahre alt war. Das wird gleich zu Beginn der Konstanzer Zeit gewesen sein. Die ersten Erlebnisse waren so kurz und oberflächlich, daß ihm die Familiennamen der ersten beiden jungen Frauen entfielen. Die Kripo faßte Elsers Liebeserlebnisse bürokratisch trocken zusammen: «Während meines Aufenthaltes in Konstanz pflegte ich den ersten Geschlechtsverkehr mit einer gewissen Brundhilde, von der mir nur noch der Vorname in Erinnerung ist. [...] Der Brundhilde folgten eine gewisse Anna, dann die Mathilde Niedermann, dann die Hilda Lang und dann später während meines Aufenthalts in Königsbronn meine dortige Hausfrau Härlen.» Man wird nicht sagen können, daß Elser sehr schnell seine Freundinnen wechselte. Erst gedankenlose Neider machten aus ihm den Casanova von der Ostalb.

Die Liebe brachte Elser auch Verwirrungen. Von einem Ausflug auf die Bodenseeinsel Mainau mit seiner Freundin Mathilde Niedermann zeugt ein hübsches Foto aus dem Jahr 1929. Mathilde, ganz Dame mit eleganten Schuhen, sitzt auf einem großen Stein, Georg steht hinter ihr mit einem Lächeln im Gesicht und einem kecken Poussiertüchlein im Jackett, daneben der zehn Jahre jüngere Bruder Leonhard, der gerade auf Besuch weilt. Es wird Sommer gewesen sein. Im Dezember 1929 wurde Mathilde Niedermann, die als Kellnerin arbeitete, schwanger. Als sie es merkte, war es offenbar schon zu spät für die in der Schweiz erlaubte Dreimonatsfrist bei Abtreibungen. Georg Elser wollte das Kind nicht. Also fuhren die beiden auf Zeitungsanzeigen hin in die Schweiz, versuchten es in Weinfeldern (Thurgau) und Genf. Beide Male erhielten sie Ablehnungen, weil die Frist von drei Monaten überschritten war. Als Elser in Genf

Georg Elser mit seiner Freundin Mathilde Niedermann und seinem Bruder Leonhard auf der Insel Mainau, 1929.

Georg Elsers Sohn
Manfred und seine Mutter
Mathilde Niedermann (Bühl),
um 1939.

die Diagnose erfuhr, glaubte er Mathilde Niedermann nicht und ließ sich von der Ärztin alles nochmals haarklein erklären. Das gegenseitige Vertrauen war zerstört.

Alimente für seinen am 13. September 1930 geborenen Sohn Manfred zahlte Elser höchst widerwillig. Immer wieder mußte er vom Jugendamt Konstanz gemahnt werden, bis ihm ein großer Teil seines Lohns gepfändet wurde. Dies trieb ihn in Königsbronn noch mehr in Selbständigkeit und Schwarzarbeit. Mathilde Niedermann trug es ihm ihr Leben lang nach.

Inzwischen tröstete sich Georg Elser in Konstanz mit Hilda Lang, einer Zuschneiderin aus der Hussenstraße 9. Von 1923 bis 1936 hatte sie eine Stellung in der Firma Pius Wieler Söhne in Kreuzlingen; sie war eine fähige und beliebte Arbeiterin, die alle Krisen überstand.

Ihr Vater war Zahntechniker. Elser lernte Hilda im «Freien Abstinentenverein Kreuzlingen» kennen, einem familiären Kreis, in dem auch etliche Konstanzer verkehrten. Zeitweise war er so eng mit der Familie Lang zusammen, daß er mit Hilda ab und zu sonntags in die Kirche ging, in die katholische. Das Verhältnis hielt bis zum Sommer 1932, sie besuchten sich gegenseitig auch noch, als er in Meersburg lebte, bis er nach einem Hilferuf seiner Mutter nach Königsbronn zurückkehrte.

In den Berliner Verhören verschwieg Elser diesen Teil seines Lebens am Bodensee. Bei den Abstinenzlern muß es ihm sehr gut gefallen haben, die geselligen Abende erfüllten einige seiner Sehnsüchte. So wie er auch seiner Schwester Anna, als sie ihn kurz besuchte, mit großer Freude in Kreuzlingen das Café zeigte, in dem er sich ab und zu den Luxus einer Tasse Kaffee leistete. Im Grunde war er ein äußerst anspruchsloser und zugleich zäher Mensch, der für ein großes Ziel die größten Opfer bringen konnte. Am Abstinentenverein gefiel Elser besonders, daß er Hahn im Korb war. Der Verein hatte rund 30 Mitglieder, aus dem Mittelstand und der Arbeiterschaft, wie die Schweizer Polizei ermittelte. Nach der Befragung der Schweizer Mitglieder im Jahr 1939 ergab sich der Schweizer Polizei folgendes Bild: «Elser war während 1 ½ Jahren Mitglied in den Jahren 1929/30. Damals unterhielt Elser ein Verhältnis mit Hilda Lang aus Konstanz, welche ebenfalls im selben Abstinenzverein Mitglied war.» Und nun ein Satz, der zum bisherigen Elser-Bild so gar nicht passen will: «Elser galt als flotter Bursche und war beliebt.» Nichts von dem Sonderling, nichts von dem leicht schmuddeligen Handwerker von München, nichts von dem deprimierten Menschen.

Mit Mathilde Niedermann und Hilda Lang scheint es Elser zeitweise ernst gemeint zu haben. Beide brachte er, nacheinander, nach Königsbronn, stellte sie der Familie, vielmehr der Mutter vor. Diese erinnerte sich noch zwanzig Jahre später daran, daß er nie vom Heiraten gesprochen habe. So etwas vergißt eine besorgte Mutter nicht.

Ein weiterer Höhepunkt seiner Schweizer Erfahrungen dürfte das freie Arbeitsklima in der Schreinerei Schönholzer in Bottighofen gewesen sein. Für ihn war das die Schweiz schlechthin, nach der er sich später immer stärker sehnte, je mehr ihn die Verhältnisse unter Hitler bedrückten. Von Mai 1929 bis in den Herbst des Jahres fuhr Elser jeden Arbeitstag mit seinem Fahrrad über die Grenze, war er in der Werkstatt neben dem Meister Schönholzer und dessen Sohn der einzige Beschäftigte. Die Palette der Arbeiten war ihm vertraut: Möbel- und Bauschreinerei. Elser machte nur Wohnungseinrichtungen. Als die Schweizer Polizei 1939 wegen Elser im Betrieb nachfragte, bekam sie vom Sohn Schönholzer – der Vater war gestorben – ein originelles Zeugnis, das uns in Elsers Lebensgefühl einführt. Elser hatte die Angewohnheit, im Sommer bei schönem Wetter nachmittags während der Arbeitszeit seine Badehose zu nehmen und an den See zu gehen. Der Meister wie sein Sohn waren einverstanden. Der Sohn fügte vor der Polizei, wie schon einmal zitiert, anerkennend hinzu: «Die versäumte Zeit hat er [Elser] jeweils abends wieder reichlich nachgeholt.»

Elser war mit der Anwendung der flexiblen Arbeitszeit nicht nur seiner Zeit weit voraus, er offenbarte darin ein Selbstbewußtsein, das zu einem Proletarier nicht so recht paßte. Und das genau zu der Zeit, als er in kommunistischen Kreisen verkehrte. Wenn Elser, was nicht zu bezweifeln ist, sich als Sozialist fühlte, so war er doch gleichzeitig auch Individualist mit einem Drang zur Selbständigkeit, zur eigenen Verantwortung, mit einem starken Freiheitsbedürfnis. Sein wenig proletarisches Verhältnis zur Arbeit zeigte sich ähnlich in anderen Arbeitsstellen.

Die Liebe zur Musik wurde zu einem wichtigen Faktor in Elsers Reifungsprozeß. Flöte und Ziehharmonika spielte er seit seiner Schulzeit, ohne Anleitung, einfach nach dem Gehör, Noten kannte er nicht. Nach der Schule griff er nur noch zur Ziehharmonika und spielte in kleineren Gesellschaften auf. In Ochsenberg bei Königsbronn begleitete er 1924 eine Tanzstunde mit seinem Instrument, später verkaufte er es allerdings.

Im Jahr 1926 lernte Elser in Konstanz zufällig den Trachtenverein «Oberrheintaler» kennen, trat ein und kaufte dem Mitglied Daßler, einem Schreiner, für 20 Mark eine Konzertzither ab. Elser wollte ordentlich spielen lernen, hier wurde nicht gespart. 25 bis 30 Stunden nahm er zuerst bei einem Musiklehrer, für je 1,50 Mark im Alleinunterricht. Weitere Stunden erteilte ihm der Vorstand des Trachtenvereins, Stössel, für 2 Mark. Elser gab nach mehr als zwei Dutzend Stunden den Unterricht auf, «da es mir um das Geld war». Die periodisch wiederkehrende Arbeitslosigkeit zwang ihn, sein Geld zusammenzuhalten.

Die wöchentlichen Übungsstunden des Trachtenvereins fanden samstags in der Gaststätte «Zum Kratzer» in der Salmannsweilergasse 13 statt, in der Konstanzer Altstadt nahe beim Fischmarkt. Geübt wurden Musik und Tanz. Wenn der Verein einen Unterhaltungsabend gab, waren auch die Familienmitglieder dabei. Kontaktschwierigkeiten hatte Elser keine, ab und zu gab er den Mädchen, die er nach Hause begleitete, ein Küßchen. Die Gestapo war enttäuscht, daß sich nicht sofort neue Liebensverhältnisse anbahnten.

Einen Tiefpunkt seiner Erfahrungen am Bodensee erlebte Elser 1930: Er wurde zum drittenmal arbeitslos. In selbem Jahr noch unternahm der Meersburger Rothmund, einst Teilhaber der Oberrheinischen Uhrenfabrik in der Konstanzer Fischenzstraße, einen neuen Versuch in der Uhrenproduktion. Er siedelte den Betrieb im Frühjahr 1930 in Meersburg an, in der Werkstatt des Glasermeisters Wilhelm Matthes in der Stettener Straße 2. Rothmund konzentrierte sich auf Tisch- und Küchenuhren und beschäftigte acht Leute; einige, unter ihnen Elser, pendelten täglich mit der Fähre über den Bodensee. Durch eine frühere Arbeitskollegin erhielt er diese Stelle und wurde noch einmal nach dem Tarif der Holzarbeitergewerkschaft bezahlt. Im Mai 1932 ging auch diese Firma bankrott. Anstelle seines ausstehenden Lohns bekam Elser einige Uhrwerke als Zahlung – ein Grundstock für seine selbständige Arbeit später in Königsbronn. Zwei dieser Uhrwerke baute er im Bürgerbräukeller ein.

Wieder mußte Elser sich Arbeit suchen. Der völligen Deklassierung entging er durch Kontaktfreude und Selbständigkeit, aber er konnte nur auf bescheidenem Niveau überleben. Um die Ausgaben für Zimmer und Fähre zu sparen, siedelte er nach Meersburg über, gegen freie Kost und Logis bot er die Herstellung oder Restaurierung von Möbeln an. Eine bescheidene Existenzform, die er von zu Hause gewohnt war. Seine erste Arbeits-, Schlaf- und Eßstelle fand er bei der Familie Dreher in der Kunkelgasse, hinter dem Rathaus.

Diese Form, sein Leben zu fristen, mußte sich über kurz oder lang erledigen. Irgendwann würde der Bekanntenkreis erschöpft sein, dann gingen die Aufträge aus. Von den Drehers wurde Elser einer Witwe Becker empfohlen, die über der Glaserei Matthes wohnte. Es gab Kleinigkeiten zu tun wie die Reparatur eines Sekretärs und die Herstellung eines Tisches. Essen und Getränke stellte der jeweilige Auftraggeber. Dann ging's zu drei anderen, den Drehers bekannten Familien. Nach dem Attentat wurden die Familien wochen-, gar monatelang zur Gestapo geschleppt und verhört. Der mündlichen Überlieferung nach wurden zwei Verhörte so mißhandelt, daß sie lange unter den Folgen litten.

Den engsten Familienanschluß fand Elser also bei der Familie Dreher. Aus dieser Zeit hat sich ein Bild erhalten, das uns einen Elser zeigt, der anders ist, als es die Klischees der Nachwelt wollen. Am Haus Stadtgraben 5 sind vor dem Scheunentor – heute eine Attrappe für den Denkmalschutz, dahinter steht eine Mauer – neun Personen zu sehen. Linksaußen ein Herr Holz, rechtsaußen seine Frau. Zweiter von links Herr Dreher, daneben seine Frau. Die vierte, sechste und siebte Person von links sind zufällig vorbeikommende Holländerinnen, Gäste. Zweiter von rechts der Knecht Josef Kopp, später Hausknecht im «Hotel Seehof». Und mitten in dieser fröhlichen Gesellschaft der spätere Attentäter: ein harmloser Mensch, mit einem Lächeln im Gesicht und einer vollen, tiefschwarzen Haartolle in der rechten Gesichtshälfte. Eine freie, lustvolle Frisur, wie sie im Dritten

Georg Elser (Mitte), Meersburg 1932.

Reich nicht mehr geduldet wurde und eher aus Künstlerkreisen, aus der Jugendbewegung oder der Swing-Jugend bekannt ist.

Während des Roggenstrohdreschens, das im Frühjahr üblich war, gibt es hier eine Pause, Elser hält einen Dreschflegel in der Hand. Es ist kühl, die Gäste haben Mäntel an. Elser ist weder scheu noch ein komischer Kauz, sondern hat unbefangen links eine Holländerin untergehakt. Er ist ein eher weich wirkender, auf den ersten Blick sympathisch erscheinender Mensch.

Die Drehers waren noch Monarchisten, in der katholischen Bodenseegegend keine Seltenheit. Der Vater ließ nur den Großherzog von Baden gelten, die Mutter, aus Bayern gebürtig, dagegen den bayerischen Prinzregenten Luitpold. Trotzdem kam Elser zu ihnen und vertrug sich mit ihnen. Das paßt nicht zu einem Sonderling oder einem Fanatiker. Beiden war Elser allerdings zu fortschrittlich. So scheint Elser also doch an politischen Diskussionen teilgenommen zu haben, wenn die Umgebung sich dazu anbot.

In der Wirtschaftskrise zerbrach Elsers Existenz: Er war ohne Arbeitsplatz, ohne soziale Sicherung, ohne feste Wohnung. Ein Schwarzarbeiter, der auf Zufallsaufträge angewiesen war. Er lebte nur noch für den nötigsten Unterhalt. Seine Freude am Tüfteln schien erstorben, an eine eigene Werkstatt war nicht zu denken. Da erreichten ihn in Meersburg die Hilferufe der Mutter: Der Vater versaufe das Geld, Georg solle unbedingt kommen und schauen, ob er durch seinen Einfluß beim Vater den Untergang des Familienbesitzes verhindern könne.

Georg Elser blieb keine andere Wahl. Doch die Rückkehr nach Königsbronn war für ihn schlecht. Er geriet wieder in jene enge, kleinkarierte Welt, aus der er vor sieben Jahren ausgebrochen war. Aber die Jahre am Bodensee hatten ihn freier gemacht, hatten ihn persönlich wie politisch geprägt. Die Konstanzer Zeit blieb von da an sein Traum. Über seinen Wünschen wehte schemenhaft und doch heiß begehrt die Fahne eines Landes, in das er auswandern wollte und nie konnte: die Schweiz.

14 Zurück
nach Königsbronn

Die familiäre Dramatik in Königsbronn konnte Elser im Berliner Verhör offener darlegen als anderes, das Außenstehende belastet hätte. Hier brauchte nichts vertuscht zu werden. Schon im Mai 1932 habe seine Mutter ihm geschrieben, «daß mein Vater immer mehr und mehr saufe und daß er einen Acker um den anderen verkaufe, um seine Schulden zu bezahlen, die vom Holzhandel und von den ewigen Saufereien herrührten. Von meinem Kommen erwartete meine Mutter eine Besserung in dem Verhalten meines Vaters. [...] Über die Rückkehr waren meine Mutter und mein Bruder [Leonhard] sehr erfreut. Mein Vater hat diese Rückkehr mit Gleichgültigkeit hingenommen. Ich mußte feststellen, daß meine Eltern durch den Holzhandel meines Vaters stark verschuldet waren. Die Höhe der Schulden kann ich nicht angeben. Die Schulden sind insbesondere darauf zurückzuführen, daß mein Vater Holz zu hoch eingesteigert hat und dieses nur mit Verlust wieder weiterverkaufen konnte. Durch meinen Onkel Eugen Elser in Königsbronn habe ich erfahren, daß mein Vater bei den Holzversteigerungen stets unter Alkoholeinfluß gestanden und nur deshalb hohe Preise geboten hat.»

Georg Elsers schon früher ausgenutzte Gutmütigkeit wurde wieder strapaziert, nun von der Mutter. Gedankt wurde es ihm nicht. Gegen den uneinsichtigen Vater konnte er nichts ausrichten. Wieder fiel er in seine bargeldlose Lebensweise zurück: Er half der Mutter in der Landwirtschaft, dem Vater im Holzhandel, wo er Stangen putzte

Georg Elser mit seinem jüngeren Bruder Leonhard, 1933 / 34.

und absägte. Seine einzige Freude: im Haus konnte er sich endlich eine kleine Schreinerwerkstatt einrichten und, wie in Meersburg, auf Bestellung Möbel anfertigen.

Das Opfer der Rückkehr war nutzlos. Der Vater soff erst recht, türmte weiter Schulden auf und verkaufte Äcker, um Verpflichtungen nachzukommen. Die Familie lebte nur noch von der Ernte. Wie Georg es seit seiner Kindheit nicht anders kannte, kam der Vater nachts betrunken nach Hause, schlug Krach, beschimpfte seine Frau, Georg und Leonhard, diese seien schuld daran, daß es immer mehr abwärts gehe. Nur in einem hatte er sich gebessert, eher nachgelassen: Der offenbar schwächer werdende Mann, mittlerweile 60 Jahre alt und vielleicht schon vom Rheuma geplagt, mißhandelte wenigstens niemanden mehr und demolierte nicht mehr Einrichtungsstücke, die die Söhne dann reparieren durften.

Für einen kräftigen Arbeitersohn wäre eine solche Situation Anlaß gewesen, das Generationenverhältnis körperlich zu regulieren, aber Georg war zu gutmütig, um seinen Vater einmal richtig unter den Tisch zu hauen. Georgs Freundin Elsa Härlen kannte den Grund: Er, der Attentäter, war ein überaus freundlicher, hilfsbereiter Mensch, der niemand etwas antun konnte.

Georg Elser kam nach sieben Jahren mit einer kommunistischen Grundeinstellung nach Königsbronn zurück. Sein zeitweiliger Freund Anton Egetemaier, der mit ihm im Zitherklub spielte, erzählte später, Elser sei nie politisch hervorgetreten, habe nie ein politisches Gespräch geführt, aber aus Konstanz habe er «eine sehr harte politische Meinung» mitgebracht. Gemeint war: eine klare, kompromißlose Feindschaft gegen die NS-Herrschaft.

Beim Verhör in der Berliner Gestapozentrale gestand Elser, er sei zwar nicht Mitglied der KPD gewesen, habe aber immer die KPD gewählt, um etwas für die Interessen der Arbeiter zu tun. Und er war auch immer Mitglied der Holzarbeitergewerkschaft, eines linken Verbandes. So ist es kein Wunder, daß er in Königsbronn auf einer Versammlung den Schnaitheimer Kommunisten Josef Schurr kennenlernte. Verwunderlich ist eher, daß Schurrs Leserbrief aus dem Jahr 1947 an eine Ulmer Zeitung von der Elser-Literatur übersehen wurde. Auch wenn sich darin etliche Gedächtnisfehler finden, was ohnehin für viele andere Quellen gilt, so dürfte der politische Kern des Briefs dennoch zutreffend sein.

Bei dieser Versammlung, noch vor 1933, offenbarte Elser sich Schurr, den er nicht kannte, als scharfer Antinazi. Elser, der seit seiner Rückkehr verschlossener wurde, war selten so offen. Beide waren praktische Menschen, keine Redner, sie wollten etwas tun. Wenn Schurr nicht spätere Erkenntnisse in frühere Zeiten zurücktrug, so muß Elser eine fast brachial zu nennende Gegnerschaft geäußert haben. Intellektuell ausgetüftelte Begründungen waren seine Sache nicht, was ihm viele Historiker übelnahmen.

Schurr erinnerte sich an einen entschlossenen Elser: «Er [Elser] war immer stark interessiert an einer Gewaltaktion gegen Hitler und seine Trabanten. Hitler selbst bezeichnete er immer als einen ‹Zigeuner›. Man dürfe ja nur sein Verbrechergesicht ansehen. Wir kamen des öfteren auf das Thema zu sprechen, was wohl zu machen wäre und unbedingt gemacht werden müsse. Elser und ich haben noch manche Kleinaktion gegen die Nazis unternommen, ohne daß sie uns auf die Spur gekommen sind.»

Was meinte Schurr mit den Kleinaktionen? Vielleicht die Schaukästen der Partei mit dem antisemitischen Schmierblatt «Der Stürmer» zerstören? Oder auch mal eine Fahne anzünden, einem Nazi Scheiben einwerfen, dem Ortsgruppenleiter Georg Vollmer einen Streich spielen? Flugblätter herstellen und verteilen, die klassische kommunistische Widerstandsform, ist bei Elser nicht anzunehmen, dies wäre in einer ländlichen Kultur auch nicht sinnvoll gewesen.

Die Freundschaft brach ab, als Schurr im Frühjahr 1933 wie viele andere Kommunisten verhaftet und für fünfeinhalb Monate im KZ Heuberg bei Stetten am Kalten Mark auf der Schwäbischen Alb inhaftiert wurde. Als Schurr freikam, erhielt er unter Aufsicht einen Arbeitsplatz im Heidenheimer Rüstungsbetrieb Waldenmaier. Dann ist es aber vielleicht kein Zufall mehr, daß Elser 1937 eine Stelle gerade in derselben Firma wie Schurr antrat und sich hier die ersten Materialien für seine Zeitbombe besorgte.

Als es bald nach der Machtergreifung fast Pflicht wurde, Hitlers Radioreden anzuhören, pflegte Elser die Gaststätte zu verlassen, wenn die ihm verhaßte Stimme aus dem Radio drang. Genauso machte er es zu Hause. Elser war kein linker Intellektueller, der seinen Gegner, selbst wenn er ihn bis aufs Blut haßte, unbedingt anhören und analysieren wollte, um ihn zu bekämpfen. Er war dagegen, aus guten Gründen, die er niemandem auf die Nase zu binden brauchte. Er wollte dieses ganze Gehetze und Gekeife nicht hören. Er ging einfach, wortlos. Damit stand er keineswegs allein, nur haben es die Zeitgenossen rasch vergessen.

Beim Grüßen der Hakenkreuzfahne ging Elsers Widerspenstigkeit weiter. Wer am Straßenrand stand, mußte sich öffentlich bekennen, wie er es mit dem Regime hielt. In Giengen/Brenz kam es 1933 deshalb zu einem Gewaltakt der SA. Als ein Passant an einem SA-Aufzug vorbeiging und die Fahne nicht grüßte, sprang ein SA-Mann aus der Reihe und schlug dem Verweigerer ins Gesicht. Der Geprügelte vertraute noch auf die Justiz, ließ sich vor dem Amtsgericht Heidenheim von einem als Antinazi bekannten Rechtsanwalt verteidigen. Er kam frei mit einem Kernsatz seines Verteidigers: «Es besteht kein Gesetz, wonach die Blutfahne gegrüßt werden muß.»

Eine noch schärfere Situation bezeugte Egetemaier. Es muß am 1. Mai 1938 gewesen sein, er stand mit Elser beim «Weißen Rössle», dem beliebtesten Gasthof in Königsbronn. Auf dem Platz davor sollte die braune Maikundgebung stattfinden. Der Festzug näherte sich, voran die SA mit ihrer Fahne. Jeder habe gegrüßt, erinnerte sich Egetemaier. – Aber wie will man das sehen, wenn unter Dutzenden in dieselbe Richtung gestreckten Hände ein paar fehlen? – Egetemaier mahnte, sie beide müßten die Fahne grüßen. Elser gab's ihm entschlossen zurück, ohne viel Begründung, mit dem schwäbischen Gruß: «Nein, leck mich doch am Arsch.» Drehte sich um, schaute die Straße hinunter in eine andere Richtung und pfiff ein Lied vor sich hin. Egetemaier grüßte die Fahne. Die Unterwerfung wäre nicht nötig gewesen, denn Elser passierte nichts. Genauso ging's mit dem Hitlergruß. Elsers Haltung, über die er nicht mit sich diskutieren ließ: «Ich laß mich lieber erschießen, als daß ich für die Nazis auch nur einen Schritt mache.» Basta.

Kompromißlos gab sich Elser auch bei Wahlen im Dritten Reich. Als ihn seine Freundin Elsa Härlen einmal fragte, ob er wählen gehe – was offenbar nicht selbstverständlich war – sagte Georg ihr nur knapp «Nein». Sie wollte ihn zum Wählen bewegen, «wegen der Leute im Ort». Elser war eine solche Rücksicht egal. Ihm gefiel es nicht, daß sie zur Wahl ging, aber er versuchte nicht, sie daran zu hindern. Einen Fanatiker wird man ihn also nicht nennen können.

Vergleichbares erlebte Elsa Härlen, wenn es um Aktionen der NSDAP ging. In seinen Äußerungen sei Elser sehr konsequent gewesen. «Er sagte immer, man ist dafür oder dagegen, aber Diskussionen liebte er nicht. Gelegentlich einer Sammlung, die von der SA zum Kauf von Uniformen durchgeführt wurde, äußerte ich über diese Art der Geldaufbringung mein Mißfallen. Elser sagte darauf nur: ‹Entweder du bist dafür und gibst etwas, oder du bist dagegen, dann gibst du eben nichts.›»

Im Arbeitermilieu des oberen Brenztals war Elsers Haltung nicht so einmalig. In Itzelberg, einem Dorf bei Königsbronn, erhielt bei den Reichstagswahlen im November 1932 die KPD die meisten Stimmen, ebenso in Schnaitheim. Der Landkreis Heidenheim lag bei den kommunistischen Stimmen über dem Landesdurchschnitt, aber auch bei der NSDAP. In Schnaitheim kamen die Nazis abgeschlagen auf den vierten Platz. Anders in Königsbronn, wo der Steinbruchbesitzer Georg Vollmer als Ortsgruppenleiter sein patriarchalisches Szepter schwang. Die Hakenkreuzpartei war hier schon vor 1933 Wahlsieger.

Georg Vollmer gehörte zur Partei seit 1931, von Anfang an trat er als Ortsgruppenleiter auf und war nun der eigentliche Chef des Ortes. Aber die Parteientwicklung forcierte er nicht mehr. Andersdenkende Leute im Ort, die er natürlich kannte, ließ er unbehelligt. Im ländlichen Bereich wurden die Parteisuppen nicht so heiß ausgelöffelt, wie sie in den großstädtischen Zentralen gekocht wurden. 1934 fand sich bei einer Wahl in der Wahlurne ein handschriftlicher Zettel mit einem Stückchen Volkspoesie: «Schlagt Hitler, den Gendarmen, und Röhm, den Warmen.» Ein Wahlhelfer behauptete, das sei die Handschrift des Kommunisten Christian Konrad, wohnhaft in der Eichhalde. Konrad galt allgemein als Kommunist, auch wenn er nie Mitglied gewesen war. Als man überlegte, was mit dem Zettel geschehen solle, kam der Ortsgruppenleiter Vollmer vorbei, steckte den Zettel ein, murmelte, er werde das schon erledigen, und unterdrückte die Sache. So etwas war typisch für die ländliche Gesellschaft. Hier war man noch unter sich, politischer Streit galt als unnötig, einen aus dem eigenen Ort verpetzte man nicht. In diesem Milieu konnte auch Elser sich behaupten und unbehelligt seine Kritik am NS-Regime für sich weitertreiben.

Gleich Anfang 1933 trat Elser in den Königsbronner Zitherklub ein, der erst 1927 gegründet worden war. Im Berliner Verhör gab er als Grund dafür die familiäre Situation an: «Ich suchte von den häuslichen Verhältnissen Ablenkung in der Musik.» Der Klub hatte acht bis zwölf Mitglieder, darunter viele Verwandte. Hans Elser, damals erst zwölf Jahre alt, erinnerte sich, daß Georg öfter zu ihnen nach Hause kam, er erlebte ihn als «umgänglichen, hilfsbereiten und beliebten Menschen», allerdings sei er ihm «ganz unpolitisch» erschienen. Das sagten viele, Georg Elser war eben kein Agitator, kein Parteiredner. Seine politischen Überlegungen machte er mit sich allein aus.

Vor der zunehmenden Gleichschaltung des kulturellen Lebens flüchtete Elser in Musik und Tanz. Die Übungsabende des Zitherklubs fanden freitags oder samstags in einem Nebenzimmer der Gaststätte «Hecht» statt. Ab und zu gab es Tanz- und Konzertabende in einem Saal. Als der mitgliederstarke Gesangverein «Konkordia» 1934 Tanzmusik anbieten wollte, fehlte ein Kontrabaß. Elser entschloß sich, als viertes Instrument die Baßgeige zu lernen, kaufte vom eigenen Geld ein Instrument und nahm wieder Stunden. Dar-

Das «Weiße Rössle» in Königsbronn, die beliebteste Gaststätte
am Ort zu Elsers Zeit.

über hinaus beherrschte er noch eine andere Attraktion: er konnte
Schuhplatteln.

Eine weitere Möglichkeit, der familiären Katastrophe zu entflie-
hen, entdeckte Elser in einem Wanderverein, der zwar mit «Kraft
durch Freude» gleichgeschaltet war, in dem aber politische Indoktri-
nation nichts zu suchen hatte. Hier lernte er 1933 Elsa Härlen kennen, zu der sich ab 1936 die tiefste Liebe seines kurzen Lebens
entwickelte. An einem der beliebtesten Ausflugsziele in der Umgebung, dem Wental, einem wunderschönen Trockental auf der Alb-
hochfläche bei Steinheim, entstand ein Gruppenbild, das Elser in
Knickerbockern hinter seiner Elsa zeigt. Dieser Hosenmode blieb er

noch in München treu, sie diente dem Erkennungsdienst der Gestapo für den Steckbrief.

Georg Elsers Arbeitsverhältnisse waren jetzt noch unstetiger als in Konstanz. Er schwankte zwischen Selbständigkeit mit seiner kleinen Werkstatt und einem festen Lohnverhältnis in einer Schreinerei. Das Schwanken resultierte aus den Konstanzer Alimentenforderungen. Wenn er irgendwo regulär zu arbeiten anfing, kam bald über das Arbeitsamt das Jugendamt dahinter und wollte von seinem Lohn ein gutes Stück einbehalten.

Wenn er selbständig arbeitete, zeichnete er sich durch größte Gewissenhaftigkeit aus. Der Stuttgarter Gestapomann Paul Bässler erinnerte sich an seine Ermittlungen: «Handwerksmäßig lieferte er [Elser] erstklassige Arbeit. Lieber arbeitete er mit Verlust, als sich nachsagen zu lassen, seine Arbeit sei nicht in Ordnung. In der Hauptsache lieferte er Schatullen, sowie Standuhren und Gehäuse für Stehuhren an.» Es war die schon in Meersburg bewährte Produktpalette.

Wurde die Auftragslage mager und bot sich ein fester Arbeitsplatz, so arbeitete Elser eine bestimmte Zeit in der Königsbronner Schreinerei von Eugen Grupp. Das erstemal von Juli bis November 1934, ein zweitesmal von Juni bis September 1935. Sobald aber das Jugendamt anklopfte, wich Elser wieder in die Selbständigkeit aus, gelegentlich als Subunternehmer für seinen Chef. Berauschend war der Lohn unter Hitler nicht, etwas, das Elser später der Gestapo selbst nach widerlichen Mißhandlungen genau vorrechnen konnte. Sein Stundenlohn war gesunken auf 55 Pfennig, die Hälfte von Bottighofen. Ein weiterer Grund, die Schweiz verklärt zu sehen. Diese Deklassierung lieferte ihm die wichtigste Kritik an Hitlers Regierung.

Als Hitler die Aufrüstung der Wehrmacht vorantrieb, bekam es auch Elser zu spüren: Sein Meister Grupp erhielt einen großen Auftrag für Wehrmachtsschreibtische. Da Grupp angesichts der Termine weitere Arbeitskräfte brauchte, holte er wieder Elser, der nach einem halben Jahr aus doppeltem Grund kündigte: Einerseits war ihm der Lohn zu gering, andererseits ging Elser auf die Nerven, daß sein Chef ihm dreinredete. Elser besaß einen empfindlichen Berufsstolz, auch in einem Lohnverhältnis hielt er auf seine Selbständigkeit. Möglicherweise steckte auch eine Frage der Arbeitsethik und der Ökonomie dahinter: Der Betrieb hatte zu einem bestimmten Termin Schreibtische für die Wehrmacht zu liefern, bei denen nicht so pingelig gearbeitet zu werden brauchte. Elser dagegen wollte, selbst für das Militär, nur einwandfreie, also teurere Arbeit liefern.

Der weitere Absturz des Vaters beschleunigte das endgültige Auseinanderfallen der Familie Elser. Groteskerweise sahen sich die Elsers erst durch die Gestapo im November 1939 nochmals kurz vereinigt: auf der Gefangenenfahrt nach Stuttgart. Ende 1935 mußte der Vater sein ganzes Anwesen seinem Hauptschuldner verkaufen, dem Viehhändler Maurer in Königsbronn. Der Besitz war so hoch verschuldet, daß von einem Schätzwert zwischen 10000 und 11000 Mark nur noch 6500 Mark übrigblieben. Allein ein großer Obstgarten auf dem Flachsberg blieb im Familienbesitz, wo Georg Elser einen Schuppen zur festen Wohnlaube ausbaute. Dort wohnte bald auch der Vater, der allmählich gehunfähig wurde, so daß Elser ihm das Essen hinausbringen mußte. Hier, abseits des Ortes, unternahm Elser später seine Sprengversuche.

Der Garten und der Schuppen nehmen sich aus wie ein ungewollt entstandenes Symbol. Der letzte Besitz war Zufluchtsort einer «Familienruine» und zugleich Übungsort für ein hoffnungsträchtiges Attentat, das mit ein bißchen Glück Europa von einem wahnwitzigen Diktator hätte befreien können.

Vom Verkaufserlös des alten Besitzes behielt die Mutter 2000 Mark für sich, der Vater beglich mit dem Rest seine Schulden – und trank weiter. Die Familie löste sich auf: Der Vater erhielt in seinem ehemaligen Haus vom neuen Besitzer ein Zimmer eingeräumt, die Mutter zog zur Tochter Friederike nach Schnaitheim, der Bruder

Leonhard ging zum Arbeitsdienst. Georg traf es wenigstens diesmal besser. Er mietete sich bei Härlens ein, so daß er näher bei seiner Elsa war; im Untergeschoß richtete er sich erneut eine eigene Werkstatt ein und arbeitete auf eigene Rechnung. Die Miete versuchte er mit seiner Tauschökonomie zu bestreiten: Er lieferte dafür Stühle und einen Schrank für die Küche, die der Hausherr Härlen aber ablehnte, sobald er das Liebesverhältnis der beiden zu ahnen begann.

Ein weiterer tiefer Riß spaltete die Familie Elser, als die Eltern mit dem verbliebenen Geld 1938 eine Doppelhaushälfte in der Wiesenstraße kauften. Georg war auf dem Notariat dabei und erlebte, wie nicht alles ins Grundbuch eingetragen wurde, was vorher mit ihm ausgemacht worden war. Eigentümer waren nur Vater, Mutter und der inzwischen verheiratete Leonhard zu je einem Drittel. Offenbar war auch mit Georg Elser ein Mitbesitz abgemacht, der vor dem Notar in einem Handstreich umgebogen wurde. Elser fühlte sich aus der Familie hinausgeworfen, sein Gerechtigkeitsgefühl wurde zutiefst verletzt. Fast sein Leben lang hatte er das meiste zur Existenz der Familie beigetragen, jahrelang umsonst mitgearbeitet. Nun sollte er nicht einmal das Wohnrecht behalten. Da fast alle in der Familie sich an diese Linie hielten, gab Georg Elser abrupt die Beziehungen zu allen auf, außer zur Schwester Maria in Stuttgart. Hier liegt eine weitere Quelle für die zählebige Legende vom Sonderling. Die Brücken hinter ihm wurden eine nach der andern abgebrochen, er entfremdete sich seiner Umgebung und hatte nichts mehr zu verlieren. Vor ihm lagen bald nur noch der Attentatsort München und das Zufluchtsland Schweiz.

Unter diesen immer widriger werdenden Umständen konnte die Liebe zu Elsa Härlen nicht aufblühen. Zuerst sah es schöner aus; Elsa atmete auf, Georg war ganz anders als ihr gewalttätiger und trinkender Ehemann. In den sechs Jahren, die sie Georg Elser kannte, erlebte sie nicht ein einziges Mal, daß er sich danebenbenahm. Sie empfand ihn als «anständig, bescheiden, still, ja wortkarg, sparsam, sehr geschickt und tüchtig». Er schüttete ihr in allen Fragen sein

Herz aus, nur nicht in der Politik. Er wollte von ihr wie von einer Mutter versorgt werden, sie war seine «mütterliche Geliebte».

Elsa Härlens Ehemann warf Elser nach einigen Monaten hinaus. Ende 1938 wurde die Ehe geschieden. Die landläufige Meinung erklärte Georg Elser für schuldig, von Elsas Leiden sprach die Männergesellschaft nicht. Elser bekam von seinem Musikerfreund Egetemaier ein Zimmer angeboten. Aber nun knöpfte sich die Dorfkontrolle die unerlaubte Liebe vor. Als Egetemaier morgens gegen 4 Uhr Elsa aus Georgs Zimmer weggehen sah, kündigte er die Bleibe: «Georg, das geht zu weit, in meinem Haus nicht.» Im Hintergrund stand der Kuppeleiparagraph, der die Duldung illegaler Verhältnisse als Kuppelei unter Strafe stellte. Dasselbe Spiel, als Georg Elsa mit auf sein Zimmer ins elterliche Haus nehmen wollte. Nun schritt die Mutter ein und warf ihren Sohn aus dem Haus. Ihm blieb nur ein Abstellraum mit Familienanschluß in Schnaitheim, bei den Schmauders.

In seinen Erinnerungen strickte Egetemaier am Märchen vom Casanova. Durch die Liebe zu Elsa sei Georg «auf die schiefe Bahn» geraten. Was Frauen anging, sei er «sehr impulsiv» gewesen. «Neben Musik waren Frauen sein Hobby und seine Leidenschaft.» In Königsbronn und Umgebung kennt man bisher die Namen dieser vielen Eroberungen nicht.

Als Elsa schon geschieden war, besuchte Georg sie bei ihren Eltern in Göppingen-Jebenhausen. Der Vater war beeindruckt von Elsers technischen Fähigkeiten, wollte ihm ein Studium der Innenarchitektur bezahlen. Elser lehnte ab, er wollte sich nicht in ein gemachtes Nest setzen, wie er sagte.

15 Der Entschluß
zum Attentat

Seine feste Absicht, Hitler und die NS-Führung zu beseitigen, datierte Elser am zweiten Tag seines Berliner Verhörs, dem 20. November 1939, sicher und vage zugleich: «Den Entschluß zu meiner Tat faßte ich im Herbst 1938.» Es wäre zu erwarten gewesen, daß die Gestapo bei einer so ungefähren Angabe sofort nachhakte. Nichts dergleichen. Der Satz paßt überhaupt nicht zur Textumgebung, in der es vorher lange um die Arbeit in der Armaturenfabrik Waldenmaier in Heidenheim ging. Die folgenden Themen wirkten noch unpassender: Lektüre, Gesundheitszustand, Sexualität, religiöses Leben, politischer Lebenslauf und wirtschaftliche Verhältnisse. Diese Grobdatierung sieht also wie ein Fremdstück aus.

Am nächsten Tag, dem 21. November, dem spannendsten Teil des Verhörs, kommen die drei Gestapokommissare endlich «zur Sache». Es ist der Tag, an dem der Attentäter wie ein Wundertier der NS-Prominenz vorgeführt wird. Jetzt entwickelt dieser als still und unpolitisch bekannte Schreiner ausführlich seine Entscheidung. Elser gibt sich immer dann vorsichtig, wenn seine Umgebung angesprochen wird, also mögliche Kontaktpersonen, die er nicht belasten will, aber er wird ausführlicher, härter und genauer, wenn es um die grundlegende Unzufriedenheit der Arbeiter mit dem Regime geht. Hier beschönigt er nichts. Wir blicken erstmals in sein vor allen verborgen gehaltenes politisches Denken. Selbst nach mehreren Folterungen und in der brutalen Umgebung des Reichssicherheitshauptamtes bleibt Elser unerschütterlich bei seiner Ablehnung des

NS-Regimes. Die Verwandten nannten so etwas «Sturheit», heute sieht das eher nach Festigkeit aus.

Mehrfach nennt Elser als den Zeitraum seines Entschlusses den Herbst 1938, die Zeit der Angst vor einem Krieg, und weiß dann doch nicht mehr genau, ob es vor der «Septemberkrise 1938» war oder erst danach. Gemeint war Hitlers Androhung eines Krieges gegen die Tschechoslowakei, bis ihm im Münchener Abkommen vom 29. September 1938 die Westmächte die sudetendeutschen Gebiete hinwarfen. In der Tat betrieb die NS-Presse auf Hitlers Befehl schon ab dem 3. Juni 1938 eine Hetzkampagne gegen den Nachbarstaat.

Nach Georg Elsers Darstellung war sein Entschluß wohl überlegt. «Die seit 1933 in der Arbeiterschaft von mir beobachtete Unzufriedenheit und der von mir seit Herbst 1938 vermutete unvermeidliche Krieg beschäftigten stets meine Gedankengänge. Ob dies vor oder nach der Septemberkrise 1938 war, kann ich heute nicht mehr angeben. Ich stellte allein Betrachtungen an, wie man die Verhältnisse der Arbeiterschaft bessern und einen Krieg vermeiden könnte. Hierzu wurde ich von niemandem angeregt, auch wurde ich von niemandem in diesem Sinne beeinflußt.»

Elser nennt zwei Ziele, doch das zuerst genannte, «die Verhältnisse der Arbeiter zu bessern», ist im Elser-Bild untergegangen. Nur das zweite Ziel stieg mit Mühe und nach jahrzehntelangem Sträuben ins öffentliche Geschichtsbewußtsein auf: «einen Krieg zu vermeiden». Der zum Attentat entschlossene Pazifist wurde akzeptiert, der Kämpfer für Arbeiterinteressen fiel geflissentlich unter den Tisch.

Die breit ausgeführten Überlegungen, warum das Attentat notwendig sei, machen es unwahrscheinlich, daß sein Entschluß erst im September 1938 fiel. Für eine längere Beschäftigung mit der Idee eines Anschlags auf Hitler spricht ein Indiz aus der Rüstungsfirma Waldenmaier. Elser läßt sich wohl auf eigenes Betreiben im Sommer 1937 in die Versandabteilung versetzen, wo er mit Zündern und Sprengstoff in Berührung kommt. Er hat die Materialeingänge auf ihre Vollständigkeit zu prüfen. Diese Arbeit behält er bis März 1939. Hier erhält er eine Chance, an einen Zünder zu kommen. Das hat nichts mehr mit seinen üblichen Basteleien zu tun, denn ein Zünder ist in einer Schreinerwerkstatt fehl am Platze.

Bei Waldenmaier erfährt Elser auch etwas von einer Sonderabteilung, in der Pulverkörner zu Sprengplatten gepreßt und Geschoßzünder hergestellt werden. Höchst aufmerksam und zugleich äußerlich absolut harmlos wirkend, bewegt er sich in dem 1000 Beschäftigte zählenden Rüstungsbetrieb wie ein Fisch im Wasser. Er ist an allem interessiert, obwohl seine Neigung der Schreinerei, dem Holz, gehört. Er läßt sich dies und jenes erklären. So beobachtet er noch von seiner ersten Stelle aus, der Gußputzerei, im Hof draußen einen Wagen mit Rohlingen, Rohpreßteilen für Zündköpfe.

Zugute kommt ihm eine Nachlässigkeit der Betriebskontrolle. Merkwürdig, da Waldenmaier doch Abwehrbeauftragter ist. Aber die niedergehaltenen Arbeiter kommen dem Fabrikanten gar nicht als Gefahrenpotential in den Sinn. Erst ab Herbst 1938, in der allgemeinen Kriegshysterie, wird über Zünder und Zünderteile Buch geführt. Elser spielt so glaubwürdig den rein technisch Interessierten, daß er sogar jemanden findet, der ihm erklärt, wie man einen Zünder zusammensetzt.

Hier herrschen also ideale Bedingungen für einen umsichtigen, verschwiegenen Attentäter. Anfang September 1938 kommt ihm eine Sendung von 20 Zünderrohlingen in die Hände, ein Paket der Firma «Rheinmetall Borsig A. G. Werk Düsseldorf». Elser behält bei der Kontrollzählung ein Stück für sich und schreibt einen Reklamationszettel: «19 Stahlzünder aus Chromnickel-Vergütungsstahl [...] 1 Stück fehlt.» Er kommt damit auch durch, denn der Firmenchef Waldenmaier ist voll beschäftigt mit Ausbauplänen für seine Rüstungsfirma, für Kontrollmaßnahmen hat er keinen Kopf und hegt auch nicht den geringsten Verdacht. Bereits bei der Übernahme Elsers in die sicherheitsempfindliche Versandabteilung hatte er ihn nicht von der Gestapo auf Zuverlässigkeit, politisches Vorleben und

Leumund überprüfen lassen. Elser besaß später die Courage, ein Beweis seiner starken Nerven, gerade diesen Reklamationszettel mit sich zu führen, als er in Konstanz über die Grenze wollte.

Waldenmaier moniert das fehlende Stück am 8. September. «Rheinmetall Borsig» antwortet am 14. September, «daß das Abhandenkommen eines Stückes der Rohlinge ausgeschlossen sei, wenn der Korb in geschlossenem Zustand angekommen ist». Der Korb war nicht beschädigt. Doch auf Elser fiel erst Verdacht, als in seiner Kleidung Zünderteile gefunden wurden.

Die Inkubationszeit für den Entschluß zum Attentat könnte bereits im Herbst 1936 begonnen haben. Elser verwickelte sich bei der Kaschierung, warum er trotz seines Berufsstolzes bei Waldenmaier als Hilfsarbeiter anfing, in Widersprüche. Im Herbst 1936 gab er wegen des geringen Lohns von 55 Pfennig in der Stunde seine Schreinerstelle bei Grupp auf. Er gestand, daß er leicht eine besser bezahlte Schreinerstelle hätte bekommen können. Er nahm dann für ein halbes Jahr bei Waldenmaier die Dreckarbeit in der Gußputzerei in Kauf, für die er nur 58 bis 62 Pfennig in der Stunde erhielt. Früher hätte er so eine Arbeit empört zurückgewiesen.

Treuherzig erläutert er in Berlin 1939 der Gestapo, die ihm auf den Leim geht: «Ich hatte kein Interesse daran, mehr zu verdienen, sondern nur daran, daß mir die Arbeit gefiel.» So etwas kann er nur ahnungslosen Polizeibeamten auf die Nase binden. Elser muß öfter einen guten Schauspieler im Fach Harmlosigkeit abgegeben haben. Nun fügt er rasch hinzu, damit die Gestapo nicht stutzt: «Wenn ich mehr verdient hätte, hätte ich ja keinen Nutzen davon gehabt, denn jeder Betrag über 24,- RM [Reichsmark] Wochenlohn wird mir ja doch zur Bezahlung der Alimente gepfändet.» Und rasch lenkt er das Gespräch auf die Musik um.

Nun gewinnt eine Stelle aus Josef Schurrs Leserbrief von 1947 Gewicht. 1937 trafen sich die beiden politischen Freunde wieder, beide bei Waldenmaier beschäftigt. Schurr dazu: «Alsbald nahm ich mit ihm [Elser] Fühlung auf, um ihn abzutasten und zu prüfen, inwieweit er seinem antifaschistischen Standpunkt treu geblieben war. Zu meinem Erstaunen mußte ich feststellen, daß Elser noch radikaler im Kampf gegen den Hitlerfaschismus geworden war, als er es die Jahre vorher gewesen war. Wir gelobten uns aufs neue gegenseitige Treue mit dem gemeinsamen Wunsch: ‹Hitler möge recht bald verrecken.›»

Was sie jetzt unternahmen, datiert Elser, vielleicht um Schurr zu schützen, auf zwei Jahre später, auf die Zeit bei Schmauders in Schnaitheim. Wieder aus Schurrs Leserbrief: «Wir kamen nun abends öfters in meiner Wohnung [Schnaitheim, Heckenstraße 9] zusammen, um über den Lautsprecher die Wahrheit über das Weltgeschehen zu erfahren.» Die ausländischen Sender seien «immer eine Kraftquelle» gewesen.

In derselben Zeit, als Elser bei Waldenmaier eintrat, mehrten sich Berichte zunehmender Kriegsfurcht und Unzufriedenheit. Anlaß war der sich verschärfende Bürgerkrieg in Spanien, in den sich Hitler, Mussolini und Stalin einmischten. Bei rüstungswichtigem Material waren Einschränkungen zu spüren. Die Sender Moskau und Straßburg verbreiteten Zweifel an Hitlers Friedensbereitschaft, was Elser 1938 bestätigt fand.

Deutlicher als die oppositionellen Militärs, die sich mit jedem neuen Erfolg des provozierenden Hitler zufriedengaben, bemerkte Elser, daß Hitler 1938 einen Krieg herbeiwünschte. Nach dem Münchener Abkommen heuchelte Hitler, die sudetendeutschen Gebiete seien seine letzte territoriale Forderung gewesen. Elser beobachtete dagegen den rasanten Ausbau der Kriegsproduktion bei Waldenmaier, Hitlers Beteuerungen des Friedenswillens glaubte er nie.

Die Gestapo verfolgte bei den Verhören in Berlin eine ideologische Strategie, um hinter Elsers Motive für das Attentat zu kommen. Als Opfer ihrer eigenen Ideologie ging sie von Glauben, Religion und Weltanschauung aus und konnte Elser nicht verstehen, der ein rechnender, intelligenter Arbeiter war. Darin war er viel moderner als seine Gegner. Seine Motivation lag nicht in einer Ideologie, sondern in den materiellen Lebensverhältnissen und in der wegen Hitlers Kriegspolitik vorhersehbaren kollektiven Katastrophe.

Die Motive Elsers und seine Ablehnung des Nazi-Regimes kommen am deutlichsten im Verhör des dritten Tages zur Sprache. Das Kapitel «Zur Sache» nimmt im gedruckten Protokoll fünf Seiten ein, es entspricht etwa zwei Stunden Verhör. Elser beginnt mit einem Paukenschlag, wie ihn die NS-Führung selten zu hören bekam. Woanders wäre der Verhörte sofort zusammengeschlagen worden, doch Elser schützten das kriminalistische Interesse Hitlers und Himmlers und eine zunehmende Achtung der Gestapokommissare vor diesem beeindruckenden Attentäter aus dem einfachen Volk.

Georg Elser beginnt mit einer ökonomischen Abrechnung, wie sie in der Arbeiteropposition der Zeit gar nicht so selten war: «Nach meiner Ansicht haben sich die Verhältnisse in der Arbeiterschaft nach der nationalen Revolution in verschiedener Hinsicht verschlechtert.» Elser läßt sich nur hier den sonst verhaßten Begriff «nationale Revolution» aufzwingen, dafür bleibt er aber in der Verurteilung fest, deren Vielschichtigkeit er auch noch gleich anführt. Hier entfaltet sich langsam Elsers Denken, das sich empirisch aus dem eigenen Geldbeutel entwickelt hat.

«So z. B. habe ich festgestellt, daß die Löhne niedriger und die Abzüge höher wurden.» Die Gestapo will's nicht glauben, Elser ist um ein Rechenbeispiel nicht verlegen, Beweis dafür, daß wir hier auf ein schon lange feststehendes Stück seiner politischen Weltanschauung stoßen. «Während ich im Jahre 1929 in der Uhrenfabrik in Konstanz durchschnittlich 50,- RM wöchentlich verdient habe, haben die Abzüge zu dieser Zeit für Steuer, Krankenkasse, Arbeitslosenunterstützung und Invalidenmarken nur ungefähr 5,- RM betragen. Heute sind die Abzüge bereits bei einem Wochenverdienst von 25,- RM so hoch.» Dazu kämen stark gesunkene Löhne. Im Jahr 1929 bekam man als Schreiner 1 bis 1,05 Mark Stundenlohn, jetzt nur noch 68 Pfennig. – Elser hat bei Grupp noch für weniger gearbeitet. – Dann spricht er seine Quellen an: Gespräche mit Arbeitern anderer

Branchen: Überall die gleiche Verschlechterung. Auch sonst zitiert er mehrfach Stimmen der Unzufriedenheit aus allen Orten, wo er sich aufhielt. Elser war also nicht der isolierte Einzelgänger, ein Fehlurteil, mit dem man ihn später aus der Widerstandsgeschichte ausmerzen wollte.

Das nächste Element, woraus sich Elsers radikale Opposition speist, ist sein Freiheitswillen. Er ist Sozialist, aber ein freiheitlicher, keiner, der sich stramm einordnen würde. Die Arbeiterschaft stehe jetzt «unter einem gewissen Zwang». Der Arbeiter dürfe nicht mehr den Arbeitsplatz wechseln, wie er will. Eine für Elser elementare Freiheit, die er immer gerne in Anspruch genommen hat. Seine Kinder würden dem Arbeiter durch die Hitlerjugend entfremdet, auch religiös verliere er seine Freiheit. Der Kampf der Nazis gegen die Kirchen ist Elser zuwider, auch wenn er kein Kirchgänger ist, nur will er auch hier Wahlfreiheit.

Aus der ganzen Unzufriedenheit zieht er eine radikale Schlußfolgerung, die dem NS-System jede Berechtigung entzieht: «Ich habe noch im Laufe dieser Zeit festgestellt, daß deswegen die Arbeiterschaft gegen die Regierung ‹eine Wut› hat.» Diese negative Stimmung beobachtete er, wohin er kam: in Betrieben, Wirtschaften, auf der Bahnfahrt. Damit lernen wir die Orte seiner politischen Verständigung kennen.

Man könnte denken, der Attentäter habe damit eigentlich genug gesagt. Aber nein, jetzt kommt eine Folgerung, die sich logisch aus der schlechten Stimmung der Arbeiter ergibt. «Im Herbst 1938 wurde nach meinen Feststellungen in der Arbeiterschaft allgemein mit einem Krieg gerechnet.» Nach dem Münchener Abkommen sei wieder Ruhe eingetreten, nur er selbst habe eine andere Auffassung gewonnen. Damit ist er bei weitem klarsichtiger als die ganze Militäropposition, die Hitler im Herbst 1938 stürzen wollte, aber alles wieder abblies, als sich Hitler in München gegen England und Frankreich durchsetzte. Elser dagegen war der Meinung, jetzt werde Hitler erst recht gefährlich.

Seine Auffassung klingt wie ein Glaubensbekenntnis, sein erstes in diesem Verhör: «Ich war bereits voriges Jahr [1938] um diese Zeit der Überzeugung, daß es bei dem Münchner Abkommen nicht bleibt, daß Deutschland anderen Ländern gegenüber noch weitere Forderungen stellen und sich andere Länder einverleiben wird und daß deshalb ein Krieg unvermeidlich ist.» In dieser Einschätzung hätten ihn auch ausländische Radiosendungen bestärkt.

Das Verhör verliert für die nächsten anderthalb Seiten den roten Faden. Den Köder legte Elser selbst aus, indem er auf das Radio aus-wich. So gewinnt er Luft für sein zweites politisches Glaubensbe-kenntnis, auf das schon eingangs dieses Kapitels verwiesen wurde: «Die seit 1933 in der Arbeiterschaft von mir beobachtete Unzufrie-denheit und der von mir seit Herbst 1938 vermutete unvermeidliche Krieg beschäftigten stets meine Gedankengänge.» Damit wissen wir endlich, womit sich der schweigsame Elser innerlich abgab. Er bleibt aber nicht bei der Furcht vor dem Krieg, wie die meisten anderen: Er will einfach «einen Krieg vermeiden».

Punkt für Punkt geht es weiter, Elser hat seine politische Grund-überzeugung parat, gefestigt in zahlreichen einsamen Stunden: «Die von mir angestellten Betrachtungen zeitigten das Ergebnis, daß die Verhältnisse in Deutschland nur durch eine Beseitigung der augen-blicklichen Führung geändert werden könnten.» Gleich kommt die Zwischenfrage, wer denn die Führung sei. Bisher hielt Elser sich in ideologischen Fragen bedeckt, aber er weiß sehr wohl, wen er meint: «Unter der Führung verstand ich die ‹Obersten› ...» Nochmals wirft die Gestapo eine Zwischenfrage ein, er wird nicht losgelassen, also muß er nachschieben: «... ich meine damit Hitler, Göring und Goebbels. Durch meine Überlegungen kam ich zu der Überzeugung, daß durch die Beseitigung dieser drei Männer andere Männer an die Regierung kommen, die an das Ausland keine untragbaren Forde-rungen stellen, ‹die kein fremdes Land einbeziehen wollen› und die für eine Besserung der sozialen Verhältnisse der Arbeiterschaft Sorge tragen werden.»

Mit dem expansiven Nationalismus, der noch weite Kreise der bürgerlichen und militärischen Opposition prägte, hat Elser nichts zu tun. Fremde Länder interessieren ihn nicht. Die Kommissare sind so entsetzt über Elsers Forderungen, auf Eroberungen zu verzichten, daß sie seine Worte schamhaft in Anführungsstriche setzen. Bei diesen gefährlichen Gedanken geht ihnen die Polizeisprache aus, sie können nichts in regimekonforme Floskeln übersetzen und damit entschärfen.

Georg Elser ist Pragmatiker, auch in der Politik, er nimmt deshalb an, daß nach dem Attentat die Nazis die Macht nicht hergeben werden. Deshalb gibt er sich nicht der Illusion hin, er könne den Nationalsozialismus im Alleingang besiegen. Er hat bescheidenere Ziele – sein drittes politisches Glaubensbekenntnis: «Ich war lediglich der Meinung, daß durch die Beseitigung der genannten drei Männer eine Mäßigung in der politischen Zielsetzung eintreten wird.» Im Gegensatz zur bürgerlich-militärischen Opposition zerbrach er sich nicht den Kopf über die Zusammensetzung der neuen Regierung.

Nun zieht Elser seine Konsequenz: die Entscheidung zur Tat. Wir entdecken einen innerlich rastlosen Menschen, der sein einmal gestecktes Ziel einfach nicht aufgeben kann. «Der Gedanke der Beseitigung der Führung ließ mich damals nicht mehr zur Ruhe kommen und bereits im Herbst 1938 – es war dies vor dem November 1938 – hatte ich auf Grund der immer angestellten Betrachtungen den Entschluß gefaßt, die Beseitigung der Führung selbst vorzunehmen.»

Mit diesem Verhör war die Gestapo in Berlin gescheitert, Elser als haltlosen, vom Ausland gesteuerten Handlanger ohne eigene Gedanken zu überführen. Trotz gaffender Zuschauer, meist schwerbewaffneter Herren, deren letztes Argument Krieg und Ausrottung war, vermochte Elser seine Würde als selbständig denkender Mensch zu wahren.

Am Tag zuvor hatten die Polizeibeamten versucht, Elsers religiöse Grundhaltung zu erschüttern. Sie trafen auf einen gläubigen evangelischen Schwaben, der von einer streng religiösen Mutter erzogen worden war, während der Vater nicht so viel davon hielt. Geblieben war ihm ein Vertrauen in die überlieferten religiösen Grundwerte, die ihn darin bestärkten, durch die Beseitigung eines Massenmörders Gutes zu tun. Was in dieser Situation das Gute sei, dessen war er sich gewiß: «Ich wollte ja auch durch meine Tat ein noch größeres Blutvergießen verhindern.»

Als die Kommissare ihn fragten, ob er seine Tat als Sünde im protestantischen Sinne verstehe, sagte er entschieden, weil er sich diese Frage schon hundertemal selbst gestellt haben wird, «im tieferen Sinne, nein». Hier half auch keine Vorhaltung der acht Todesopfer seines Attentats, Elser war in seiner moralisch-religiösen Überlegenheit unerschütterlich.

Kaum jemand hat eine so bewegende Würdigung dieser moralischen Haltung formuliert wie Arthur Nebe gegenüber Gisevius an Weihnachten 1939: «Aber weißt du, was mit ihm [Elser] wirklich los war? Dieser Mann aus dem Volke liebte das einfache Volk; er legte mir leidenschaftlich und in simplen Sätzen dar, Krieg bedeute für die Massen aller Länder Hunger, Elend und millionenfachen Tod. Kein ‹Pazifist› im üblichen Sinne, dachte er ganz primitiv: Hitler ist der Krieg, und wenn dieser Mann weg ist, dann gibt es Frieden …»

16 Die Vorbereitungen

Eigentlich war das Material für ein Attentat gar nicht so schwer zu beschaffen, wenn man nur wollte. Elser jedenfalls ließ sich von der Angst vor dem Polizeistaat nicht anstecken. Nirgends stieß er auf Kontrollen. Die allgemeine Sorglosigkeit hatte ihre Berechtigung, denn das Regime konnte sich seiner Bürger sicher sein. Bei einem Volk, in dessen Tugendkatalog der absolute Gehorsam gegen die Obrigkeit ganz oben stand, war ein Attentat undenkbar.

Die ersten Überlegungen Elsers, welcher Ort für einen Anschlag günstig sein könnte, richteten sich auf irgendeine Kundgebung. Er kam davon ab, als er in der Zeitung die Vorankündigung las, Hitler werde am 8. November 1938 wie jedes Jahr im Münchner Bürgerbräukeller reden. Andere Widerstandskreise hätten jetzt monatelange Debatten geführt, der Schreiner setzte sich einfach in den Zug, fuhr nach München und reihte sich in die Masse der braunen Wallfahrer ein. Ohne Mühe gelangte er mitten ins Heiligtum der NS-Religion. Kosten für die Fahrt 11 bis 12 Mark, für die Übernachtung 1 Mark. So einfach war die erste Überprüfung des Attentatsortes.

Seinem Vorsatz, Hitler an der Entfesselung eines Krieges zu hindern, ordnete Elser alles unter: seinen Berufsstolz, seine bescheidenen Ersparnisse, seine Familienbeziehungen, seine Freundschaften, selbst seine Liebe. Elser kannte nur noch ein Ziel. Und er schwieg gegenüber jedem. Überall dokumentierte er sein gutes Gewissen, er trat stets unter seinem richtigen Namen auf. Keine guten Karten für die These, er sei Handlanger der Nazis oder eines ausländischen Geheimdienstes gewesen.

Ab Sommer 1937 arbeitete er bei Waldenmaier in der zentralen Abteilung für das Material, das für ihn von Bedeutung werden sollte: in der Versandabteilung. Hierhin konnte Elser nicht durch Zufall versetzt worden sein, wie er glauben machen wollte, er muß nachgeholfen haben. Er hatte, wenn er etwas erreichen wollte, eine unwiderstehliche Art des fast kindlichen Bettelns, die List eines liebenswürdigen, gutherzigen Menschen. Seine Münchner Zimmerwirtin Rosa Lehmann beobachtete mit Bewunderung, wie Elser in seiner Münchner Nachbarschaft die Handwerker anflehen konnte, um deren Werkstatt mitbenützen zu dürfen.

In der Versandabteilung gingen Muster von Zündern und Zünderteilen ein, die Elser nach Kontrolle der Sendung an einzelne Meister einer Sonderabteilung weiterzugeben hatte. Elser erfuhr an seinem Arbeitsplatz alles Notwendige, brauchte also niemanden in Mitwisserschaft zu ziehen und hatte das Recht, jederzeit in die für ihn interessante Sonderabteilung zu gehen. So konnte er unverdächtig eine Gelegenheit abwarten, um an brauchbares Material zu kommen.

Zuerst fuhr Elser also nach München, am 8. November 1938. Während derselben Zeit geisterte der Schweizer Maurice Bavaud durch die Stadt, um Hitler mit einer Pistole zu erledigen. Auch hier waren die Sicherheitsmaßnahmen lächerlich. Selbst als frankophoner Schweizer, der kaum ein Wort Deutsch sprach, kam Bavaud auf die Ehrentribüne an der Feldherrnhalle. Doch die vielen Fahnen und die erhobenen Arme der Vorbeimarschierenden hinderten ihn am Attentat. Eine Chance hätte er ohnehin nicht besessen, denn er hatte in Basel eine sogenannte Damenpistole gekauft mit dem viel zu kleinen Kaliber 6,35 mm, tauglich höchstens auf eine Entfernung bis zu drei Metern.

Georg Elser fährt nicht mit einem vorgefaßten Plan nach München, er will seine Überlegungen dem Augenschein überlassen. Ein Pragmatiker, der sich nach der Realität richtet, kein Ideologe. So kommt er zum Bürgerbräukeller und kann außer der hysterischen

Begeisterung der Zuschauer nichts erkennen. Was man später zur Entschuldigung für die Verführbarkeit durch Hitlers massenpsychologische Selbstinszenierung gesagt hat, schlägt bei Elser nicht an. Hitler stellt für Elser nicht, wie für viele Deutsche, den Ausdruck ihrer geheimsten Wünsche dar, er ist vielmehr die absolute Katastrophe, die aus dem Weg geräumt werden muß. Elser wartet nicht auf den Erlöser Deutschlands aus der Erniedrigung, sondern er will die Deutschen, die Völker Europas von dieser tödlichen Gefahr befreien, und zwar für immer. Inmitten eines pseudoreligiösen Fanatismus bleibt Elser der rationale Techniker mit einer scharfen Beobachtungsgabe für die Schwachstellen der Kultstätte.

An der Rosenheimer Straße, Ecke Hochstraße, in der Nähe des Bürgerbräukellers, findet Elser gegen 20.15 Uhr die Fahrbahn abgesperrt. Bis 22.30 Uhr bleibt er mit anderen Neugierigen am Straßenrand stehen und bekommt Hitler nicht zu sehen. Also hier ist nichts zu machen. Nachdem die Straße frei ist, geht er zum Bürgerbräukeller weiter und findet alles offen, geht durch den Haupteingang und den Garderobenraum direkt in den Saal. Hier sind noch einige Leute, niemand fragt ihn, was er hier wolle. Er spaziert im Saal herum, schaut sich an, wo das Rednerpult steht: an der Wand in der Mitte des Saales, nicht an der Stirnseite. Er beobachtet alles Wichtige, aber die Attentatsstrategie fällt ihm erst später ein, zu Hause.

Georg Elser will einen ersten Kontakt mit dem Personal bekommen. Seine Stärke war immer der direkte, einfache Umgang mit den Leuten, etwas, was die Gestapo nervös machte. Seine beste Tarnung bestand in seiner natürlichen Arglosigkeit, die von weitem zu erkennen war. Er geht durch die Garderobe in das Bräustübl der Wirtschaft und bestellt sich ein Nachtessen. Es ist 23 Uhr, aber an einem außergewöhnlichen Tag ist alles möglich. Bald setzt sich ein Landsmann aus Aalen zu ihm, der Schlachthausverwalter. Ihm fällt an dem künftigen Attentäter nur auf, daß dieser sehr wenig Bier trinkt.

Am nächsten Tag, dem 9. November 1938, einem Feiertag,

kommt Elser wieder zum Bürgerbräukeller, um der Aufstellung des Traditionsmarsches zur Feldherrnhalle zuzuschauen. Dieses Mal sieht er Hitler wenigstens heranfahren. Danach schaut er sich noch ein wenig die Stadt an und fährt nach Königsbronn zurück. Hätte er noch einen Tag dazugelegt, er hätte am folgenden Tag die Stadt nach der von Goebbels angestifteten Reichspogromnacht besichtigen können. In den ganzen Verhören Elsers bei der Gestapo wird die Judenverfolgung diskret verschwiegen. Überhaupt wurde Elser nie nach irgendeinem Juden gefragt.

Georg Elser ist ein gründlicher Mensch, bei dem Ideen Zeit brauchen, dafür halten sie auch auf Dauer. Die Inkubationszeit für seine Attentatsplanung ist jedoch kürzer, er braucht nur zwei bis drei Tage für die Erkenntnis, daß nur im Bürgerbräukeller ein Attentat möglich ist. Wie der Anschlag durchzuführen sei, benötigt wieder einige Monate des Nachdenkens. Seine geistige Arbeitsweise beschrieb Elser recht gut im Berliner Verhör, ein Zeichen dafür, wie stark er inzwischen an Gewicht bei den drei Kommissaren gewonnen hat: «In den folgenden Wochen hatte ich mir dann langsam im Kopf zurechtgelegt, daß es am besten sei, Sprengstoff in jene bestimmte Säule hinter dem Rednerpodium zu packen und diesen Sprengstoff durch irgendeine Vorrichtung zur richtigen Zeit zur Entzündung zu bringen.»

Das Wörtchen «langsam» läßt sich biographisch genauer bestimmen. Im April 1939 arbeitet Elser vorübergehend im Königsbronner Steinbruch Vollmer und erfährt dort vom Sprengmeister Georg Kolb, der Sprengstoff müsse möglichst nahe am Boden angebracht werden. Der untere Teil des Pfeilers im Saal kommt jedoch nicht in Frage, zu leicht könnte hier jemand Elser während seiner Nachtarbeit überraschen. Also wählt Elser das unterste Stück des Pfeilers auf der Galerie – und wird dadurch bei der Sprengung einen viel größeren Effekt erreichen. Beim langsamen Nachdenken zu Hause wird Elser sich auch klar, daß er einen Zeitzünder braucht.

Die Wirkung kalkuliert er von Anfang an ein: Herumfliegende

Stücke sollen die Leute am und um das Rednerpult treffen. Vielleicht wird auch die Saaldecke einstürzen. Als die Gestapokommissare ihn später in heuchlerischer Weinerlichkeit fragen, ob er sich klargewesen sei, wer um das Rednerpult herumsitze, sagt Elser unbeeindruckt: Nein. «Ich wußte aber, daß Hitler spricht, und nahm an, daß in seiner nächsten Nähe die Führung sitze.»

Schon vor der Zeit seines München-Besuchs sind Elsers Eltern wieder zusammengezogen in die neue Doppelhaushälfte in der Wiesenstraße. Er läßt sich nicht aus dem Zimmer, das ihm seiner Meinung nach zusteht, hinausdrängen und bezahlt keine Miete, obwohl seine Mutter dieses Geld dringend bräuchte. Er kann niemandem sagen, daß er selbst das Geld noch viel nötiger braucht: für die monatelange Arbeit im Bürgerbräukeller.

Ab jetzt kommt er langsam in den Ruf, herzlos, geizig, rücksichtslos zu sein. Und er wird auch tatsächlich seltsamer. Erst mit dem Reifen der Attentatspläne nähert er sich durch die notwendige Verschlossenheit dem, was man nach dem Krieg für seinen allgemeinen Charakter ausgegeben hat: Er wird ein Sonderling, aber auch nur gegenüber der Umwelt, die er aus Sicherheitsgründen unbedingt heraushalten will. Vom ersten Augenblick an rechnet er mit Schwätzereien der Leute und mit Nachforschungen der Gestapo.

Seinen großen Holzkoffer schließt er dreifach ab. Er legt zwei Geheimfächer im Koffer an, danach einen raffiniert getarnten doppelten Boden. Den Kofferschlüssel trägt er ständig bei sich. Ähnlich macht er es jetzt mit seinem Zimmer bei den Eltern: Er bringt zwei neue Schlösser an der Tür an und läßt niemanden herein. Drinnen bastelt er für sich, weil er diese gefährlichen Dinge nicht mehr in der Werkstatt im Haus machen kann. Das muß die Eltern noch neugieriger machen, die die Dorfkontrolle einschalten. Als Georg Elser bei der Arbeit ist, holen sie den Ortspolizisten Michael Aigner, der mit dem Schein amtlicher Autorität einschreitet und mit einem Nachschlüssel das Zimmer öffnet. Die Augen des Gesetzes sehen Uhrwerke, Röhren und Federn auf dem Tisch liegen. Also Basteleien, nichts Gefährliches. Rund zwanzig Jahre später wird sich der Polizist aufblustern und behaupten, das wären schon «Teile der Höllenmaschine» gewesen. Immer dasselbe: hinterher waren alle schlau. Selbstverständlich hätte Aigner Georg Elser damals der Gestapo ausgeliefert, wenn er nur den geringsten Verdacht geschöpft hätte.

Seit dem Besuch in München nimmt das Tempo der Vorbereitungen zu. Elser denkt schon Ende 1938 daran, seinen Fluchtweg über Konstanz zu sichern, fährt kurz dorthin und findet die Verhältnisse zwischen Kreuzlinger und Emmishofer Zoll unverändert. Nebenher verkauft er alles, was er nicht mehr braucht, darunter seine Baßgeige. Sein Sparvermögen wird bis zur Abreise die damals stattliche Höhe von 350 bis 400 Mark erreichen. Auch die Kripo rechnete nach, daß man bei einer sparsamen Lebensführung, wie Elser sie pflegte, damit drei Monate auskommen konnte.

Seine Stellung bei Waldenmaier nutzt Elser nun dazu, sich im Lauf von fünf Monaten 250 Preßstückchen Pulver zu besorgen. In seiner Gewissenhaftigkeit weiß er noch die Stärke: «Ein solches Blättchen des gepreßten Pulvers war 9 mm stark und hatte einen Durchmesser von 19 mm.» Das Verschwinden wird nicht bemerkt, weil auch hier keine Kontrolle stattfindet. Und Elser bedient sich seiner Stärke: Er schlendert mit sichtbar gutem Gewissen und starken Nerven harmlos durch die Sonderabteilung und nimmt, wie er selbst sagt, «unauffällig und rasch» etwas mit. Dieses Schwarzpulver wird sich später im Bürgerbräukeller als dichter schwarzer Staub niederlassen und als erstes die Befürchtungen Nebes widerlegen, hier hätte womöglich die deutsche Militäropposition mit englischem Sprengstoff «gebastelt».

Die Mimikry Elsers nimmt langsam komisch-groteske Züge an, durch die Anpassung an die Normalität vermeidet er jeden Verdacht. Die erbeuteten Sprengstoffplättchen deponiert er, eingepackt in Papier, in seinem Kleiderschrank, den er abschließt, und deckt alles mit Wäsche zu. Eine vierfache Sicherung, denn das Zimmer ist auch noch abgeschlossen.

Sobald der Sprengmechanismus in Elsers Kopf Gestalt annimmt, kommen ihm Zweifel an den Ausmaßen. Nicht daß sich im Bürgerbräukeller herausstellt, der Apparat sei zu groß und überschreite die maximalen Maße der Sprengkammer. Er kündigt im März 1939 bei Waldenmaier. Gegen die übliche Weigerung der Firmen damals, eine Kündigung zu akzeptieren, nennt er als Grund Grobheiten des Lehrmeisters, die er sich nicht gefallen zu lassen brauche, weil er diesem gar nicht unterstellt sei.

Nun ist er frei und reist am 4. April 1939 ein zweitesmal nach München, um am Pfeiler im Bürgerbräukeller Maß zu nehmen. Er spaziert zweimal unbelästigt im Saal herum, nimmt mit einem Meterstab die Maße auf und trägt sie in ein Notizbuch ein, wie ein Handwerker einen Auftrag zu notieren pflegt. Die Kontakte zum Personal verbessern sich, jeden Tag ißt er einmal dort oder trinkt etwas. Gleich wird er auch mit dem Hausburschen bekannt und gewinnt diesen gegen eine schriftliche Zusicherung von 50 Mark, ihm dann, wenn der Bursche zum Militär einrücken muß, die frei werdende Stelle zu verschaffen. Von drei Kellnerinnen macht er mit dem eigenen Fotoapparat, mit dem er auch den Pfeiler aufnahm, ein Gruppenfoto. Es gelingt ihm, die Umgebung an sich zu gewöhnen. Dafür hat er sich viel Zeit gelassen, erst am 12. April fährt er nach Hause.

Anfang 1939 wird die Luft bei den Eltern zu Hause immer dicker. Eigentlich soll Georg ausziehen, um Platz zu machen für den Bruder und dessen Frau. Aber er will nicht. Als ihn Ende Februar 1939 einmal Elsa besucht und er sie auf sein Zimmer mitnimmt, wirft die Mutter ihn aus dem Haus. Er kann nur nach Schnaitheim gehen, wo er seit einiger Zeit einen neuen Familienanschluß gefunden hat, bei der Familie Schmauder in der Benzstraße 18. In seiner rührenden Selbstlosigkeit half er den Leuten bisher beim Umbau des Häuschens, wenn er bei Waldenmaier Feierabend hatte. Eigentlich ein ganz umgänglicher «Sonderling». Er langte überall zu: beim Ausgraben oder bei Schreinerarbeiten. Abends fuhr er um 22.30 Uhr mit dem letzten Zug nach Königsbronn.

Seine Heimat hat er verloren und ist doch fähig, sich eine neue zu schaffen, indem er sich nützlich macht. Die offizielle Anmeldung auf dem Rathaus erfolgt erst zum 4. Mai 1939 und in die Benzstraße 16. Vorher kampiert er eine Zeitlang auch in der Laube draußen auf dem Flachsberg, beim Vater, mit dem er sich besser versteht, seitdem er rausgeschmissen ist.

Georg Elser bekommt für seine Mitarbeit am Hausbau der Schmauders freies Quartier und die Besorgung seiner Wäsche. Er gibt sich damit zufrieden, daß er im Nachbarhaus, der Nr. 16, bei Frau Schaad, einer Tochter von Schmauders, in einer Abstellkammer schlafen darf. Er holt seine Werkzeuge. Seinen Holzkoffer mit dem Attentatsmaterial stellt er neben sein Bett. Von jetzt an wird er sich nie mehr von seinem Sprengstoffkoffer trennen. Genau drei Monate bleibt er hier. Es ist die Zeit seiner intensivsten Attentatsvorbereitungen.

Seitdem er aus München zurück ist, weiß er, daß er noch eine Menge Sprengstoff zu beschaffen hat. Der Zündapparat ist ihm auch noch nicht klar. Er schleicht bei Vollmers Steinbruch in Itzelberg herum, macht sich bei den Arbeiten nützlich, hilft hier und dort. Als er vom Chef gefragt wird, was er hier wolle, sagt er in seiner Treuherzigkeit: Ihm sei langweilig, er sei arbeitslos. Vollmer braucht gerade Arbeiter und stellt Elser sofort ein. Die Arbeit besteht darin, nach der Sprengung die Steinbrocken auf Loren aufzuladen. Hierbei hält Elser sich möglichst in der Nähe der Sprengarbeiten auf, die Kolb durchführt. Er beobachtet dessen Gewohnheit, daß «Kolb mehr Sprengstoff aus dem Betonhäuschen geholt hatte, als zu den Sprengungen erforderlich war». So bleibt immer etwas in der Nähe liegen, das Elser ins Auge faßt. Da auch im Steinbruch von Kontrolle nichts gehalten wird, kann er sich im Lauf der Zeit einige Sprengpatronen aneignen; nach Feierabend nimmt er sie in seinem Rucksack mit, den er stets bei sich trägt.

Aber Elser geht es zu langsam. So begleitet er den Sprengmeister und erfährt, wo der Vorrat liegt: am Eingang des Steinbruchs, gleich

Das Haus in Heidenheim-Schnaitheim, in dem Elser seinen Sprengapparat zu entwerfen begann. In einer zum Haus gehörenden Werkstatt unternahm er die ersten Versuche mit Gewehrpatronen und Zündhütchen.

links des alten Hauptgebäudes in einem Betonhäuschen, das heute nicht mehr steht. Es war 1,50 m tief und 1 m breit. Er beschließt, diesem Vorrat nachts «einen Besuch» abzustatten, wie er der Gestapo in schwankhaftem Ton erzählt. Wohl um den Steinbruchbesitzer zu schonen, behauptet er, nachts mit einer Sammlung alter Schlüssel gekommen zu sein. In Wirklichkeit herrschte im Sprenghäuschen

Die Belegschaft des Steinbruchs Vollmer in Königsbronn, um 1930. Vierter von links in der ersten Reihe: der Besitzer Georg Vollmer; zweiter von links: Sprengmeister Kolb.

eine unglaubliche Unordnung, die dem Chef anderthalb Jahre KZ Welzheim einbrachte. Wenn einmal der Schlüssel für die eiserne Außentüre nicht zu finden war, wurde sie kurzerhand aufgerissen. Die hölzerne Innentür war schon lange nicht mehr verschließbar.

Kripo und Gestapo kamen später aus dem Kopfschütteln nicht mehr heraus. Was für Zustände beim einstigen Ortsgruppenleiter. Zur Abrundung des ländlichen Schwankes stellte sich heraus, daß der Buchhalter über den Kauf und den Verbrauch des Sprengstoffs gar kein Buch führte, wie es vorgeschrieben war. Der Ortspolizist Aigner, der so tüchtig war bei der Verfolgung der freien Liebe und Elser aus dem Haus des Zimmermanns Härlen hinausgeworfen hatte, war aus demselben Holz geschnitzt: Er hatte das Sprengbuch zu kontrollieren, aber nie auch nur einen Versuch unternommen. Der Steinbruchbesitzer wiederum schob die Verantwortung auf den Sprengmeister. Himmler ließ das Kleeblatt für anderthalb Jahre im KZ Welzheim verschwinden, den Polizisten nicht.

Für Elser ist der Zugang zum Sprengstoff ein kinderleichter Nachtspaziergang. Er holt sich bei mehrmaligen «Besuchen» über 60 Patronen Industriesprengstoff Donarit 3. Dann findet er in dem Häuschen auch Sprengkapseln. Obwohl er nur zwei bis drei Stück benötigt, läßt er eine 125-Stück-Dose mitlaufen. Ein Schwabe kann furchtbar sparsam sein, wenn er aber eine Sache als unerläßlich empfindet, kann er für kurze Zeit verschwenderisch werden.

In einem Heidenheimer Laden für Nähmaschinen kauft Elser Gewehrmunition. Um sich die notwendigen Kenntnisse für die Sprengtechnik anzueignen, erwirbt er sich «ein für die Pionierausbildung ausgearbeitetes Heftchen», wie die Gestapo herausfand. Unter Hitler sind bei etwas Zielstrebigkeit alle Materialien und Kenntnisse für ein ordentliches Attentat zu beschaffen. Die militarisierte Gesellschaft liefert alles und ohne Bedenken. Nach dem fehlgeschlagenen Attentat Stauffenbergs wird Nebe seinem Freund Gisevius vorhalten, jeder Pionier hätte den Sprengstoff besser plaziert als Stauffenberg. Die Lektüre von Elsers kleinem Pionier-Heftchen hätte genügt.

Nebenher arbeitet Elser an seinem Zündapparat, zuerst im Kopf, dann zeichnerisch und durch Versuche mit Holzklötzchen. Er montiert drei Holzstöcke auf ein Brett, durchbohrt sie, bringt sie durch eine Spiralfeder in Spannung und läßt einen Nagel wie einen Schlagbolzen auf den Zünder einer Gewehrpatrone ohne Kugel schnellen. Das Pulver entzündet sich und läßt die Sprenghütchen explodieren. Als die Schmauders einmal abwesend sind, steigt Elser in die Werkstatt hinunter, unternimmt seinen ersten Zündversuch und staunt, wie alles funktioniert und der Gips von der Decke fällt. Als die Hausleute nachher die Bescherung sehen, macht Elser sein gekonnt harmloses Gesicht: Ja, ja, da sieht man, was die Gipser für schlechte Arbeit gemacht haben. Karl Valentin hätte seine Freude an Georg Elser gehabt.

Von nun an zieht Elser den elterlichen Obstgarten auf dem Flachsberg für seine Versuche vor. Auch hier beweist er starke Nerven, ein begeisterter Bastler, der genau weiß, was er sich in einer ländlichen Umgebung erlauben kann. Während der Vater gehunfähig in der stabilen Gartenlaube wohnt, macht Elser gleich daneben vier Zündversuche. Es kracht ordentlich. Der Vater hört den Lärm, aber ihm ist schon lange alles egal. Nebenan hört die Explosionen auch ein Onkel Elsers, er arbeitet mit zwei Pferden auf dem Feld. Es ist Juli 1939. Bei dem starken Knall steigen seine Pferde in die Höhe und gehen ihm beinahe durch. Er sieht Georg aus der Gartenlaube herausschauen. Als er ihn abends fragt, was das für ein Knall war, hört er Georgs beliebte mysteriöse Andeutung, die kein Nachfragen duldet: «Ich probier was aus. Wenn's fertig ist, wirst du es schon noch erfahren!» Als der Onkel später nach Hause geht, sieht er auf dem Tisch der Gartenlaube «eine Art zu groß gewordener Wecker». Von dort führt ein Kabel in den Garten hinaus. Die zerstörten Holzklötzchen dieser Versuche wirft Elser hinterher in die Hobelabfälle seiner Werkstatt bei Schmauders, wo sie ein halbes Jahr später von der Stuttgarter Gestapo gefunden werden, mitsamt den ersten Konstruktionszeichnungen.

Nur diese Phase der Konstruktion, die Zündung, erledigt Elser experimentell, alle anderen Probleme löst er rein zeichnerisch. Darauf ist er noch vor der Gestapo stolz. Es geht nun noch darum, den vorher eingestellten Zündzeitpunkt von einer Uhr auf den Zündmechanismus zu übertragen. Die notwendige Muße für die Zeichnungen gewinnt er durch einen Unfall Mitte Mai 1939 im Steinbruch. Er bricht sich das Bein und wird für zwei Monate krankgeschrieben. Bei den Schmauders liegt er in der Küche auf dem Sofa, hört auch mal ausländische Sender und zeichnet an seinem Sprengapparat. Die brauchbaren Entwürfe versteckt er im Geheimboden seines Koffers.

Die Neugier seiner Umgebung weiß Elser von Anfang an durch das Märlein von der «Erfindung» zu zügeln. So verschafft er sich zweierlei: Verschwiegenheit und Respekt. Ab März 1939 bereitet er seinen Absprung nach München vor. Für den Fall, daß er von der Firma Waldenmaier nicht freigegeben wird, hat er vorgesorgt: In einer Münchner Zeitung plaziert er eine Heiratsanzeige, er sucht «Fräulein oder Witwe mit Wohnung». Eine Antwort will er dem Arbeitsamt vorlegen, als Beweis, daß er nach München ziehen und heiraten werde. Er erhält wirklich zwei Antworten, aber als er auch so nach München übersiedeln kann, hat der Heiratstrick ausgedient.

Die Schmauders in Schnaitheim waren es, die Elser in den drei letzten Monaten vor dem Umzug nach München am besten beobachten konnten. Nach Berta Schmauder war Elser «sehr anstellig, er hat ihnen geholfen, die Möbel in den neuen Anbau zu tragen, er war hilfsbereit, bescheiden, nett, zuverlässig, pünktlich. Er war ausgesprochen fleißig. Sie [die Schmauders] können sich nicht erinnern, ihn irgendwann mal herumsitzend gesehen zu haben. Sie erinnern sich auch nicht, ihn jemals essend gesehen zu haben. Gegen Mittag sagte er nur, ich gehe gleich fort und bin bald wieder da. Dann verschwand er und tauchte bald wieder auf. Sie nehmen an, daß er in einer Gaststätte gegessen habe.»

Dieser fleißige Mann bleibt sehr für sich und schweigt meistens. Ab und zu klagt er über seine Familie, «daß das Familienleben sehr unerfreulich sei», der Vater wohne draußen in einer Gartenlaube. Besuch bekommt Elser nie, auch keine Post. Er hat offenbar alle Verbindungen abgebrochen. Nur seine Freundin Elsa Härlen zieht einmal für kurze Zeit von Esslingen nach Schnaitheim, hat ein Zimmer in der Engestraße und kommt abends herüber, um auf einer Strickmaschine zu arbeiten.

Etwas anderes fiel Karoline Schmauder auf: «Er [Elser] hat in dieser Zeit auch immer sinniert, und es konnte oft vorkommen, daß, wenn man neben ihm saß und ihn etwas fragte, er dies gar nicht hörte und überhaupt keine Antwort darauf gab. Er hat in dieser Zeit auch immer über Kopfschmerzen geklagt, was nur davon herrührte, weil er immer sinnierte.»

Diese kluge Beobachtung deutet den Zusammenhang von Konzentration auf das Attentat und notwendiger Absonderung an. Anfang August wird Elser krank mit psychosomatischen Symptomen seiner langen Anspannung. Was er mit niemandem besprechen kann, muß er allein in seinem Kopf verarbeiten.

In solchen Umständen hat die Liebe zu Elsa Härlen keine Chance. Elsa zieht zu ihren Eltern nach Jebenhausen und arbeitet in Esslingen. Beide besuchen sich gelegentlich. Dabei stellt sie fest, daß Georg Elser ihr manchmal unheimlich vorkommt. Etwas arbeitet in ihm, das ihn bedrückt, doch er sagt nichts. Sie hält ihm vor, warum denn er, der Kunstschreiner, nun sogar in den Steinbruch gehe. Georg bagatellisiert: Er mache das nur vorübergehend, weil er nach München müsse.

Beim letzten Besuch in Stuttgart im Frühjahr 1939 macht er im Schloßgarten ein letztes Foto von Elsa, das im KZ Sachsenhausen auf seinem Tisch stehen wird. Sie erinnerte sich noch zwanzig Jahre später mit Sympathie an ihn: «Er war ja nicht groß, nur mittelgroß, aber er hatte schönes, schwarzes Haar und kunstfertige Hände, die kleiner als meine eigenen waren. Er hat mich mit beiden Händen gefaßt und dann hat er mich an sich gedrückt und gesagt: ‹Else, wart auf mich, sei mir treu! Ich habe etwas vor, ich kann es dir nicht sagen, aber es wird gut gehen und es ist notwendig. Ich will dich heiraten, wenn alles vorbei ist und dann wollen wir fortgehen, in die Schweiz!› Dann hat er hemmungslos geschluchzt und mich an den Händen gefaßt und kein Wort mehr sagen können.»

In München wurde Elser von den Arbeiten am Attentat so aufgefressen, daß er den Kontakt zu Elsa einschlafen ließ. Sie fragte ihn in ihren Liebesbriefen, wo er arbeite und was er verdiene, und bemerkte mit Bitterkeit, daß er ihre Fragen nicht beantworten wollte. So heiratete sie im Dezember 1939 einen anderen Mann, der bald ein Opfer des Krieges wurde, den Elser hatte verhindern wollen.

Als Georg Elser nach München umzieht, nimmt er den Holzkoffer mit dem Sprengstoff und dem Zündmaterial auf der Bahn mit; die Kisten mit Werkzeugen und Wäsche läßt er sich nachschicken. Am 4. August, dem Tag vor seiner Abreise, fährt er mit dem Fahrrad zu seinem Vater nach Königsbronn, zur Gartenlaube, und verabschiedet sich. Dabei wird er zufällig von seinem Freund Eugen Rau gesehen und herbeigerufen. Nach den üblichen Reden, was man so mache, bricht es aus Georg heraus: «Miar kriegad in Deutschland koi bessere Zeit mehr, hend koi bessere Zukunft, bevor dui Regierung et end Luft gschsprengt ischd. Ond i sags dir, i mach des no, i du's.» Eugen antwortet: «Ha, Georg, des kascht du doch ed macha!» Georg geht weg mit der eindringlichen Bitte: «Gell, schwätzed fei nex!» Dazu paßt, woran sich Josef Schurr als Abschiedswort Georgs erinnerte: «Seinen Namen [würde ich], falls sein Vorhaben gelinge, bald in der Presse lesen […]. Er bat mich aber, über diese Äußerung zu schweigen.»

17 Nachtarbeit im Bürgerbräukeller

Am 5. August 1939 kommt Georg Elser auf dem Hauptbahnhof München mit seinem riesigen Holzkoffer voll Sprengstoff an. Die Szene hat etwas von absurdem Theater an sich. Der Attentäter holt die todbringende Fracht aus dem Gepäcknetz, schleppt sie an ahnungslosen Leuten vorbei. Mit dem kleinen Lieferkraftwagen eines Dienstmannes läßt er sich zu seinem angemieteten Zimmer fahren, in der Blumenstraße 19, 2. Stock, südlich vom Marienplatz, zum Steuersekretär Joseph Baumann. Ein schönes, fast luxuriös möbliertes Zimmer, groß, aber für Elsers Zwecke unpassend, denn darin kann er nicht basteln, keine Zeichnungen machen, die Möbel sind zu kostbar. Der Mietpreis wird ihm bald zu hoch, er muß sein Geld sparen: im Monat 35 Mark fürs Zimmer und 20 Mark für das Frühstück. Deshalb sucht er sich bald eine billigere, einfachere Unterkunft, in der er ungestört ist, verabschiedet sich aber, als er umzieht, von den Baumanns im guten. Bei Frau Baumann schaut er später gelegentlich vorbei und bietet in seiner bekannten Tauschökonomie Gefälligkeitsarbeiten gegen ein Essen an.

Zuerst muß Elser warten, bis die Bahn die weiteren Koffer mit Werkzeug und Wäsche bringt. Die Legende für seinen Münchner Aufenthalt variiert er: Er absolviere einen Polierkurs für Schreiner und arbeite an einer Erfindung. Doch die Leute hier wollen mehr wissen über die Erfindung. Elser schweigt. Die ersten Schwierigkeiten ergeben sich, als er häufig über Nacht wegbleibt und tagsüber auf dem Sofa den Schlaf nachholt. Diesen Lebenswandel zu erläutern erfordert sein ganzes Schauspielertalent: Er studiere an seiner Erfindung und halte sich deswegen nachts im Freien auf einer Bank auf. Eine komische Ausrede, schon im Winter wäre sie geplatzt. Der Eindruck des Sonderlings verstärkt sich, aber Elser hat nun wenigstens Ruhe. Und er ist ja anstellig, hilft mal hier, mal da, ist ruhig und freundlich, seine Miete zahlt er im voraus.

Schon nach wenigen Wochen holen die Schatten des Krieges Elser ein. Am 28. August werden die ersten Lebensmittelkarten ausgegeben; Brot, Mehl und Kartoffeln bleiben vorerst frei. Begründung für die Rationierung: Die Polen mobilisieren, aber einen Krieg gebe es sicher nicht. Von den deutschen Kriegsvorbereitungen kein Wort, nur flattern schon die ersten Einberufungsbescheide in die Briefkästen. Frauen stürmen die Geschäfte. Sie müssen bald kriegswichtige Ausbildungen absolvieren: Gasschutz und Sanitätswesen. Rezepte für sparsame Kost stehen hoch im Kurs. Mit Beginn des Polenkriegs, am 1. September 1939, muß überall verdunkelt werden. Die ausländischen Sender heißen ab jetzt «Feindsender», ihr Abhören steht als «Heimtücke» unter Strafe. Am selben Tag unterschreibt Hitler den Befehl zur Euthanasie. Weitere Anweisungen zu Mordaktionen wird er künftig nicht mehr unterzeichnen. Zwei Tage später entstehen in München die ersten Splitterschutzgräben, die nichts taugen, aber die Leute beschäftigen. Eine Maßnahme trifft die Münchner am härtesten: 10 Pfennig Kriegszuschlag aufs Bier. Zum Vergleich: ein Arbeiteressen kostete im Bürgerbräu 60 Pfennig.

Nicht alle Münchner taumeln in den Krieg. In Berg am Laim gleich hinter dem Ostbahnhof, in der Schweppermannstraße 9, stellt der kommunistische Schlosser und Hausmeister Karl Zimmet Flugblätter her. Ein Mittel, das Elser nie erwog. Im August fordert er: Jeder, der sich und die anderen vor dem Krieg schützen will, «muß sich gegen den entsetzlichen Krieg auflehnen und alles tun, was ihn noch verhüten kann. Wer sich gegen den Kriegsbrandstifter Hitler und sein Nazisystem stellt, kämpft gegen den Krieg. Wer gegen den verbrecherischen Hitlerkrieg kämpft, kämpft für Deutschland.» Eine gewaltige Sprache, aber ohne jede praktische Konsequenz. Wie will man sich auflehnen? Wie sich dagegen stellen, ohne gleich im KZ Dachau zu landen? Außerdem stört so etwas Hitler und die Militärmaschinerie nicht im geringsten. Die Handlungsanweisungen in solchen Blättchen fallen unbrauchbar aus.

Es ist nur von Vorteil, daß Elser kein Parteikommunist Moskauer Richtung ist, denn am 23. August 1939 besiegeln Stalin und Hitler ihren Nichtangriffspakt, Polen wird geteilt. Die Kommunisten sind bis zum Angriff Hitlers auf die Sowjetunion politisch gelähmt. Schon aus diesem Grund konnten sie sich später nie mit Elsers Tat anfreunden und zogen es vor, den Schreiner vom Bürgerbräukeller konsequent zu verschweigen.

Die nächsten Wochen streift Elser durch Maxvorstadt. In der Türkenstraße findet er ein billigeres Zimmer. Daß er in dieser Straße auf ein besonders braunes Milieu trifft, das schon vor 1933 vorwiegend NSDAP wählte, wird er nicht gewußt, kaum gemerkt haben. Eine kleine Rache der Geschichte: In der Türkenstraße findet sich heute zwischen Nr. 68 und 68a ein «Georg-Elser-Platz», winzig, aber immerhin erkennbar.

In der Türkenstraße 94 sieht Elser unten an der Glocke einen Zettel hängen: «Schlafstelle billig zu vermieten. Zu erfragen bei Lehmann, II. Stock.» Er macht einen ruhigen, bescheidenen Eindruck, fragt zuerst nach dem Preis, ist mit 4 Mark in der Woche, 17,50 Mark im Monat einverstanden. Daß es nur ein halbes Zimmer ist, eher ein Abstellraum zwischen Küche und Wohnungstür, stört ihn nicht. Aus dem Schlauch von 2 m Breite und 5 m Länge wurde später ein Bad gemacht, mit Blick auf den Hinterhof.

Georg Elser bringt eine Menge Koffer und Kisten mit und darf sie im Keller unterstellen. Nur den Sprengstoffkoffer behält er bei sich, muß ihn aber draußen im Flur abstellen, weil der Platz im Zimmerchen nicht reicht. Drinnen können nur ein kleiner Schrank, ein Schreibtisch und ein Bett stehen. An einem Sonntagvormittag kommen die Lehmanns überraschend früh nach Hause. Elser hat gerade seinen Attentatskoffer geöffnet, blättert in Zeichnungen, wirft sie erschreckt zurück und macht zu.

Er ist schon ein wenig sonderbar, fast unheimlich, dieser «Erfinder und Kunstschreiner», wie er sich vorgestellt hat. Alfons Lehmann, Tapezierer und Polsterer, nennt ihn «einen Häuslschleicher», so leise geht Elser herum, man hört ihn nicht. Verschlossen ist er, redet nicht viel. Daß er nachts weg ist, stört die Leute weniger, dann liegt er halt tagsüber auf seinem Bett. Ansonsten weiß Elser die Lehmanns dadurch zu beruhigen, daß er seine Miete immer im voraus bezahlt. Besuch bekommt er keinen, schon gar keine Frau. Sein Zimmer darf er nicht abschließen. Rosa Lehmann will putzen und das Bett machen. Alle seine Kisten und Koffer hält er verschlossen. Jedenfalls braucht Elser bald eine Werkstatt und die Hilfe von Handwerkern.

Am 8. oder 9. August 1939 geht er erstmals zur Nachtarbeit in den Bürgerbräukeller. Er entwickelt ein bestimmtes Ritual, er liebt die Regelmäßigkeit. Wie schon in Heidenheimer Gaststätten, so hat er auch hier im Bürgerbräustübl einen Lieblingstisch, an dem er nach 20 Uhr zu Abend ißt: den mittleren, wo er stets von der Kellnerin Berta bedient wird. Er pflegt das einfachste Essen für 60 Pfennig zu wählen, dazu ein einziges Bier, er ist sowieso kein großer Esser und ein auffallend mäßiger Trinker.

Gegen 22 Uhr zahlt er, schlendert durch den Garderobenraum in den nicht verschlossenen Saal. Den Raum überprüft er auf verborgene Personen, die ihn überraschen könnten, indem er vorsichtig ans andere Ende des Saales geht und erst dann auf die Galerie hinaufsteigt. Rasch verschwindet er in einem Abstellraum, den eine spanische Wand abtrennt. Hier lagern nur Pappschachteln, wer weiß wofür. Zum Glück steht da auch ein Stuhl herum, auf dem Elser nach drei bis vier Stunden hochkonzentrierter Nachtarbeit einige Stunden vor sich hindösen kann.

So selbstverständlich gibt sich Elser, daß er nie von jemandem angehalten wird. Bald gehört er fürs Personal ohnehin zu den Stammgästen. Ab Kriegsbeginn fehlt wegen der Verdunkelung das Notlicht im Saal, Elser muß zu einer Taschenlampe greifen, deren Schein er durch ein blaues Taschentuch abdunkelt. Mit der Zeit rückt in einen Nebensaal eine Sanitätswache ein, München erwartet Fliegerangriffe. Aber diese Wache kocht nur morgens ihren Kaffee beim Podium, auf dem während Veranstaltungen die Musik zu spielen pflegt.

Kurz vor der nächtlichen Saalschließung füttert die Zigarrenfrau noch ihre Katzen, die im Saal herumstreunen. Keine Gefahr für Elser. Anders der Hund des Nachtwächters. Aber ihn versteht Elser an sich zu gewöhnen, indem er ihm jeden Abend von seinem Essen ein Stück Fleisch abgibt. Ein Aufwand, der sich lohnt und Elsers strategische Weitsicht für seine Umgebung belegt. Eines Nachts schickt der Nachtwächter seinen Hund über die Galerie, der Hund freut sich, Elser zu riechen, bellt nicht, muß aus der Dunkelheit mehrmals zurückgerufen werden und kommt langsam und wedelnd zurück. Der Nachtwächter will seine Ruhe haben und denkt sich lieber nichts.

Eine zweite Gefahr ergibt sich schon im August. Ein Beschäftigter der Gaststätte kommt frühmorgens überraschend in die Abstellkammer, will eine Schachtel holen, sieht Elser und verschwindet, ohne etwas zu sagen. Elser erkennt blitzschnell die Gefahr, setzt sich draußen an einen Tisch und mimt den Briefeschreiber, er, der Schreibfaule. Der Beschäftigte kommt mit dem Geschäftsführer zurück, der Elser zur Rede stellt. Elser hat sich schon eine Ausrede zurechtgelegt: Er habe am Oberschenkel einen Furunkel, den wollte er sich hier ausdrücken. Ja, warum denn nicht in der Toilette? Elser: Er traue sich nicht, es sei so peinlich. Und jetzt schreibe er hier gerade einen Brief. Er kommt glimpflich davon, wird nur in den Garten verwiesen, wo er sich einen Kaffee bestellt. Zum Glück erhält er kein Hausverbot. Von jetzt an ist er auch beim Chef bekannt.

Zwischen 22.30 Uhr und 23.30 Uhr wird der Saal abgeschlossen, gut hörbar mit dreimaligem Umdrehen des Schlüssels. Bis dahin benützen ihn Ortskundige als Abkürzung zwischen Rosenheimer Straße und Kellerstraße. Elser wartet noch eine Weile, ob sich nicht jemand versteckt hat, ein Liebespaar oder ein Obdachloser. Erst wenn er absolut sicher ist, geht er auf die Galerie zu dem Pfeiler hinter dem Rednerpult: an die Arbeit.

Auch morgens bleibt er nach dem Aufschließen des Saales, das zwischen 7 und 8 Uhr geschieht, noch eine Zeitlang versteckt. Der Gestapo gab er in Berlin das einfache Prinzip seiner Tarnung zu Protokoll: «Beim Verlassen des Saales habe ich, um mich nicht irgendwie verdächtig zu machen, keinerlei besondere Vorsichten angewandt.» In der Mimikry des Alltags kennt er sich glänzend aus.

Beim ersten Teil seiner nächtlichen Arbeiten legt Elser möglichst weit unten in der Holzverschalung des Pfeilers eine Tür an. Hier ist der Schreiner in seinem Element. Zuerst löst er den Holzstab an der Sockelleiste, sägt dann den oberen Profilstab der Holzverkleidung ab. Nun kann er an der Pfeilerverkleidung ein Sockelbrett so aussägen, daß nach dem Wiederanbringen der Leisten keine Sägeschnittstellen zu erkennen sind. Aus dem ausgesägten Verkleidungsbrett stellt er durch ein Zapfenband eine Tür her und bringt innen einen Riegel an, der nur durch eine Fuge mit einem Taschenmesser zu öffnen ist.

Der Gestapo verstand Elser diesen Arbeitsgang anschaulich zu schildern: «Zur Anfertigung der Türe brauchte ich ungefähr drei Nächte. So konnte ich aber immer sofort mit meiner Arbeit beginnen, wenn ich nur die Türe geöffnet hatte, und brauchte nach Schluß einer Nachtarbeit nur die Türe zu verschließen, um eine Tätigkeit im Innern der Säule vollständig zu verbergen. Selbst wenn jemand die Säule tagsüber genau betrachtet hätte, würde er an ihr keinerlei Veränderung bemerkt haben.»

Ein Zehntel der Arbeitsnächte vergeht also allein mit der Herstellung der Tür. Um in den Pfeiler eine Sprengkammer hineinzutreiben, arbeitet Elser zuerst mit einem Meißel, aber der erzeugt zu viel Lärm. In dem leeren Raum mit der besten Akustik aller Münchner Säle tönt jeder Schlag angsterregend laut. So wählt er einen Handbohrer mit Meißelaufsatz. Als das Loch tiefer wird, läßt er sich vom

Schlosser M. Solleder in der Türkenstraße 59 dreimal ein Verlängerungsstück anschweißen. Seitliche Fugen bricht er mit einem Spezialmeißel auf. Alles für die Arbeit Notwendige kann er sich ohne Probleme bei Handwerkern oder Geschäften besorgen.

Im Laufe der Zeit hat er mit über einem Dutzend kleiner Firmen zu tun, niemand ahnt, was er eigentlich vorhat. Als er einmal in der Werkstatt des Schreiners Johann Brög in der Türkenstraße 59 vor einer Kiste mit Zahnrädern sitzt, wird er von einem neugierigen Mädchen gelöchert, was das sei. Elser bedeutungsvoll: «Des gibt a Padend, Mädle, des gibt a Padend.»

Georg Elser kommt nur langsam voran. Mit äußerster Kraft muß er seinen Handbohrer gegen die Ziegelsteine drücken und Loch für Loch bohren. Er ist ein feingliedriger Kunstschreiner, kein Schwerarbeiter. Die Werkzeuge umhüllt er mit Lappen, um die Geräusche zu mindern. Dennoch muß er beim Ausbrechen der Steine warten, bis von draußen irgendein Geräusch hereindringt, meistens die Klospülung, die automatisch alle zehn Minuten einsetzt.

Jede Nacht angespannte Nerven, die Ohren immer gespitzt, ob irgend jemand etwas hören könnte. Beim schwachen Licht seiner Taschenlampe, deren Batterien er häufig wechseln muß, kniet Elser Nacht für Nacht, weil er die Sprengkammer möglichst dicht über den Boden der Galerie angesetzt hat. Bei einem Maß von 70 x 90 cm für die Öffnung ein kräftezehrendes Vorhaben. Nach zwei Monaten bekommt er vereiterte Knie, muß sich in ärztliche Behandlung begeben und einige Tage im Bett bleiben. Angesichts dieser Schwierigkeiten braucht Elser für das Ausbrechen der Kammer bis Ende Oktober.

Den Bauschutt kratzt er mit einem langen Spezialwerkzeug heraus, sammelt ihn in einem kleinen Teppich am Bohrloch und versteckt ihn in einer Schachtel des Abstellraums auf der Galerie. Alle paar Tage kommt er tagsüber mit einem Köfferchen hereingeschlendert, leert den Schutt um und spaziert damit zur Isar. Bevor er eine Nachtschicht beendet, wischt er den Baustaub tadellos vom Boden auf. Elser ist ein gewissenhafter Arbeiter, der wirklich an alles denkt.

Nach drei bis vier Stunden Nachtarbeit ist Elser erschöpft und döst den Rest der Nacht auf dem Stuhl vor sich hin. 30 bis 35 solcher Nächte bringt er in den drei Monaten hinter sich, durchschnittlich ist er jede dritte Nacht hier.

Tagsüber, wenn Elser etwas geschlafen hat, setzt er sich an die Entwicklung des Sprengapparats. Die Uhren baut er gleich anfangs um, für den Zündkasten selbst muß er warten, bis die Sprengkammer ausgebohrt ist. Die Übertragung von der Uhr auf die Zündung will er zuerst mit einem Autowinker und einer Batterie vornehmen. Dann hilft er sich mit dem Einbau eines hölzernen Kammrades in die Uhr. Der kleine Zeiger nimmt alle zwölf Stunden einen Zapfen mit und bewegt das Kammrad um ein Zwölftel weiter. So kann Elser

Georg Elsers Nachbau seines Sprengkörpers. Rechts: Seitenansicht mit Blick auf die beiden Uhrwerke. Linke Seite: Seitenansicht mit Blick auf den Schlitten, der drei Nägel auf die Zündhütchen von Patronen treibt. Die Pulverladungen in den Patronen lösen die Explosion aus.

seinen Zündmechanismus maximal 144 Stunden vorher einstellen, also volle sechs Tage. So etwas hatte die Gestapo nicht erwartet.

Über einen Anschlag am Kammrad wird in der Uhr ein Hebel bewegt, der einst das Schlagwerk auszulösen hatte, nach Elsers Umbau nun ein Zahnrad in Bewegung setzt, das über eine kleine Seiltrommel ein angelötetes Drahtseil aufzieht. Dieses Seil entfernt einen Sperrhebel, läßt eine gespannte Feder wegschnellen und setzt einen Schlitten frei: ein aus Eisen gegossenes Klötzchen mit drei festeingelassenen Nägeln. Diese schlagen auf die Zünder scharfer Gewehrmunition – ohne Kugeln – auf und lassen über Zündhütchen die Sprengkapseln explodieren, die ihrerseits in die Sprengstoffbehälter hineinragen und die Detonation auslösen.

Wieder bekommt Elser technische Skrupel – seine «Prüfmanie». Einer Uhr allein traut er nicht, deshalb baut er eine zweite ein. Er denkt auch an die Gefahr, daß tagsüber jemand zufällig in der Nähe sitzt und im Pfeiler die Uhren ticken hört. Deshalb dämpft er die Innenseite seines hölzernen Sprengkastens mit einer Korkplatte.

Diese aufwendigen Arbeiten kann Elser ohne Werkstätten und fachkundige Hilfe nicht leisten. Seine Vermieterin Rosa Lehmann erlebte mit, wie Elser die Handwerker für sich gewann: «Allen Handwerkern in der Nachbarschaft ist er auf die Nerven gegangen. Überall hat er etwas arbeiten wollen, mal beim Schlosser, dann beim Tischler, dann beim Mechaniker. Er konnte betteln wie ein kleines Kind.»

Wenn es sein Ziel verlangt, kann Elser gesprächig werden, überwindet alle Isolierung. Dem Zweck zuliebe kann er fast gesellig werden. Die größte Sympathie entwickelt sich zwischen ihm und dem Schreinermeister Brög. Hier hat Elser einen großen Stein im Brett, seitdem er beim Aufbau eines schweren Schrankes half, unentgeltlich. Brög konnte sich keinen Gesellen leisten. Dafür durfte Elser nicht nur in der Werkstatt arbeiten, sondern sogar das Magazin nebenan als Lager benützen. Brög gab ihm von sich aus den Schlüssel. Hier konnte Elser auch die letzten Nächte schlafen, als er Anfang November sein Zimmer bei den Lehmanns aufgegeben hatte.

Endlich kann Elser am 1. und 2. November die Kammer mit Sprengstoff füllen. Gewissenhaft, wie er nun einmal ist, sorgt er dafür, daß auch der hinterste Winkel mit Dynamit ausgestopft ist. Tagsüber prüft er zu Hause mehrmals die Exaktheit seiner Uhren. Am 3. November kommt er abends mit seinen in Zeitungspapier eingepackten Uhren unterm Arm zum Saal – und findet ihn erstmals verschlossen vor. In seinen Lagerraum bei Brög kann er auch nicht, weil der Zugang von der Straße verriegelt ist. Also muß Elser diese Nacht im Garten der Brauerei zwischen Bierfässern verbringen, schon jetzt einem Verfemten ähnlich. Die Kälte zehrt an seinen schwindenden Kräften.

Neuer Versuch am 4. November. Der Saal ist geöffnet, es gibt eine Tanzveranstaltung, was Elser schon weiß. Er löst eine Eintrittskarte und gelangt ohne weiteres mit seinen Uhren auf die Galerie, setzt sich an einen Tisch und schaut den Tanzenden zu. Bei der Saalschließung verschwindet er im Abstellraum. Es kommt der zweite Schrecken: Der Zündapparat ist zu groß, paßt nicht in die Sprengkammer. Elser hat nur noch drei Nächte, wird nervöser, als er ohnehin schon ist. Die Differenz ist zum Glück nicht groß, es reicht, die Kanten des Holzkastens abzusägen und abzufeilen.

5. November: Es gibt wieder Tanz. Elser wartet erneut auf der Galerie. Jetzt paßt der Kasten. Elser führt die Drahtseile ein, spannt sie und setzt schließlich die Uhren in Gang. Die längste Arbeitsnacht bisher, er wird um 6 Uhr fertig. Seit dem 1. November bricht er bereits seine Zelte ab, verläßt das gekündigte Zimmer, schläft tagsüber in Brögs Magazin und schickt eine Kiste mit Wäsche und Werkzeug seiner Schwester Maria nach Stuttgart.

Die letzte Begegnung mit Schreiner Bróg, der, ohne es zu wissen, sein bester Helfer ist, krönt das absurde Theater. Zwei liebenswürdige Handwerker, die einander selbstlos halfen, verabschieden sich: Einer verneigt sich vor dem anderen und bedankt sich aufs herzlichste für das Entgegenkommen und den Beistand.

Alle Verbindungen nach Königsbronn hatte Elser während der drei Münchner Monate einschlafen lassen. Elsas Briefe aus Esslingen wollte er nur postlagernd haben, so daß sie seine Adresse nicht erfuhr. An seine Familie schrieb er nicht mehr. Auf seiner letzten Fahrt nach München, am 7. November, als es nur noch die Uhren zu prüfen galt, wollte er bloß nach Königsbronn, um sich von seinem gebrechlichen Vater zu verabschieden. Die Zeit reichte nicht mehr.

Die ständige Anspannung in München, das Insichhineinfressen aller Gedanken und Sorgen machte Elser immer nervöser. Eine Entwicklung, die in Schnaitheim bei den Schmauders begonnen hatte. Er entsann sich seiner Kindheit, als seine Mutter mit ihm gebetet hatte. Seit Beginn 1939, so meinte er beim Verhör durch die Gestapo, habe er wieder häufiger eine Kirche aufgesucht, das stille Gebet tat ihm gut. «Erst im Laufe dieses Jahres ging ich wieder öfter in die

Kirche, nämlich bis heute vielleicht seit Jahresbeginn ungefähr 30mal. Ich bin in letzter Zeit auch öfter werktags in eine katholische Kirche gegangen, wenn gerade keine evangelische Kirche da war, um dort mein Vaterunser zu beten. Es spielt meines Erachtens keine Rolle, ob man dies in einer evangelischen oder katholischen Kirche tut. Ich gebe zu, daß diese häufigen Kirchenbesuche und dieses häufige Beten insofern mit meiner Tat, die mich innerlich beschäftigte, in Zusammenhang stand, als ich bestimmt nicht soviel gebetet hätte, wenn ich die Tat nicht vorbereitet bzw. geplant hätte. Es ist schon so, daß ich nach einem Gebet immer wieder etwas beruhigter war.»

Als auf der Galerie des Bürgerbräukellers Elsers Uhren tickten, zermarterte sich der militärische Widerstand die Köpfe, wie Hitlers nächster Krieg zu verhindern wäre. Er blieb tatenlos, immer neue Bedenken lähmten ihn. Hitler selbst rechnete grundsätzlich mit einem Aufruhr oder einem Attentat. Vor seinen führenden Militärs hatte er dagegen nicht viel Respekt, er hatte oft genug erlebt, wie schnell sie einknickten, wenn er sie anschrie. Die Generalität wußte seit dem Polenfeldzug genau, mit welcher Grausamkeit Hitler seinen Krieg betrieb, und ahnte seine Ziele: die Ausrottung der polnischen Juden, Geistlichen und Intellektuellen. Und so würde es weitergehen. Die hohen deutschen Militärs, die es nicht wagten, Hitler zu beseitigen, opferten dann ohne Skrupel ganze Divisionen. Elser dagegen hatte seine Entscheidung getroffen: einer statt vieler Millionen.

18 Im Konzentrationslager Sachsenhausen

Bis zum Verhör vom 19. bis 23. November 1939 in Berlin wurde Elser immer wieder mißhandelt. Schon Himmler hatte den Gefangenen im Münchner Wittelsbacher Palais blutig schlagen lassen. Richtig systematisch wurden die Quälereien nach dem 23. November. Als einer der wichtigsten Untersuchungshäftlinge blieb Elser sicher im Haus, im Keller der Prinz-Albrecht-Straße 8. Hier saßen früher oder später ziemlich alle, die im Widerstand Namen und Ansehen genossen: von Canaris bis Bonhoeffer. Nur der kleine Schreiner von der Ostalb wurde von der Nachwelt zumeist übersehen.

Im direkten Auftrag Hitlers und Himmlers ging es in allen Folterverhören um die Frage nach den Hintermännern. Es ist durchaus denkbar und auch nicht ehrenrührig, wenn Elser in seiner schlimmsten Not zeitweise Hintermänner erfand. Elsa Härlen erlebte bei der Gegenüberstellung in Berlin, wie Georg gezwungen wurde zu erzählen, bei Waldenmaier in Heidenheim sei er von ausländischen Agenten angestiftet worden.

Es gibt Spuren eines anderen von Elser fabrizierten Märchens beim ehemaligen Leiter der Inlandsabwehr des SD, Walter Schellenberg: «Elser hatte erklärt, zwei unbekannte Personen hätten ihm bei der Vorbereitung des Anschlages geholfen und versprochen, später im Ausland für ihn zu sorgen.» Was dann folgt, könnte freilich auch eine Erfindung des SS-Geheimdienstlers Schellenberg sein. Einen Tag nach der Ehrung des SD-Kommandos der Venlo-Entführung sei er, Schellenberg, zu Hitler in die Reichskanzlei gerufen worden. Vorher fragte er bei Gestapo-Müller nach dem Stand der Ermittlungen. Müller faßte zusammen: «Ich komme einfach nicht mit dem Kerl weiter, er ist zu verstockt und bleibt immer bei seiner ersten Aussage – er hasse Hitler, der seinen Bruder als Kommunisten in ein KZ gesperrt habe. Dann behauptet er wieder, ihm habe die aufregende Bastelarbeit an der Höllenmaschine einfach Spaß gemacht, wobei er dann immer das Bild des zerfetzten Körpers Hitlers vor sich gesehen habe.» Es wird gleich noch schöner, wie im Drehbuch eines Nazi-Krimis: «Sprengstoff und Zünder seien ihm von den beiden Unbekannten in einem Münchner Café zugesteckt worden. Es kann schon sein, daß der Strasser mit seiner Schwarzen Front die Finger im Spiele hat.»

Die Gestapo bemerkte von allein, daß diese beiden Versionen nicht zusammenpaßten. Müller machte weiter: «Bisher habe ich noch jeden kleingekriegt, den ich mir vorgenommen habe. Hätte der Kerl meine Ohrfeigen schon früher bekommen, würde er sich diesen Unsinn erst gar nicht ausgedacht haben.» Also wird es doch Essig mit der ganzen Agententheorie. Bei der anschließenden Besprechung gab Hitler seine Anweisung an Heydrich: «Ich möchte wissen, um was für einen Typ es sich bei diesem Elser handelt. Man muß den Mann doch irgendwie klassifizieren können. Berichten Sie mir darüber. Im übrigen wenden Sie alle Mittel an, um diesen Verbrecher zum Reden zu bringen. Lassen Sie ihn hypnotisieren, geben Sie ihm Drogen; machen Sie Gebrauch von allem, was unsere heutige Wissenschaft in dieser Richtung erprobt hat. Ich will wissen, wer die Anstifter sind, ich will wissen, wer dahintersteckt.»

Einige Tage danach hörte Schellenberg von Gestapo-Müller, drei Fachärzte hätten sich eine Nacht und einen Tag lang mit Elser beschäftigt und ihm «beachtliche Mengen Pervertin» eingespritzt, doch Elser sage immer dasselbe. Müller ließ für Elser eine Schreinerwerkstatt einrichten, wohl in der Prinz-Albrecht-Straße, und befahl ihm, den Sprengapparat nachzubauen. Elser schaffte es in

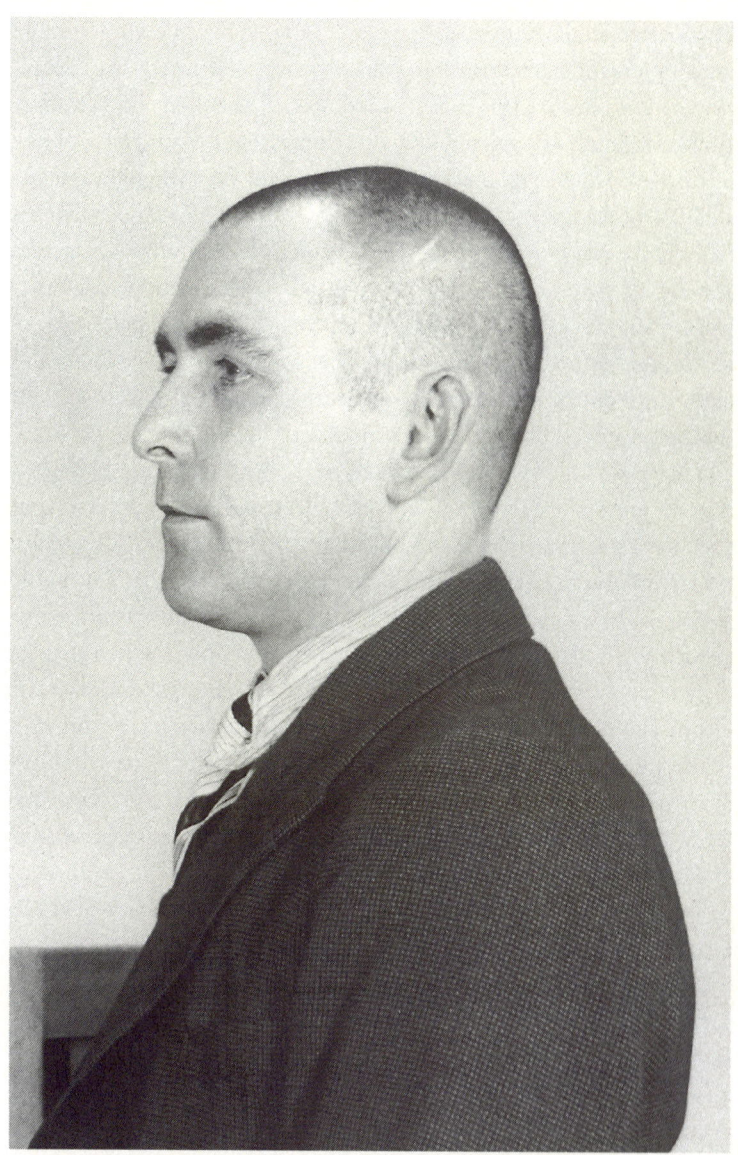

Erkennungsdienstliches Foto des kahlgeschorenen Georg Elser.

kurzer Zeit und setzte den Apparat in eine Holzsäule ein. Gestapo und SS waren begeistert: «Ein Meisterstück.» Heydrich und Schellenberg besuchten Elser in seiner Werkstatt, Schellenberg sah Elser zum erstenmal: «Es war ein kleiner, schmächtiger Mann, etwas blaß, mit hellen Augen und einer hohen Stirn – ein Typ, wie man ihn zuweilen unter qualifizierten Handwerkern antrifft. Er sprach unverfälschte schwäbische Mundart, dabei zeigte er sich schüchtern und zurückhaltend ängstlich. Auf Fragen gab er nur widerwillig Antwort, doch taute er auf, wenn man ihn wegen seiner Handfertigkeiten lobte; dann erläuterte er sein nachgefertigtes Modell redselig und mit allem Eifer.» Aber Elser blieb bei seiner einmal gewählten Ausrede von den beiden Unbekannten im Münchner Café.

Gestapo-Müller ließ noch am selben Tag vier bekannte Hypnotiseure kommen, nur einer vermochte Elser in Trance zu versetzen, doch der hartköpfige Häftling blieb bei der einmal eingeschlagenen Linie. Ein Hypnotiseur gab ein Urteil ab, das so recht zur Psychologie im Dienste des Regimes paßt: Elser sei ein «Fanatiker», ein «sektiererischer Einzelgänger mit der Zwangsvorstellung, seinen Bruder rächen zu müssen». Er habe auch einen «Geltungskomplex, auf technischem Gebiet etwas Besonderes zu leisten». Der Schluß des Urteils mag zutreffen, ähnliches hatte Elser vor dem Attentat angedeutet. Der Psychologe: Elser habe den «Drang, sich durch die Beseitigung Hitlers berühmt zu machen und zugleich Deutschland von dem ‹Übel Hitler› zu befreien».

Vorerst blieb Elser im Reichssicherheitshauptamt. Hitler befahl, Elser bis nach dem Krieg für einen Schauprozeß aufzubewahren, zusammen mit den beiden britischen Geheimdienstlern. Das ist das ganze Geheimnis, warum Elser im KZ als bevorzugter Sonderhäftling behandelt wurde. Der nachgebaute Sprengapparat erfreute sich größten Respekts bei der Gestapo, die ihn zu Ausbildungszwecken in ihre Lehrmittelsammlung übernahm. Elser hat als Erfinder Anerkennung gefunden, wenn auch bei seinen Todfeinden.

Nach dem Kassiber eines Sachsenhäuser KZ-Häftlings an den Geheimdienstler Best soll Elser bis Januar oder Februar 1941 im Dachgeschoß der Berliner Gestapozentrale in Haft gehalten worden sein.

Als einer der letzten sah Nebe 1941 den Gefangenen, wie Gisevius überlieferte: «Plötzlich war auf dem Hofe des Gestapogebäudes ein Häftling so schnell auf ihn zugelaufen, daß die Wächter nicht Schritt halten konnten. Er traute seinen Augen nicht: Es war der Münchner Attentäter, von dem er nie mehr etwas gehört hatte und den er nicht mehr unter den Lebenden wähnte. Mit Tränen in den Augen hatte Nebe mir damals von der gespenstischen Begegnung mit einer gepeinigten Kreatur erzählt. Elser war nur eine Ruine seiner selbst gewesen, weil man ihn mit stark gesalzenen Heringen, Hitze und Flüssigkeitsentzug zu erpressen versucht hatte. Sie ließen nicht locker: Er sollte irgendeine, sei es noch so vage Verbindung zu Otto Strasser gestehen. Der Kunsttischler war hart geblieben. Fast wie ein treuherziges Kind, ein Mensch jener Wesensart, wie man zuweilen unter Sektierern findet, hatte er Nebe von seiner Pein erzählt, nicht um Milde wimmernd, nicht einmal klagend; es war eher wie ein glückhafter Aufschrei, nochmals dem einzigen Menschen begegnet zu sein, der seit seiner Verhaftung menschlich auf ihn eingegangen war.»

Es gehörte zum Folterprogramm der Gestapo, die Heizung voll aufzudrehen, zum Essen nichts als gesalzene Heringe zu geben und Flüssigkeit zu verweigern. Dazu kamen sicher die üblichen Maßnahmen: nachts ständig wecken und befragen, das Licht nie löschen, sondern es ins Gesicht des Häftlings richten, bedrohen mit weiteren Qualen, alle Hoffnung rauben durch die Schilderung von Hinrichtungen usw.

Schon bevor Elser in den Zellenbau des KZ Sachsenhausen eingeliefert wurde, spukten Gerüchte über ihn durch die desinformierte Öffentlichkeit. Die verwirrte deutsche Gesellschaft suchte Verantwortliche für alles, was irgendwie auffiel. Spekulationen waren nie zu beweisen, aber auch nie zu widerlegen. Wer ein Gerücht erzählte, hatte jedenfalls zuerst einmal recht. Natürlich waren Gerüchte verboten, aber sie grassierten unausrottbar weiter, es gab einfach zu viel Bedarf an Erklärungen und Hoffnungen. Im KZ Dachau ging die Verwirrung so weit, daß viele Häftlinge selbst das Attentat vom 20. Juli 1944 für ein SS-Manöver hielten.

Entstehung, Wachstum und Verbreitung der Gerüchte über Elser sind sowenig durchschaubar wie ein Dschungel. Eine frühe publizierte Fassung bezeugt das «St. Galler Tagblatt» vom 24. November 1939: Elser war Kommunist, kam 1936 in ein KZ, gehörte zu Strassers Schwarzer Front. Der weitere Inhalt mit Details vom Attentat läßt vermuten, daß die Quelle in der Gestapozentrale selbst saß. Von hier liefen direkte Drähte in die «Politische Abteilung» eines KZ, der Gestapostelle, die die politischen Personalakten aller Häftlinge zu führen hatte. Häftlinge, die in der «Politischen Abteilung» arbeiteten, genossen an der Informationsbörse unter den Gefangenen das größte Ansehen. Hier dominierten häufig kommunistische Häftlinge, die auch Gestapo-Gerüchte im Lager in Umlauf brachten.

Vermutlich die älteste Fassung aller in KZs über Elser kursierenden Gerüchte stammt von Ernst Eggert, einem Kalfaktor im Zellenbau des KZ Sachsenhausen. Seine Beobachtungen kündigte Eggert als den «großen Schlager» an: «Der Attentäter vom Münchner Hofbräuhaus». Nun ja, eine Kneipe kann man leicht verwechseln. Eggert stützt sich zuerst auf den verdächtig schönen Empfang Elsers im KZ. «Ich bin davon fest überzeugt, daß das Attentat auf Hitler in München fingiert war und nur zu Propagandazwecken diente. Eines Tages große Aufregung im Zellenbau, der Oberführer und Kommandant Lorenz [gemeint: Loritz] erschien und gab Anweisung, ein großes Zimmer einzurichten und zwar das beste. Auf die Tische wurden Decken gelegt. Blumenvasen mit Blumen wurden auf die Tische gestellt. Ein Radioapparat wurde aufgestellt.»

Es folgt eine Beschreibung der Haftbedingungen Elsers, deren wichtigste Teile zutreffen dürften: «Die Tür wurde nicht verschlossen, es war immer ein SS-Mann mit auf dem Zimmer, die Ablösung erfolgte alle zwei Stunden. Dreimal am Tage konnte er [Elser] sich draußen im Freien bewegen, er hatte auch sonst sämtliche Vergünstigungen, er konnte unbegrenzt rauchen, er bekam sehr gute Verpflegung und zwar Essen aus der Kommandantenküche. Jeden Tag Kartoffeln, Fleisch, Tunke, Gemüse, Kompott. Die Behandlung des Attentäter[s] war sehr nobel, er wurde mit Samthandschuhen angefaßt.» Der Neid schaut aus jeder Zeile, verständlich in der Hölle des Zellenbaus. Es folgt eine Passage der Selbstverteidigung, als ob es Einsprüche gegen Eggerts Meinung gegeben habe. «Ich glaube doch, nach dem, was ich gesehen und gehört habe, sagen zu dürfen, daß das Attentat fingiert gewesen ist. Denn so behandelt man keinen wahren Attentäter. Wenn die S[ache] nicht fingiert gewesen wäre, dann hätte man ihn in Ketten gelegt und kurzen Prozeß gemacht.»

Erst jetzt erfahren wir, auf welchem Weg konspirativer Neugier Eggert zu seinen Entdeckungen gelangte: «Wenn er [Elser] zur Freistunde ging, [mußte] ich vom Flur und auf meine Zelle gehen, wurde aber nicht eingeschlossen. Ich vermutete was und sagte mir, da stimmt was nicht, und lag immer auf der Lauer, bis ich ihn zu Gesichte bekam. Nun war ich aber immer noch nicht im Bilde, was das war. Aber eines guten Tages bekam ich eine Illustrierte Zeitung in die Hände und zu meinem Erstaunen, wen sah ich da, den Attentäter von München abgebildet mit seinem Namen, er hieß Georg Elser. Im Zellenbau nannten sie ihn Schorsch. Da ging mir ein Licht auf. Nun nahm ich Fühlung bei der SS auf, die im Zellenbau waren, und bekam die Bestätigung, er war der Attentäter. Die SS waren sprachlos und empört, daß der Attentäter so eine Behandlung hatte. Hätte die Lagerführung mein Geheimnis gewußt, sie hätten mich auf der Stelle erschossen.»

Bei solchem Neid mußte sich die augenscheinliche Bevorzugung Elsers mehr oder weniger zu seinen Lasten auswirken. Von da an hatte kein politischer Häftling mehr Lust, mit Elser ins Gespräch zu kommen, was sowieso sehr schwierig war, bei ständigem SS-Doppelposten in seiner Zelle und einem Posten vor der Tür. Die genannte Illustrierte war die Novembernummer 1939 des SS-Organs

«Das Schwarze Korps». Sie lag in der kleinen Bibliothek des Zellenbaus herum und war bei den Häftlingen begehrt. Wer den Artikel mit den Fotos nur durch die Neidbrille las, übersah, daß die SS in Wirklichkeit Elser schwer attackierte. Von einem NS-Hintergrund konnte man hier nichts erkennen.

Gedankenlos unterschlugen alle Mißgünstigen, daß Elser ein wesentliches Element des Überlebens fehlte: die Solidargemeinschaft der Häftlinge. Von der Hilfe, dem Zuspruch, den Häftlinge einander zugute kommen lassen konnten, wurde er ausgesperrt. Die Rechtfertigung dafür lag in der Logik der politischen Häftlinge: Wer von den Nazis geschont wird, muß deren Kumpel sein. Die Sage vom Nazi Elser ging wie ein Lauffeuer durch die den politischen Ton angebenden Kreise unter den Häftlingen. Von den vielen katholischen Geistlichen dagegen, die in Sachsenhausen und in Dachau eingesperrt waren, schloß sich kaum jemand diesem diskriminierenden Geschwätz an.

Emilio Büge, Häftlingsschreiber in der «Politischen Abteilung», schrieb in seinen heimlichen Notizen, die er nach draußen schmuggeln konnte: «Elser, der ‹Attentäter› vom Münchner Bürgerbräukeller (1940), ist quietschfidel hier in einer Zelle im Bunker, wo er alle möglichen Vergünstigungen hat. Es stehen ihm Werkzeuge und Holz zur Verfügung und er bastelt und tischlert nach Herzenslust, was gerade nicht so aussieht, als wenn er den Führer hätte ermorden wollen.»

Martin Niemöller, Sonderhäftling im Zellenbau, hörte schon 1940 die Latrinenparole, Elser sei ein SS-Mann, das Attentat hätten Hitler und Himmler befohlen. Damals war Elser noch gar nicht im Zellenbau. Als Elser dann kam, wurde er mit besserwisserischem Mißtrauen empfangen. Im KZ war Richtiges und Falsches nicht mehr zu unterscheiden, das Geschwätz steckte an. Der kommunistische Häftling Rudolf Wunderlich war zehn Monate im Zellenbau in Einzelhaft und sah und hörte von Elser nichts, dennoch war er sich sicher, Elser sei nur «der mutmaßliche Attentäter von München».

Als Lagerläufer hatte Wunderlich fast überall Zutritt und war dadurch ein idealer Verbreiter solcher «Erkenntnisse». Der Lagerleitung war es vielleicht sogar recht, daß das Attentat im Bürgerbräukeller auf das Konto ihrer Organisation verbucht wurde.

Das gleiche Spielchen trieben die kommunistischen Häftlinge auch mit dem Pariser Attentäter von 1938, Herschel Grynszpan, wie Wunderlich weiterschreibt: «Hatte er [Grynszpan] das Attentat etwa im Auftrag der Nazis getan, um vielleicht etwas gegen Frankreich unternehmen zu können?» Beweis: Grynszpan soll es im Zellenbau gut gegangen sein. Tatsächlich durfte er zeitweise als Kalfaktor arbeiten, wurde nicht kahl geschoren und behielt seine Zivilkleidung. Aber solche Privilegien genossen auch politische Häftlinge, die im Lager Funktionen ausübten.

Vermutlich Anfang 1941 wurde Elser ins KZ Sachsenhausen eingeliefert. Bei einem so prominenten Sonderhäftling geschah dies gewöhnlich bei Dunkelheit und mit einer schwarzen Limousine der Gestapo. Die Fahrt ging durch das Tor und dann rechts ab zum Kleinen Lager, wo der Häftling übergeben wurde. Für Elser legte man auf höchsten Befehl drei Zellen zusammen, nach dem Plan die Nummern 11 bis 13 des Flügels B. Heute stehen noch die Grundmauern des ganzen Zellenbaus, aber der Zugang erfolgt jetzt vorne links. Auf die Grundmauern von Elsers Zellen trifft man, wenn man durch den einzigen noch stehenden Flügel A geht, dann liegen die Zellengrundmauern im Freien rechts vorne. Die Grundmaße einer Zelle: 2,50 m breit, 3,74 m lang, also 9,35 Quadratmeter Fläche.

Mit drei Zellen, deren Zwischenwände herausgerissen waren, ging es Elser äußerlich besser als den meisten anderen. Aber er selbst lebte nur in einer Zelle, in der zweiten standen seine Hobelbank und sein Holz, wo er Tag und Nacht arbeiten durfte, wie er wollte, in der dritten schliefen auf Feldbetten zwei SS-Wachleute, die alle zwölf Stunden abgelöst wurden. Auch bei Elser brannte nachts ständig das Licht.

Seine Ruhe konnte jederzeit unterbrochen werden, wie für jeden

Häftling des Zellenbaus. Die Wände waren hellhörig, so daß die Eingesperrten immer wußten, was vorging, auch wenn sie nichts sahen. Ihr Gehör entwickelte eine äußerste Sensibilität, die sie jedes Geräusch unterscheiden und das zu erwartende Ereignis voraussehen ließ. Im Hof vor dem Zellenbau wurden an Pfählen Folterungen durchgeführt, die in ein langes, tierisches Schreien der Gequälten mündeten. Die SS ließ die Häftlinge hinter dem Rücken fesseln und hinten an den Händen einen eingerammten Pfahl hochziehen, bis sie kaum noch mit den Zehen den Fußboden berührten. Die Schmerzensschreie, die vielleicht langsam abnehmend erst mit dem Tod endeten, drangen in jede Zelle. Wer nach einer Stunde oder später noch lebend abgehängt wurde, war nichts mehr als «ein zuckendes Bündel, ein an Leib und Seele gebrochener Mensch», wie der bayerische Häftling Weiß-Rüthel an einem Freund beobachten mußte.

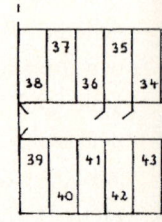

In diesem Innenhof fanden auch die Prügeleien auf dem Bock statt. Der Häftling wurde festgeschnallt und fünfundzwanzigmal mit einem Ochsenziemer auf das Gesäß geschlagen, die Schläge mußte der Häftling selbst zählen. Jeder Zelleninsasse war durch die Schreie irgendwie dabei, besonders wenn noch der erzwungene zynische Gefangenenchor zu hören war: «Auf zum fröhlichen Fest!»

Wenn ein Häftling in den Stehbunker eingeliefert wurde, wo man ihn mindestens drei Tage bei Wasser und Brot im Dunkeln hielt und er weder stehen noch sitzen konnte, war es gleich am Geschrei der SS-Mannschaft zu hören. Wenn im Innenhof Hinrichtungen stattfanden, hörten die Zellenhäftlinge Schüsse. Die Schritte Gefangener erkannten sie auf dem Steinboden an den Holzpantinen, die der SS-Leute an den mit Eisen beschlagenen Stiefeln. Doch wenn die Wach-

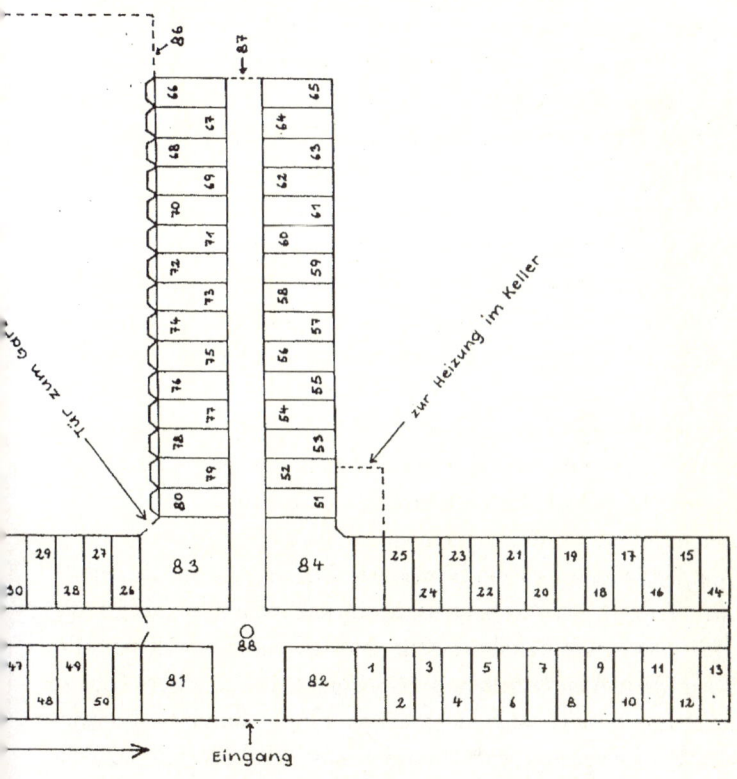

Plan des Zellenbaus im KZ Sachsenhausen. Elsers Zellen und die seiner Bewacher tragen die Nummern 11 bis 13.

leute des Zellenbaus Gefangene, deren Zellen offen zu stehen hatten, bei verbotenen Handlungen erwischen wollten, so schlichen sie sich auf Socken an. Hörten die Häftlinge das Kommando «Freimachen!», so mußten alle von den Gängen verschwinden, ein anderer sollte unerkannt irgendwohin geführt werden.

War Unterhaltungsmusik über die Lagerlautsprecher bis in den letzten Winkel des Lagers zu hören, so zuckten alle zusammen: Im Industriehof nebenan gab es wieder eine längere Serie von Erschießungen. 1942 mordete hier die SS 12 000 sowjetische Kriegsgefangene. Fahrbare Krematoriumsöfen verbreiteten den Geruch über das Lager bis in die Stadt Oranienburg. Zu dieser Zeit wurden auch 92 holländische Geiseln auf dieselbe Weise ermordet. Einen Tag zuvor waren sie unter großer Aufregung im Zellenbau eingetroffen, wo sie in mehrere Zellen gequetscht wurden.

Wenn von den Kleidern der Kalfaktoren penetranter Leichengestank ausging, wußte jeder: Sie kamen vom Einsatz beim Krematorium. In jedem Augenblick war der Tod gegenwärtig, Elser mußte damit rechnen, jeden Augenblick geholt und umgelegt zu werden. Inmitten des Todeslagers waren für ihn die Bevorzugungen keine Lebensversicherung. Die Bedingungen in diesem Sondergefängnis, in dem auch Elser alle Schrecken des KZ zu hören bekam, waren vielmehr berüchtigt, Wunderlich schrieb: «Jedem Insassen von Sachsenhausen graute es vor dem Zellenbau.»

Der Zeuge Jehovas Paul Wauer war 1942 Friseur im Zellenbau, bei ihm ließ sich Elser in Begleitung eines SS-Mannes täglich rasieren. Erst von einem Kalfaktor erfuhr Wauer, wer dieser kleine Häftling war. Auch Wauer bekam die SS-Zeitschrift mit Elsers Foto zu lesen. Dennoch ließ er sich nie verleiten, Elser politisch zu diskriminieren. Wauer bezeugt, daß Himmler einmal bei Elser in der Zelle war. Es muß 1943 gewesen sein, das Gespräch dauerte über eine halbe Stunde.

Im Dezember 1942 schickte sich der Volksgerichtshof an, ein Verfahren gegen Elser vorzubereiten. Es wurde jedoch nie eröffnet. Als Elsers Vater am 11. August 1942 starb, ordnete das Justizministerium an, «das Vermögen des Volksfeindes» einzuziehen, gemeint war Georg Elsers Erbanteil. Die Elsers mußten diese Summe an die Gestapozentrale einzahlen.

Über Elsers Lebensumstände berichtete ausführlich der einstige SS-Wachmann Walter Usslepp 1964/65. Hier ist er glaubwürdig, nicht aber in seinen politischen Legenden, die er aus der Gerüchteküche des KZs bezog. Er gehörte 1942–44 zu Elsers Sonderwache.

An Möbeln hatte Elser in seiner Zelle einen großen Schrank, ein selbstgeschreinertes Pult, auf dem seine Zither lag, neben dem Bett ein Nachttischchen, darauf einen Volksempfänger und daneben in einem Holzrahmen das Bild einer Frau, die er seine Braut nannte, es muß Elsa Härlen gewesen sein. Unter den Fenstern, in denen Blumenkästen standen, befand sich ein weiterer Schrank.

Georg Elser rauchte stark und bekam pro Woche eine Zuteilung von 120 Zigaretten; er war ein schlechter Esser, viel von seiner doppelten Portion überließ er den Wachleuten. Die gute Kost konnte seinen langsamen körperlichen Verfall jedoch nicht aufhalten, er wog um 1943/44 höchstens noch 115 Pfund. Die Wäsche wurde am Samstag gewechselt, wenn man duschen durfte. Elser trug eine blaue Schlosserhose und Sporthemden. Post und Besuch bekam er nie. Wecken war um 6 Uhr, dann leerten zuerst die normalen Häftlinge ihren Klokübel und wuschen sich im Waschraum. Erst danach wurden die Sonderhäftlinge einzeln in den Waschraum geführt. Um 7 Uhr gab's Frühstück. Verhört wurde Elser während der Dienstzeit Usslepps nie.

Die SS gestattete Elser, sich eine Zither zu bauen, die er mit Begeisterung und Wehmut spielte. Am Ende seiner Sachsenhauser Zeit hatte er drei oder vier Zithern hergestellt. Er baute noch ein Lochbillard, das er gerne mit seinen Bewachern spielte. Oft war er sehr gereizt, unterlag Stimmungsschwankungen. Als der Kommandant ihm deshalb einmal eine Frau aus der Bordell-Baracke schickte, eine Gefangene aus dem KZ Ravensbrück, tobte Elser und schickte sie weg.

Im Laufe der Zeit stellte sich zwischen den SS-Wachleuten und dem umgänglichen Häftling ein vertrauter Ton ein. Alle duzten Elser als «Schorsch», er hieß schlechthin «der kleine Schorsch». Niemöller glaubte in seinem elitären Etikettenfimmel, dahinter verberge sich politische Kumpanei. Tatsächlich blieb Elser trotz aller Annäherung mißtrauisch. Nach jeder Freistunde draußen oder nach einem Toilettengang fing er an, seine Zelle umzukrempeln und nach versteckten Mikrophonen abzusuchen. Erst nach fünf bis sechs Monaten offenbarte er sich seinem Bewacher Usslepp, dem jedes Gespräch über das Attentat aufs schärfste verboten war, als der Attentäter von München. Das war Mitte 1942.

Von da an wirkt bei Usslepps Erzählungen Münchhausens Geist mit, die konkrete Erinnerung vermischt sich mit den Lagergerüchten. Elser habe ihm offenbart, das Attentat im Auftrag Hitlers und Himmlers durchgeführt zu haben. Er gehöre zur allgemeinen SS und habe eines Tages eine Einladung vom Reichssicherheitshauptamt erhalten, um eine Sonderaufgabe zu übernehmen. Himmler sei einmal deshalb nach Königsbronn gekommen. Gegen Ende wird es richtig hirnrissig: Der von Hitler und Himmler beauftragte Elser sei in der letzten Woche nur noch mit Mühe in den Bürgerbräukeller gekommen, weil die Gestapo den Ort bewachte. Zur Belohnung sollte Elser ein Haus erhalten und eine Staatspension. Diese beiden Elemente kehren auch in anderen Gerüchten über Elser wieder, eine Hoffnung der kleinen Bewacher selbst. Aus Mißtrauen gegen Hitler wollte Elser dann in die Schweiz. Alle angeblichen Verwicklungen Elsers mit der SS sind schon lange widerlegt.

1943/44 will Usslepp, der sich für den «wirklichen Vertrauten» Elsers, sogar für dessen «Testamentsvollstrecker» hielt, mit ihm einen Fluchtplan geschmiedet haben. Er wollte Elser, der federleicht war, einfach in einen Abfallsack mit Hobelspänen stecken und dann an der SS-Wache vorbei aus dem KZ bringen. Elser habe am Schluß nur deshalb darauf verzichtet, weil er draußen mit keiner Hilfe rechnen konnte. Auch wenn er derartige Ausbruchsphantasien gehegt und zur Unterhaltung geäußert haben sollte, eine Chance auf Erfolg hatten sie nie. Und daß der SS-Mann Usslepp für einen Attentäter sein Leben riskieren wollte, ist unglaubwürdig. Vielleicht verbirgt sich dahinter Spielmaterial der Gestapo, um Elser zu testen.

Im Jahr 1944 hing in Elsers Zelle eine Landkarte an der Wand, auf ihr verfolgte er durch das Versetzen von Fähnchen die Verschiebungen an der Front. Dazu verglich er die Meldungen von BBC London mit denen des deutschen Rundfunks. Bis zuletzt hing er am Leben. Aber die Haft hatte ihm so zugesetzt, daß er nicht mehr die alte Unerschütterlichkeit besaß. Einmal freute er sich über das Vorrücken der Alliierten, ein andermal war er deprimiert, weil er genau wußte, daß er vorher umgebracht würde: «Wenn es auch meinen Tod bedeutet, aber ich weiß, daß Hitler mich nicht lange überleben wird.» Bei Fliegeralarm weigerte er sich, in den Bunker zu gehen, er hatte nichts mehr zu verlieren. Er stieg lieber auf seinen Nachttisch und beobachtete am Himmel die Bomber und den Widerschein der Brände in Berlin.

Während Usslepp wenigstens für die Lebensumstände Elsers als verläßlicher Zeuge gelten kann, bleibt der britische Geheimdienstler Sigismund Payne Best ein wilder Phantast. Obwohl er zugegebenermaßen Elser nie gesprochen hat, behauptete er, von Elser alles über dessen Leben in Erfahrung gebracht zu haben. Elser, der schreibfaul war, soll Best zwölf Monate lang Kassiber geschrieben und herübergeschmuggelt haben, was übrigens strengstens verboten war. Warum hat dann Best, der sich nach dem Krieg mit einem in der Haft geführten Tagebuch rühmte, nicht einige dieser Zettel aufbewahrt? Oder wenigstens abgeschrieben?

Best ist ein miserabler Phantast, er plappert alles nach, was die SS-Leute ihm auf die Nase gebunden haben. Nach ihm sieht Elsers Biographie so aus: geboren in München, die Eltern im Ersten Weltkrieg verloren, ein Onkel zog ihn auf, Elser druckte und verteilte 1937 kommunistische Flugblätter in München, bei einer Polizeirazzia wurde er als «Asozialer» verhaftet und nach Dachau gebracht, 1939 vom Lagerkommandanten mit der Sprengung des Bürgerbräus beauftragt, um eine verräterische Clique um Hitler zu liquidieren.

Best, schon in Venlo ein Dilettant seines Faches, behauptet gar, Elser habe einerseits eine Zeitzündung eingebaut, andererseits im Keller dann eine elektrische Leitung gelegt – die natürlich niemandem auffiel. Elser bekam nach der Verhaftung an der Grenze 40000 Schweizer Franken zugesichert, wenn er in einem Prozeß behaupte, er habe in Verbindung gestanden mit Otto Strasser und dem britischen Geheimdienst. Eine dämliche Erfindung von vorne bis hinten.

Der letzte noch lebende Zeuge für Elsers Haftzeit in Sachsenhausen wohnt in Gruibingen auf der Schwäbischen Alb: Franz Josef Fischer, geb. 1916 in der Tschechoslowakei. Fischer war ab 1931 für die tschechische Abwehr tätig gegen die Nazis im benachbarten Schlesien und gegen die sudetendeutsche Henlein-Partei. Als die Deutschen 1938 einmarschierten, verweigerte Fischer den Dienst in der deutschen Wehrmacht, stand zwei Jahre unter Gestapoaufsicht, wurde schwer mißhandelt und nach einem Freispruch vor dem Volksgerichtshof Leipzig im April 1940 ins KZ Sachsenhausen eingeliefert. Im März 1943 befand er sich als Aufsichtsperson im Außenlager Berlin-Lichterfelde, bei der SS-Kleiderkasse. Als diese nach einer Bombardierung verlegt werden sollte, auf das Schloß Schlackenwerth bei Karlsbad, mußte Himmler entscheiden, ob der Sudetendeutsche Fischer mitgehen dürfe. Fischer wurde deshalb im April 1943 in Himmlers SS-Wirtschaftsamt nach Berlin-Lichterfelde, Unter den Eichen 126, gebracht. Als er in einer Nische auf dem Flur wartete, stand neben ihm einer mit Wuschelhaar, den er nicht kannte. Zuerst wurde der Wuschelkopf hineingerufen, der bald wieder mit einem Fußtritt Himmlers herausflog.

Bevor die Reihe an Fischer kam, konnten sich die beiden unterhalten. Der Fremde: «Kennst du mich nicht? Ich bin derjenige, dem sie nachsagen, er sei ein Attentäter. Ich wollte nur das Unheil, ein größeres Morden verhüten. Und da mußte die Führerschaft weg.» Jetzt erst wußte Fischer, daß er Elser vor sich hatte. Im Widerstand war Elser bekannt, seine Tat galt als Aufmunterung. Als auch Fischer vor die Tür gesetzt worden war, konnte die Unterhaltung noch eine halbe Stunde weitergehen. Elser: «Ich bin allein und habe alles allein durchgeführt, nur habe ich Pech gehabt bei der Verhaftung an der Grenze. Es wird viel erzählt über mich, aber die wissen alle nichts.» Fischer wurde 1945 im KZ Theresienstadt befreit.

Die Zeit Elsers in Sachsenhausen ging zu Ende, als am 3. Februar

Franz-Josef Fischer, der 1943 in Berlin kurz mit Elser sprach.

1945 bei einem verheerenden Bombardement Berlins auch das Reichssicherheitshauptamt schwer getroffen wurde. Die Untersuchungshäftlinge des 20. Juli mußten in den Süden verlegt werden. Die Gestapozentrale schuf sich eines ihrer Ausweichquartiere in Hof. Bereits am 1. Februar hatte Himmler den Befehl zur Evakuierung Sachsenhausens gegeben. Am 6. Februar 1945 traf im KZ Dachau, in dem seit November 1944 eine Typhusepidemie wütete, die Nachricht ein, 10 000 Häftlinge seien von Sachsenhausen aus nach Dachau unterwegs. Vermutlich um diese Zeit wurde Elser von einem Gestapoauto abgeholt.

19 Das Ende im KZ Dachau

Anfang Februar 1945 wurde Elser ins KZ Dachau eingeliefert, vier SS-Leute begleiteten ihn. Der SS-Verantwortliche für den Bunker, auch «Kommandantur-Arrest» genannt, Edgar Stiller, trug Elsers Zither in einem Holzkasten. Elser hatte einen Mantel an, es war sehr kalt. Mit seiner Ankunft wurden die Sicherheitsmaßnahmen wieder verschärft, Elser, so raunten die SS-Leute Häftlingen zu, sei «ein ganz besonderer Gefangener». Bald erfuhren alle: Hitlers persönlicher Gefangener.

Das KZ Dachau befand sich in einem katastrophalen Zustand, mitten in der Auflösung. Seit Monaten wurden weiter östlich gelegene Konzentrationslager hierher evakuiert. In den ankommenden Zügen, häufig mit jüdischen Häftlingen, lagen Tausende Tote. Wenn die Güterwaggons tagelang stehen blieben, legte sich der Verwesungsgeruch über die ganze Gegend.

Mit dem Fortschreiten des Krieges hatte sich die SS-Mannschaft gewandelt. Die jüngeren SS-Leute, der Schrecken der Häftlinge, kamen an die Front, die nachrückenden älteren Jahrgänge hatten es nicht mehr so eilig, sie wollten nur noch ihre Haut retten, also suchten sie, mit den Häftlingen auszukommen, die Klügsten dachten an künftige Persilscheine.

Typhuswellen überschwemmten das Lager, so daß das Krematorium mit den Leichenbergen nicht mehr fertig wurde. Die SS-Leute wagten sich kaum mehr aus ihrem Bau. Die Häftlinge wurden nach und nach sich selbst überlassen.

Der Kommandantur-Arrest in Dachau hatte gewaltige Ausmaße, Dachau war das Vorbild für alle anderen Lager. Ein eingeschossiger Bau, 196 m lang, 9,50 m breit. Im Mitteltrakt von 14 auf 14 m gab es vier Funktionsräume: Wachraum, Aufnahmeraum, ärztliches Untersuchungszimmer und Vernehmungszimmer der «Politischen Abteilung». In den beiden Flügeln links und rechts des Mitteltraktes lagen zusammen ungefähr 140 Zellen, jede 2,90 m lang und 2,20 m breit, 6,4 Quadratmeter Fläche, also deutlich kleiner als in Sachsenhausen. Im linken Flügel befanden sich im Vorderteil die politischen Sonderhäftlinge, hinter einer Eisentür die SS-Häftlinge. Im rechten Flügel waren die Geistlichen inhaftiert, abgetrennt von den anderen Gefangenen und mit einem eigenen Ausgang in den Hof.

Der Münchner SS-Mann Franz Xaver Lechner bekam den Auftrag, Elser zu bewachen. Lechner war Kriegsinvalide, sein rechter Arm gelähmt. In seinem Kopf steckte mehr Mozart als die Terrorwelt der untergehenden SS. Neben dem Dienst wollte Lechner in München an der Musikhochschule studieren. Nicht ohne Stolz sprach er 1959 davon, im Zellenbau sei eine ehrenwerte Gesellschaft versammelt gewesen: «Ferner waren bei mir SS-Generäle, ein Blutordensträger, ein SS-Reichshauptamtsleiter, zwei höhere SS-Richter, die gesamte rumänische Eiserne Garde, Wissenschaftler, Künstler und Erfinder.» Dazu noch ein griechisch-orthodoxer Erzbischof, der einstige holländische Kriegsminister, der italienische Partisanengeneral Sante Garibaldi – ein Enkel des berühmten italienischen Freiheitshelden –, ein Graf mit Tochter, der Abt eines Klosters, Pastor Niemöller und andere Geistliche.

Bei Elsers Einlieferung hatte Lechner Dienst. «Elser war äußerlich unscheinbar, heruntergekommen, abgemergelt, ein Wrack. […] Er war ausgesprochen teilnahmslos. Elser kümmerte sich um gar nichts. Ein menschliches Wrack.» Anweisungen, was mit Elser zu geschehen habe, kamen per Telefon aus der Kommandantur im Wachgebäude am Lagereingang. Elser habe Zelle 6 zu beziehen, sein Name sei nicht ins Wachbuch einzutragen, er sei Tag und Nacht zu bewachen, unter keinen Umständen dürfe er mit anderen Häftlingen in Verbindung kommen, kein anderer dürfe ihn auch nur sehen.

Vor Elsers Zelle saß von jetzt an ein SS-Mann auf einem Hocker, zwei Wachen waren ständig in der Zelle. Bald wurde Elser in die Zellen 2 und 3 verlegt, nach drei Tagen erhielt er Hobelbank, Werkzeuge und Holz, womit er sich bevorzugt beschäftigte, wenn er nicht apathisch auf seinem Bett lag. Elsas Foto war verschwunden. Geplagt von äußerster Nervosität, war Elser inzwischen Kettenraucher, nur er bekam die tägliche Sonderration von 40 Zigaretten. Mit seinem Appetit ging es weiter bergab.

Gerne schnitzt Elser Figuren, abends spielt er am liebsten Zither. Deren Klang empfindet selbst Lechner, der anspruchsvolle Freund klassischer Musik, als angenehm. Der Münchner hat ein Gespür für die groteske Situation. Wer abends in den linken Flügel des Bunkers kommt, dem klingt im engen, schäbigen, schlecht beleuchteten Flur wehmütige Zithermusik aus einer untergegangenen, gemütvolleren Zeit entgegen, wie von unsichtbaren Händen gespielt.

In München kauft Lechner eine Sammlung Wiener Lieder für Zither, Elser ist selig, sein Lieblingslied aus Sachsenhausen zu finden. Der Text ein Schmarren, aber Elser hat keinen anderen Trost. «Ich trag im Herzen drin ein Stückerl altes Wien, ein bisserl Seligkeit aus dieser Zeit.» Dabei ist er nie in Wien gewesen. Als er das Lied zum erstenmal spielt, mit brüchiger Stimme dazu singt und im Text auch noch stecken bleibt, stürzen ihm Tränen in die Augen.

«Meine Tage sind gezählt, das weiß ich längst», pflegt er Lechner zu sagen. Auf einmal bricht es aus dem noch schweigsamer gewordenen Elser heraus: «Sie kennen sich doch bestimmt aus. Was ist eigentlich schöner, 's Vergasen, 's Aufhängen oder der Genickschuß?» Lechner ist entsetzt über die brutale Offenheit und beruhigt den Gefangenen, der sich aber nicht für dumm verkaufen läßt: «Ich weiß es viel besser. Ich leb nicht mehr lange.»

Beide reden stundenlang miteinander. Nach einigen Tagen erfährt Lechner, wer der Gefangene da vor ihm ist. Ein letztesmal muß Elser sich ausfragen lassen, ob er der alleinige Täter war. Und er erzählt, was er immer erzählt hat: «Ich hab's ganz allein getan.» Elser ist zu kurz bei Lechner, als daß die Gerüchte der SS und der politischen Häftlinge schon herangekrochen wären. Nur ein alter Mann habe ihm geholfen, der habe für ihn nach Werkstätten gesucht und Besorgungen gemacht. Es freut Elser noch jetzt, daß die Gestapo dessen Spuren nicht gefunden hat.

Der SS-Mann Lechner will das Motiv für das Attentat wissen. Elser: «Ich mußte das tun, denn Hitler war zeitlebens der Untergang Deutschlands. Wissen Sie, Herr Lechner, nicht daß Sie glauben, ich bin da irgendwie ein eingefleischter Kommunist, das bin ich nicht. Ich hege Sympathie zu Ernst Thälmann, aber Hitler zu beseitigen, das wurde mir einfach zur fixen Idee. Ich habe gewußt, daß ich ein großes Risiko eingehe, ich habe aber nicht gedacht, daß ich erwischt werden könnte. Aber Sie sehen ja, ich sitze vor Ihnen, ich bin erwischt worden, und nun muß ich dafür bezahlen. Hätten sie mich gleich hingerichtet, das wäre mir viel lieber gewesen.» Und Lechner beobachtet, wie Elsers Hände dabei zittern.

Ab Anfang März hören die Gefangenen den Donner der amerikanischen Artillerie näher kommen. Elser zu Lechner: «Ich bereue nicht, was ich getan habe, es nützt mir ja auch nichts mehr. Ich glaubte, ein gutes Werk zu vollbringen. Das ist mir nicht gelungen, und jetzt eben muß ich die Konsequenzen ziehen, und ich fürchte diese Konsequenzen, und Tag und Nacht denke ich daran, was für einen Tod ich erleiden werde.»

Auch Lechner macht sich so seine Gedanken und offenbart dabei, wie weit die Welt eines kunstsinnigen, opportunistischen Geschäftsmannes von der Aufrichtigkeit Elsers entfernt ist. Elser sei «der einfachste und primitivste Sonderhäftling» gewesen. Nun ja, die Herren Generale waren da etwas Besseres, selbst in SS-Uniform. Hier richtet schon die Arroganz der neuen Gesellschaft über jemanden, der ganz allein Widerstand geleistet hat. «Elser war ein harmloser einfacher Mensch und fast etwas einfältig. Übergroße Intelligenz kann man Elser gewiß nicht nachsagen.» So tönt es bei Lechner, und so wird man es bald jahrzehntelang hören. Gleich sieht sich auch der Historiker Rothfels vorweggenommen: «Er [Elser] war ein Fanatiker.» Der Zeitzeuge bekommt kurz Gewissensbisse, danach greift er noch viel übler an. Wir können sehen, wieviel braune Farbe unter der Anpassung geblieben ist, noch im Jahr 1959: «Er war ein guter Mensch, aber auch ein ganz großer Zyniker. An den Machthabern des Dritten Reiches ließ er überhaupt kein gutes Haar.» Der Mozart-Liebhaber war viel «gerechter» und verschonte in seinen Schilderungen konsequent alle, die er in Dachau hatte morden sehen. Er will niemanden belasten, der jetzt wieder gut im Geschäft ist. Wir stecken mitten im Sumpf der schwarzbraunen Restauration.

Selbst im Untergang bleibt sich Elser treu: «Ich habe wenigstens die eine Genugtuung, wenn es auch keine Genugtuung mehr ist, daß die auch alle samt und sonders aufgehängt werden!» Das taten nur die Amerikaner in den beiden großen Dachau-Prozessen: die schlimmsten 28 Massenmörder wurden Ende 1945 hingerichtet. Die Sowjets dagegen verschonten im Sachsenhausen-Prozeß jeden Mordbanditen, in der Hoffnung, dadurch die Kriegsgeneration politisch für sich zu gewinnen.

Die relativ freundliche Stimmung im Lager gegenüber dem unbekannten Sonderhäftling schlägt um, als Pastor Niemöller von seiner Anwesenheit hört. Noch immer kennt der Pastor nichts anderes als Elsers Foto aus der SS-Zeitschrift von 1939. Als letzter Beweis für die Identität des Häftlings dient ihm jetzt die Hobelbank. Der Sonderhäftling Niemöller, ein international geschätzter Kirchenmann, wirft sich zum Richter auf über ein hilfloses Wrack, ohne je mit ihm gesprochen zu haben. Den anderen Geistlichen, durchweg Katholiken, impft Niemöller ein, wer dieser Elser sei, der nur «Eller» heißen darf. Die Geistlichen wählen, um der Gefahr zu entgehen, den Tarnnamen «der Zitherspieler». Auch ihnen schaudert es bei dem schwermütigen Zitherspiel. Als Elsers Prophezeiung bekannt wird, er werde die Haft nicht lebend verlassen, schwächt sich die Feindschaft der Mitgefangenen ab. Auf Dr. Michael Höck, Leiter des Priesterseminars Freising und Gestapo-Häftling seit 1941, macht Elser einen erbarmungswürdigen Eindruck, der das Vorurteil sprengt. Höck bespricht sich mit Johann Neuhäusler, vor seiner Verhaftung Domkapitular in München. Die Geistlichen «fassen sich ein Herz», wie sie sagen, und schicken Elser durch einen SS-Mann «auf Ostern ein Paket mit Lebensmitteln wie Ostereier, Fladen usw.». Es ist in der Osterwoche, Gründonnerstag, der 5. April 1945. Elser weint vor Freude darüber, daß es noch Menschen gibt, die an ihn denken.

Bei Bombenangriffen auf München liegt Elser im Splittergraben manchmal neben dem katholischen Geistlichen Karl Kunkel, der im März 1945 als Sonderhäftling aus Ravensbrück überführt worden war. Elser erzählt nichts über das Attentat. Einmal sind die beiden während eines Voralarms für den nächsten Angriff zusammen im Wachzimmer. Elser meint, er sei ein Nacht-und-Nebel-Häftling, seine Angehörigen wüßten nichts von ihm. Er schaut zum Fenster hinaus und sagt: «Ich bin gespannt, wie es mit mir einmal ausgeht.» Ein SS-Mann will ihn beruhigen: «Wo die Not am größten ist, ist der Herrgott am nächsten.» Elser zweifelt daran, ob Gott sich seiner annehme. Kunkel schließt seine Erinnerungen mit einer moralinsauren, humorlosen Bemerkung: «Aufgefallen ist mir bei Elser, daß er sich gerne von den SS-Leuten unsittliche Geschichten erzählen ließ.» Nicht einmal diese kleine Aufmunterung war ihm zu gönnen. Kunkel bezeichnete Elser in seinem Tagebuch als einen «ziemlich heruntergekommenen, demoralisierten Menschen», dennoch gab er zu, dessen Hinrichtung habe ihn sehr ergriffen.

Die Zeit Hitlers und seines Attentäters ging zu Ende. Hitler verließ seit dem 11. März seinen Bunker im Garten der Reichskanzlei nicht mehr. Am 2. April diktierte er Bormann sein politisches Testament; ein letztesmal zuckt die krankhafte Logik auf, daß man um so sicherer siege, je tiefer es nach unten gehe. «Je mehr wir zu leiden haben werden, um so augenfälliger wird das unvergängliche Reich wiederauferstehen!» Hitler glaubte, man werde ihm ewig dankbar sein, daß er die Juden in Deutschland und Mitteleuropa ausgerottet hat.

Drei Tage später, am 5. April, bekam der SD-Chef Ernst Kaltenbrunner von Himmler nach Audienz bei Hitler den Auftrag, das Schicksal der politischen Sonderhäftlinge zu entscheiden. Zum engsten Kreis der Opfer zählte Georg Elser. Den Hinrichtungsbefehl unterzeichnete Gestapo-Müller am selben Tag und gab ihn dem SS-Mann Wilhelm Gogalla auf die Reise in den Süden mit, Richtung Dachau. Das Schreiben galt als «Schnellbrief», die Reise dauerte allerdings volle vier Tage.

Der Schnellbrief war an den Kommandanten des KZ Dachau adressiert und regelte die Überstellung prominenter Sonderhäftlinge dorthin, befahl die gute Behandlung anderer, die beiden englischen Geheimdienstler Best und Stevens dürften keinen Kontakt miteinander aufnehmen – was nichts Neues war –, doch bei Elser, der immer «Eller» geschrieben wird, liege von «höchster Stelle» eine besondere Weisung vor. Damit war der unaussprechliche Hitler gemeint. «Bei einem der nächsten Terrorangriffe auf München bzw. auf die Umgebung von Dachau», so lautete die Sprachregelung für Bombenangriffe, «ist angeblich ‹Eller› tödlich verunglückt. Ich bitte, zu diesem Zweck ‹Eller› in absolut unauffälliger Weise nach Eintritt einer solchen Situation zu liquidieren. Ich bitte besorgt zu sein, daß darüber nur ganz wenige Personen, die ganz besonders zu verpflichten sind, Kenntnis erhalten. […] Nach Kenntnisnahme dieses Schreibens und nach Vollzug bitte ich, es zu vernichten.»

Unter allen noch lebenden Häftlingen zählte Elser zu den wichtigsten, den gefährlichsten. Hitler hatte ihn nicht vergessen, der Schlag vom Bürgerbräukeller saß noch nach fast sechs Jahren.

Der SS-Mann Gogalla, ein gelernter Metzger, fuhr mit einem Lastkraftwagen und Gestapobegleitung los, nahm Sonderhäftlinge aus Buchenwald mit, machte Station in Flossenbürg, wo er ebenfalls mit einem Hinrichtungsbefehl Canaris, Bonhoeffer und andere ablieferte, die am Morgen seiner Weiterfahrt, am 9. April, gehenkt wurden. Im Behelfs-KZ Schönfeld sammelte Gogalla den Engländer Best und den Russen Kokorin ein. Abends gegen 21 Uhr traf er in Dachau ein.

Den verschlossenen Befehl übergibt Gogalla dem Kommandanten, der ihn öffnet und an den Verantwortlichen für den Bunker, Edgar Stiller, weiterreicht. Die Bürokratie des heimtückischen Massenmordes funktioniert bis zum letzten Augenblick. Auch jetzt bringt die «Politische Abteilung» ihren Eingangsstempel links oben an, notiert den Eingangstag, 9. 4. 1945, und die Tagebuchnummer. Anfang Mai wird es Best in Südtirol gelingen – hier ist er wirklich einmal auf Draht –, aus Stillers Aktentasche diesen Brief herauszupraktizieren, kurz vor der Befreiung und bevor Stiller auch dieses Papier vernichten kann.

Wie üblich ruft jemand aus der Kommandantur im Zellenbau an und befiehlt dem SS-Mann Ludwig Rottmaier: «Schorsch zum Tor!» Heute abend gab es Elsers Lieblingsessen, das ihm mit seinem mittlerweile chronischen Magenleiden noch am besten bekommt: Griesbrei mit Kirschenkompott. Rottmaier geht aus der Wachstube des Bunkers zu Elsers Zelle und ruft ihn heraus, er solle mitkommen zum Verhör. Aber Elser ist seit Jahren nicht mehr verhört worden. Warum jetzt, wo das Kriegsende so nahe bevorsteht und man eher auf eine Evakuierung des Lagers wartet? Die Gerüchteküche flunkert bald, Elser sei verlegt worden. Doch Elser nimmt kein Gepäck mit. Seine beiden Zellen werden schon am selben Abend den französischen Sonderhäftlingen Léon Blum und Frau zugewiesen.

Georg Elser zieht seinen Mantel an, setzt jedoch nicht seinen Hut auf, geht auf den Flur, wo er Dr. Lothar Rohde in der Zelle ihm gegenüber sieht, tauscht mit ihm einen Blick, dem Rohde entnimmt, daß Elser das Ende erwartet. Elser geht ohne Aufregung und ohne sich zu wehren, das hat man im KZ verlernt, und er konnte es schon an der Grenze in Konstanz nicht. Der als brutal bekannte SS-Mann Fritz, vor kurzem aus Buchenwald gekommen und jetzt in Dachau Vernehmungsführer, und eine zweite Wache führen Elser durch das innere Tor vor dem Zellenbau ins allgemeine Lager hinaus, zum Wachhaus am Lagereingang. Elser könnte noch glauben, es gäbe eine Hoffnung, aber dann biegt sein letzter Weg ab, geht am elektrischen Zaun vorbei ans Lagerende und über den Bach durch das kleine Tor zum Alten Krematorium. Es ist stockdunkel, nur bei diesem Törchen brennt ein kleines Licht.

Was dann zwischen den beiden Krematorien mit Elser geschah, ist bisher unklar geblieben, nach Berichten wurde nicht gesucht. Elsers Mörder taucht im Bild des Attentats nicht auf. Das Krematorium war wie der Bunker von der Lagerwelt völlig abgeschlossen, hierher durfte nur kommen, wer hier beschäftigt war. Deshalb gab es für die Massenmorde auch kaum Zeugen.

Das Krematorium lag jenseits der großen Mauer inmitten eines kleinen Parks mit schönen, alten Bäumen. Ab März 1943 fanden hier regelmäßig Hinrichtungen durch Genickschüsse statt. Dafür entstand eine eigene Anlage: Vor einem Kugelfang lag ein Holzrost über einem Graben. Von dieser Mordeinrichtung wußten viele Häftlinge, die Schüsse waren im Lager zu hören. Vorher hatten jüdische Häftlinge bei den Verbrennungen gearbeitet. Dazu der einstige Häftling Ziegler: «Die Angehörigen des Kommandos, welches vor mir tätig war und das nur aus Juden bestand, hat Bongartz nach Angabe des Mahl gezwungen, sich selbst zu erhängen.» Im Krematorium geschahen die Erhängungen vor allem durch den Häftlingskapo Mahl. In den Diensträumen nahm die Gestapo Verhöre vor, die mit schweren Folterungen verbunden waren und wegen des Schreiens der Gefolterten im allgemeinen Lager zu auffällig gewesen wären.

Am Krematorium arbeitete ein achtköpfiges Kommando mit dem Häftlingskapo Emil Mahl, die Verantwortung lag bei dem Verwalter des Krematoriums, dem SS-Oberscharführer Theodor Heinrich Bongartz. In einem aufwendigen Untersuchungsverfahren des Landgerichts München II wurden ab 1950 alle erreichbaren Personen befragt. Derjenige, der Elsers Todesumstände eigentlich am besten kennen mußte, war der Häftling Mahl, ein Nazi aus Karlsruhe, dort wegen Unterschlagungen in der Parteizentrale straffällig geworden, nach verbüßter Haftstrafe in Dachau eingeliefert. Gegen den Rat der Funktionshäftlinge gab er sich als Kapo am Krematorium zum Henker her, für Brotzulagen und Schnaps.

Mahl stand nach dem Krieg mit 37 SS-Leuten im ersten Dachau-Prozeß vor dem amerikanischen Kriegsgericht und wurde im Dezember 1945 zum Tod verurteilt, dann zu zehn Jahren Haft begnadigt und 1952 «wegen guter Führung» aus der Festung Landsberg am Lech entlassen.

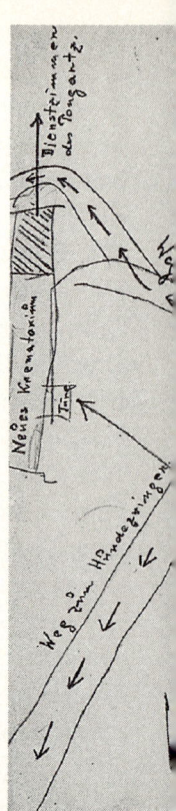

Noch in der Haft wurde Mahl als Zeuge vernommen und gab an, eines Nachts seien er und die Häftlinge am Krematorium von Bongartz angewiesen worden, das Gebäude nicht zu verlassen.

Das Häftlingskommando hauste in den hinteren Räumen des Krematoriums. Später habe er, Mahl, von draußen einen oder zwei Schüsse gehört. Gegen 23 Uhr sei er von Bongartz gerufen worden, mit zwei Mann zu kommen und eine Leiche zu holen. Bongartz stand 50 m entfernt und war in der dunklen Nacht nur an der Stimme zu erkennen. Das Kommando sah nur das Licht einer Taschenlampe. Mahl befahl den beiden Häftlingen, darauf zuzugehen. Kurz danach gingen drei oder vier SS-Männer durch das kleine Tor ins Lager. Wer sie waren, konnte Mahl nicht erkennen. Er und seine beiden Träger trafen Bongartz neben einer Leiche. Bongartz befahl, die Leiche sofort zu verbrennen. Anders als sonst durften der Leiche die Kleider nicht ausgezogen werden. Der Tote war etwas größer als 1,69 m, schmächtig, ohne Bart und ohne Glatze. Am nächsten Tag mußte Mahl das Blut aus dem Gras entfernen.

Offensichtlich war Mahl ein Mensch, der schon lange nicht mehr

236

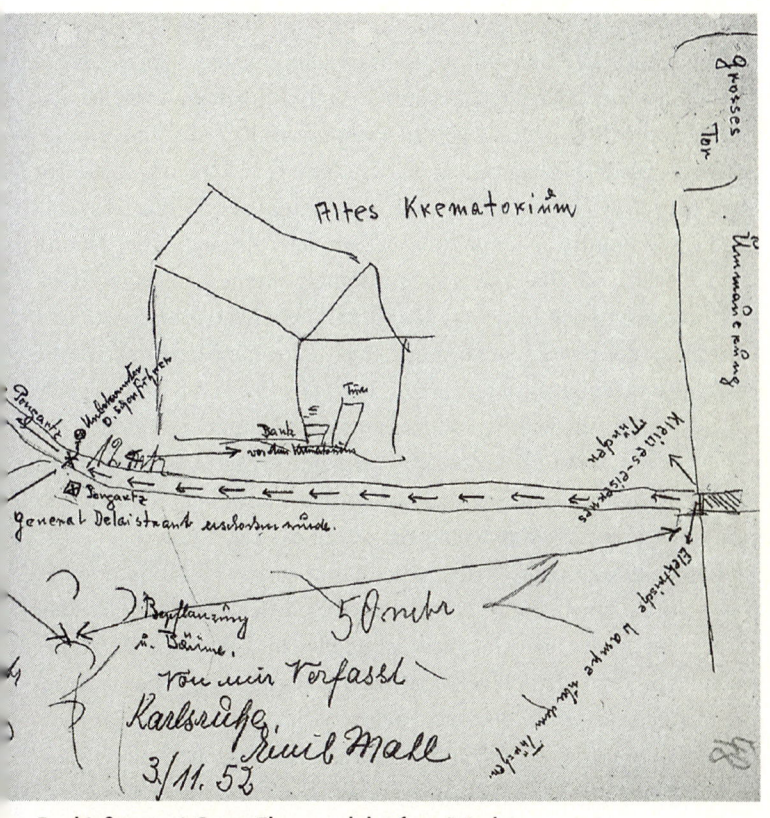

Erschießungsort Georg Elsers und des französischen
Generals Delestraint auf einer Zeichnung des ehemaligen Häftlings
Emil Mahl, 3. November 1952.

wußte, wo ihm der Kopf stand. Der einst zum Tode verurteilte
Henker, seit sechs Jahren in Haft, hatte keine Ahnung, wer der Tote
war. Erst auf Vorhalt des Untersuchungsrichters Dr. Nikolaus Naaf
schloß er, es müsse Elser gewesen sein, denn in diesen Tagen habe es
nur zwei Erschießungen gegeben, und die Erschießung des französischen Resistance-Generals Charles Delestraint habe bei Tageslicht
stattgefunden.

Ein Jahr später, im Juli 1952, betrachtete Mahl sich als Antifaschist, spekulierte auf eine Haftentschädigung und schrieb an das Landesamt für Wiedergutmachung nach München, «restlos alle Dinge und Morde klarzulegen u. nachzuweisen». Alle Unstimmigkeiten werde er aufklären. «Ja, ich bin bereit, an Ort und Stelle vor allen Nationen alle Einzelheiten u. Verbrechen der SS klarzulegen.» Als Grund nannte er im damaligen Ton der Antifaschisten: «Wenn ich mich dazu bereit erkläre, so nur deshalb, weil ich mich als ehem. Häftling verbunden fühle mit den toten u. lebenden Kameraden und ich mir keiner Schuld bewußt bin. Jeder einzelne Mord und wo die Überreste ruhen, soll und muß die Welt wissen. Ja noch mehr. Alle sollen wissen, mit welchen Mitteln man die Kameraden in den Tod geschickt hat, denn über diese verruchbare [!] Stätte darf kein Gras wachsen zum steten Gedenken an unsere tote[n] Leidenskameraden.» Mahl schlug einen Rundgang durch das Lager vor.

In der Befragung durch die Justiz nahm er den Mund noch voller und holte zu einem Rundschlag aus: Alles, was bisher über Dachau verhandelt wurde, beruhe «auf Schwindel und Betrug». Er könne feststellen, wo jeder einzelne Mord in Dachau begangen wurde, außer vielleicht in ein bis zwei Fällen. Nicht gerade eine besonders kluge Behauptung. Dennoch machte sich Dr. Naaf die Mühe, Mahl zwei Tage lang in Karlsruhe zu vernehmen.

An jenem Abend habe Bongartz gesagt, das Häftlingskommando dürfe nicht aus dem Krematorium gehen. Wenn sie Schüsse hörten, sollten sie sofort mit einer Tragbahre kommen. Für diesen Fall waren die Häftlinge August Ziegler aus Mannheim und Franz Geiger aus Augsburg vorgesehen.

Gegen 23 Uhr hörten die drei ein Schießen. Sie nahmen die Tragbahre und gingen auf eine Taschenlampe zu, die rund 25 m vor der Tür des neuen Krematoriums im Park leuchtete. Am Tatort lag ein toter Mann, mit dem Gesicht auf der Erde. Nach Mahls Überzeugung hatte Bongartz den Mord alleine begangen. «Bongartz hat, wie ich aus meiner Tätigkeit als Kapo mit ruhigem Gewissen und mit aller Bestimmtheit behaupten kann, alle derartigen Morde im Gelände des Krematoriums persönlich begangen. Er hat viele Verbrechen auf dem Gewissen und war in meinen Augen ein ganz gewissenloser Verbrecher.» Zuletzt erinnerte sich Mahl, daß Elser nur einen Genickschuß aufwies und beim Eintreffen des Kommandos schon tot war. Mahl kannte Elser vorher nicht. Erst als er in der Landsberger Haft in einer Zeitschrift Elsers Bild fand, erkannte er den Toten jener Nacht wieder.

Genauere Angaben konnte 1951 August Ziegler machen. Ab Weihnachten 1944 nahmen die Verbrennungen zu, täglich waren es 200 bis 250 Leichen, vier Öfen standen im Betrieb. Später wählte die SS Massengräber, um Koks zu sparen. Zur Zeit von Elsers Tod wurden nur noch Erhängte und Erschossene verbrannt. Erschießungen fanden auf dem Platz vor dem neuen Krematorium statt. Die Opfer mußten sich nackt ausziehen, wurden zum Kugelfang in den Hof geführt, mußten mit dem Gesicht zum Kugelfang niederknien und erhielten von Bongartz, gelegentlich auch von Lagerführer Ruppert, einen Genickschuß. Manchmal befand sich ein Arzt dabei. Augenzeugen waren strengstens verboten, aber die Häftlinge trieb die Neugier hinaus, wie Ziegler zugab: «Den Erschießungen konnten wir aus der Ferne zusehen.» Dann mußten die Häftlinge mit der Tragbahre hinausrennen und die Toten in die Leichenhalle tragen. Sie hatten Bongartz darauf aufmerksam zu machen, wenn ein Opfer noch lebte, dann gab Bongartz einen Fangschuß.

Ziegler schlief an jenem Abend bereits. Es könnte 22 Uhr gewesen sein, als Mahl hereinstürzte, ihn weckte und vor Eile nicht mal Schuhe und Jacke anziehen ließ. Draußen war es so finster, daß Ziegler dem vorausgehenden Mahl nur auf Zuruf hin folgen konnte. Bei einem Rondell stand Bongartz, die Hände in den Taschen, neben ihm eine Leiche, der Erinnerung nach auf dem Rücken. Ziegler wußte sofort, daß nur Bongartz der Täter sein konnte. Die Leiche war noch frisch, das Blut noch nicht geronnen. Ziegler beschmierte beim Transport seine Hose und Hände. Der Tote war klein, schmächtig, trug gute Kleidung, keinen Hut, war glattrasiert. Am nächsten Tag wurde er verbrannt.

Nach langen Ermittlungen formulierte der Untersuchungsrichter am Landgericht München II, Dr. Nikolaus Naaf, am 8. November 1954, dem 15. Jahrestag des Attentats: Elser sei am 8. April 1945 von Theodor Heinrich Bongartz erschossen worden. Nur im Datum blieb ein Irrtum stehen: Den Genickschuß gab Bongartz einen Tag später ab.

Nach den Dachauer Gepflogenheiten ist anzunehmen, daß bei der Erschießung Elsers als Zeugen dabei waren: die hohen SS-Offiziere Lagerführer Friedrich Ruppert, Lagerarzt Dr. Hans Eisele und der Rapportführer Franz Böttger. Alle drei wurden 1945 von den Amerikanern gehenkt, wobei freilich die Ermordung Elsers noch gar nicht verhandelt wurde, sie war nicht bekannt.

Gegen 22 Uhr am 9. April wurden die noch immer in Lastwagen wartenden hohen Sonderhäftlinge vom Kommandanten überaus höflich empfangen. Als Best an diesem Abend in den Zellenbau gebracht wurde, begrüßte ihn ein alter Bekannter aus Sachsenhausen, der Zeuge Jehovas Paul Wauer, und sagte ihm, «der kleine Schorsch» sei auch hier gewesen. «Man hat ihn soeben weggeholt und erschossen.» Von Wilhelm Visintainer, einem Kalfaktor, der den ehrenvollen Spitznamen «Kohlenklau» trug, hörte Best, Elser sei mit einem Genickschuß umgebracht worden. Bei vielen setzte sich die Meinung fest, der Genickschütze könnte nur Bongartz gewesen sein, nur er trug dort draußen eine Pistole.

Die Art, wie Bongartz Einzelopfer umzubringen pflegte, wird noch deutlicher durch den Fall des französischen Generals Delestraint. Hier standen ausnahmsweise Mahl, Ziegler und Geiger wenige Meter entfernt. Und es war hell, am 19. April, um 11 Uhr. Erschießungen waren damals nicht mehr üblich, die Evakuierung des Lagers ließ sich absehen. Die amerikanische Armee stand 80 km vor Dachau.

Delestraint wurde vorgegaukelt, er werde entlassen. Man führte

Theodor Bongartz: Er erschoß Georg Elser.

ihn zum Krematorium, vom Tor ging er den Weg dorthin allein. Der Augenzeuge Geiger war nicht weit weg. In der Nähe warteten schon die üblichen höheren SS-Offiziere. Ruppert begrüßte den General freundlich mit Handschlag und wies ihn an, vorne im neuen Krematorium seine Papiere zu holen. Delestraint war kaum 15 Meter dorthin gegangen, da schlich sich Bongartz aus dem alten Krematorium heraus ihm nach, auf Turnschuhen und deshalb kaum hörbar. Ziegler sah, wie Bongartz von hinten schoß und der Gefangene vornüber aufs Gesicht fiel. Als der Getroffene vor dem Krematoriumsofen noch lebte, schoß Bongartz ihm seitlich durch den Mund, dabei wurde ein Goldzahn herausgeschossen. Für Bongartz Anlaß, sich mit einem weiteren Kunststück zu rühmen. Er erzählte sowieso gerne, er sei der beste Pistolenschütze im Lager. Seine Waffe saß bekanntermaßen locker.

Theodor Heinrich Bongartz, geboren 1902 in Krefeld, wütete vorwiegend im Umfeld des Krematoriums. Er arbeitete von 1922 bis 1930 in seinem erlernten Beruf als Gipser an seinem Geburtsort und brachte es 1928 zum Meister. Im selben Jahr trat er in die SA, vier Jahre später in die SS ein. Dann wurde er Heizer und Maschinist bei der Heeresstandortverwaltung Krefeld. 1939 kam er zu einer Totenkopf-Standarte nach Brünn, 1940 in den Kommandanturstab des KZ Dachau und wohnte in der Schleißheimer Straße 121. Seine erste Frau starb durch Freitod 1941, er nannte als Grund «Schwermut».

Zeitzeugen betonten, Bongartz habe «ein äußerst brutales Aussehen» gehabt. Nach Lechner war Bongartz «ganz gelb im Gesicht und sah fürchterlich aus». Außerdem war er ein Quartalssäufer, der auch im Suff schoß. Ein Polizist aus Dachau lieferte 1951 der Justiz eine Personenbeschreibung: «Etwa 1,73 m groß, Gestalt schwächlich, auffallend gerade Haltung, schwarze Haare, linke Seite Scheitel, blasses Aussehen, Gesicht oval, starke schwarze Augenbrauen, leicht vorstehende Backenknochen, kein Schnurrbartträger, kein Brillenträger, besondere Merkmale: auffallend gerade Haltung und Gangwerk.»

Am Samstag, dem 28. April 1945, machte sich die SS aus dem

Staub, einen Tag nachdem der letzte der fünf Todesmärsche von Dachau aufgebrochen war. Vorher wurden das Krematorium gesprengt, im Zellenbau die Stehbunkerzellen zerstört, alle Akten verbrannt, die die Häftlinge nicht auf die Seite geschafft hatten. Die Hölle sollte ungeschehen gemacht werden. Eine Woche zuvor hatte die Kommandantur an die Wachmannschaften gefälschte Wehrpässe, Wehrmachtsuniformen und Rucksäcke ausgeteilt.

Zu Beginn der Flucht am 28. April saß das Häftlingskommando noch bei Bongartz auf einem Pferdefuhrwerk, unterwegs verdrückte sich einer der Häftlinge nach dem anderen, Ziegler in München-Pasing. Bongartz schlug sich ebenfalls in die Büsche, er wollte wohl nach Hause an den Niederrhein. Unterwegs hielt ihn eine amerikanische Patrouille an und brachte ihn ins Kriegsgefangenenlager Heilbronn-Böckingen. Dort starb er so rasch, am 15. Mai 1945, daß zuerst einmal Freitod zu vermuten wäre. Aber beim Eintrag in die Totenliste steht «Oberfeldwebel, geboren 1901». Die für die SS typische Tätowierung der Blutgruppe schien bei ihm nicht entdeckt worden zu sein. Als Todesursache wird Tuberkulose genannt. Die auffallend gelbe Hautfarbe legt eine andere Todesursache nahe: Hepatitis oder Leberzirrhose. Bongartz erhielt ein Grab in der Soldatenabteilung des Friedhofs Böckingen: Reihe 17 Nr. 6. Noch heute wird es als Soldatengrab gepflegt.

Der SS-Mann Lechner kam ein Jahr lang in ein Internierungslager. Für seine Entlastung hatte er vorgesorgt, indem er sich von Georg Elser einen Persilschein schreiben ließ. Die Ehefrau eines Heidenheimer SS-Mannes nahm, da ihr Mann nun als Dachauer SS-Mann in Haft saß, mit den Elsers in Königsbronn Kontakt auf. Sie hoffte, Georg Elser lebe noch, und wollte ein Empfehlungsschreiben. Vor lauter Geschmacklosigkeit und Geschichtsverfälschung kam Attentatshausen kurz zu Ehren. Der Engländer Sigismund Payne Best, der über Elser soviel Unsinn in die Welt gesetzt hat, nannte ihn auf einmal in einem Brief von 1952 «meinen armen kleinen Freund». Der tote Elser war doch der beste.

20 Der lange Weg
zur Anerkennung

Der Anschlag Elsers hinterließ zwei Schutthaufen: den ersten im Bürgerbräukeller, den zweiten in den Köpfen der Deutschen. Der geistige Trümmerberg konnte erst in den letzten dreißig Jahren allmählich abgetragen werden. Die fixe Idee der Nationalsozialisten, bei Elsers Anschlag handle es sich um ein Komplott des britischen Geheimdienstes und Otto Strassers, überlebte nicht lange, aber sie förderte die Grundstimmung, daß man den Nationalsozialisten alles zutrauen könne. Dafür schien neben technischen Fragen vor allem das lange Überleben des Attentäters zu sprechen. Man war gewohnt, daß die Nazis solche Gegner sofort umbrachten. Die Gleichung war einfach: Wer noch lebt, ist ein Komplize. Dann hätte man freilich auch viele überlebende Mitverschwörer des 20. Juli verdammen müssen, aber das war ja eine andere Geschichte, eine mit mehr Seriosität.

Den bösen Reigen der Verleumdungen, Elser sei ein SS-Mann gewesen, der Anschlag ein Unternehmen der NS-Führung selbst, eröffnete Martin Niemöller Anfang 1946. Er berief sich darauf, als einstiger Häftling in Sachsenhausen und Dachau Augen- und Ohrenzeuge gewesen zu sein: Er habe mit Elser gesprochen. Bei einer Reihe Veranstaltungen behauptete Niemöller, das Attentat sei «auf Befehl Hitlers erfolgt, um vor der breiten Masse den Glauben an die Wirksamkeit der so oft propagierten Vorsehung zu vertiefen». Elser sei «SS-Scharführer» gewesen, zwei Tage nach dem Attentat sehr sanft an der Grenze verhaftet worden und habe im KZ «Vorzüge» genossen: «Eine große Wohnung, Rundfunk, Bücherei und eine eigene Werkstatt standen ihm zur Verfügung.»

Diese Darstellung wurde in vielen Zeitungen und Rundfunkanstalten wiederholt und erreichte so die Familie Elser, die nichts von Georgs Verbleiben wußte. In Stellvertretung für die Mutter schrieb die Tochter Anna Lober an Niemöller. Zuerst bestritt sie vehement, daß Georg in der SS gewesen sei. Die Familie wolle jetzt wissen, ob Georg noch lebe.

Anna Lober drückt die allgemeine Hilflosigkeit aus: «Im Dritten Reich wurden wir verfolgt und eingesperrt, die ganze Familie, und jetzt widerspricht sich auch alles. Wer wird daraus klar, wer spricht die Wahrheit und wer lügt und wer hat gelogen? Wozu hat man uns alle dann damals als Gefangene bis nach Berlin geschleppt? Wir unschuldige Menschen von der Sache nichts ahnten.»

Ein kluger Einwand: Warum wurden denn die Elsers damals verhört und verfolgt? Wozu die ganze Kriminaluntersuchung? Diese Fragen haben sich die Journalisten und Historiker die nächsten Jahre nicht gestellt. Einem anderen Zeitgenossen schrieb Niemöller noch unverhohlener, so daß sich der spekulative Charakter seiner Aussage von selbst offenbart: «Ich bin überzeugt, daß der Anstifter Himmler hieß.»

In seinem Antwortbrief an die Mutter Maria Elser ließ Niemöller als Argumente die KZ-Gerüchte über Georg Elser aufmarschieren. Tatsächlich habe er ihn nur einmal kurz sprechen können. Über das Attentat hätten sie nicht geredet, Elser habe ihm lediglich erzählt, seine Frau – gemeint war Elsa Härlen – habe Niemöllers Buch «Vom U-Boot zur Kanzel» gelesen.

Darauf die Schwester Anna Lober im Namen der Mutter: «Wissen Sie, Herr Pfarrer Niemöller, es ist sehr belastend für uns, daß alle Zeitungen und der Rundfunk in alle Welt hinausposaunen, daß mein Sohn bis 1939 in der SS [war]. Eine Zeitung brachte SS-Scharführer, die andern SA. Das alles ist nicht wahr. Er war bis zu seiner Festnahme 1939 in keiner Formation im Hitler-Regime. Das ganze

Dorf kann es bezeugen.» Dr. Lothar Rohde, Elsers Zellennachbar in Dachau, erzähle jetzt auch davon, Elser selbst habe ihm seine SS-Mitgliedschaft gestanden.

Mit dem Mißtrauen gegen solche Zeugen erweist sich Anna Lober ganz ihres Bruders würdig: «Einer, der nicht mehr am Leben ist, kann sich nicht mehr verteidigen. Da kann man ruhig noch mehr auf ihn abladen.» Kompromißlos rechnet sie mit allen Schwätzern ab: «Es gibt Leute, die sich wichtig machen und von der Sache doch nichts wissen.»

Selbstverständlich erhielten die Elsers keine Antwort. Niemöller sah keinen Anlaß, auch nur einen Millimeter von seiner Version abzurücken. Als jedoch der Münchner Untersuchungsrichter Dr. Naaf 1951 Niemöller vernahm, legte der Pastor schnell den Rückwärtsgang ein und unterschlug die einst so beliebte These vom SS-Mann Elser und vom NS-Charakter des Attentats. In einer Fernsehsendung des NDR im Jahr 1965 sagte er nur noch, er hatte den Eindruck, daß Elser «ein braver, nüchterner Handwerker» war. Die Welt der Lagergerüchte hat sich in Nichts aufgelöst.

Das Hörensagen aus dem KZ-Untergrund fand 1949 Eingang in das Standardwerk von Hans Rothfels zur deutschen Opposition gegen Hitler. Der Autor bezweifelte, daß Elser «unter die einsamen Fanatiker gerechnet werden kann». Was für eine Alternative! Keinen der Verschwörer vom 20. Juli hielt Rothfels für einen Fanatiker. Man könnte in diesem Geist ergänzen, daß Elser alles fehlte: der richtige Stallgeruch, blaues Blut und das Abitur. Kurz, ein Mann ohne gesellschaftliche und politische Legitimation.

Hans Rothfels fügt eine absonderliche Begründung hinzu: «Die öffentliche Meinung sah als erwiesen an, daß es sich um einen zweiten Fall van der Lubbe handelte, um einen gekauften ‹agent provocateur›: aller Wahrscheinlichkeit nach war sie auf dem richtigen Wege.» Rothfels scheint bereits vergessen zu haben, daß noch vier Jahre zuvor die NSDAP die öffentliche Meinung bestimmte. Für abweichende Stimmen gab es keine Öffentlichkeit.

Die Einschätzung von Rothfels hält sich lange in den grundlegenden historischen Werken der fünfziger und sechziger Jahre über Hitlers Zeit, so bei Allan Bullock, Gerhard Ritter, Eberhard Zeller usw. Erst der bahnbrechende Aufsatz von Anton Hoch und die Edition des Berliner Verhörs durch Lothar Gruchmann in den Jahren 1969/70 haben diese Meinung als Irrtum erwiesen.

Ein anderer Teil der intellektuellen Trümmer fand Aufnahme in neue Gerüchteküchen, in denen vor allem Journalisten am Herd standen. Die Münchner Handwerker, die Elser geholfen hatten, wurden immer wieder von Zeitungsleuten befragt und ließen sich zu der abenteuerlichen These verleiten, sie hätten damals gleich erkannt, daß es eine Höllenmaschine geben werde. Zeitzeugen halbwegs seriös zu befragen, darunter Elsers Freundinnen, gelang erst 1959 und 1964, immer unter der nachwirkenden NS-These vom Komplott hinter Elser und gesteuert vom Enthüllungsdrang der Unterhaltungspresse. Bei Wissenschaftlern fehlte zu dieser Zeit das Interesse an solider Quellensicherung.

Solange nach Kriegsende noch eine militante Gegnerschaft gegen Hitler gefragt war, lockte das quasi herrenlose Attentat Scharlatane an. Hans Loritz, 1940 bis 1942 Kommandant des KZ Sachsenhausen, brüstete sich auf einmal damit, er habe das Attentat gegen Hitler durchgeführt. Naujoks, der ehemalige Lagerälteste von Sachsenhausen, schilderte Loritz als «primitiv, rücksichtslos, korrupt», der Zeuge Jehovas Wauer hatte Loritz als Sadisten großen Formats erlebt. Damit war Elsers Befreiungstat in schlechteste Hände geraten. Loritz entzog sich der Debatte, am 31. Januar 1946 wählte er den Freitod.

Als der Königsbronner Steinbruchbesitzer Georg Vollmer 1941 im KZ Welzheim saß, schob seine verzweifelte Frau das Attentat einer kommunistischen Dreiergruppe um den Zürcher Musikalienhändler Kuch in die Schuhe. Die Stuttgarter Gestapo nahm diese Ausflucht nicht ernst. Vollmer selbst entwickelte die Phantasiegeschichte weiter, als er in seinem Entnazifizierungsverfahren Einspruch einlegte. Beherzt zauberte er eine zweite Version aus seiner Märchenkiste, mit einem Brief vom 17. März 1946 an den Bayerischen Rundfunk. Plötzlich entpuppte sich Vollmer als ein gewaltiger Antifaschist, der schon seit dem Reichstagsbrand von 1933 alles habe kommen sehen. Weil er sich damals als ein großer Nazigegner benahm, war es «nicht so unbegreiflich, daß Georg Elser [...] sich bei mir um eine Stelle in meinem Steinbruch bewarb». Vollmer zieht Elser mit Dorfklatsch herunter, um sich selbst zu profilieren. «Auch war er [Elser] in Gesellschaft mit Frauen leichtsinnig. Über seine Verhältnisse lebte er bestimmt und verkehrte meistens in Kreisen, die gewissermaßen ebenso wie er zu den Halbgebildeten gehörten. Er pflegte Umgang mit Menschen, die sich von jeder bürgerlichen Richtung abhoben und die man im Volksmund die ‹Halbherren› nannte.» Dann fügte Vollmer den ominösen Kuch aus Zürich hinzu und machte den ehemaligen Vorsitzenden des Konstanzer Trachtenvereins, Faistelhuber, den Elser bei der Verhaftung in Konstanz zu suchen vorgab, zum Mittelsmann, der Elser den Zugang zum Bürgerbräukeller verschafft habe. Elser interessierte sich nach Vollmer außergewöhnlich für die Sprengtechnik und sagte, er wolle in München in seinem Beruf arbeiten, dort werde er etwas schaffen, «wovon die ganze Welt sprechen werde». Elser sei «nur ein gekauftes Werkzeug» gewesen.

Das Märchen erreichte im August 1947 eine dritte Stufe. Nun führte Vollmer seine KZ-Haft auf seinen Widerstandskampf zurück. Mit dem Sprengstoff habe er nichts zu tun gehabt, das sei Sache des Sprengmeisters Kolb gewesen. Nächste Stufe: Bei der Verhandlung vor der Spruchkammer im September 1949 griff Vollmer endgültig in die Vollen: Elser wünschte von ihm Sprengstoff, «er wolle im Laufe des Herbstes noch etwas unternehmen, worüber die ganze Welt sprechen würde». Elser habe den Sprengstoff nicht erhalten. Elser sollte den Sprengstoff stehlen, um Vollmer politisch kaltzustellen.

Ein Vierteljahr später war das Märchen noch einmal weitergewachsen. Vollmer schrieb der Berufungskammer nach Stuttgart: Da Elser Sprengmittel brauchte, «erbat er diese von mir – und gelangte in ihren Besitz». Vollmer rückt also nahe an den Lieferanten.

Die nächste, nun schon sechste Stufe des Märchenprozesses fällt ins Jahr 1950, als Vollmer im Auftrag des Münchner Untersuchungsrichters von der Kripo vernommen wird: Kuch beschäftigte sich nach Vollmers neuester Meinung «nur mit Spionage», habe auch in einer englischen Widerstandsgruppe mitgemischt, die wieder Kontakte zu einer deutschen hatte. Der deutsche Geheimdienst sei Kuch auf die Spur gekommen. Dem Attentat stand das Propagandaministerium sehr nahe, Hitler selbst wußte nichts davon. Faistelhuber wurde mit der Überwachung Elsers beauftragt. Nach dem Grenzübertritt sollte Elser zwei Millionen Mark Belohnung bekommen. Vollmer nennt am Ende alles, was er sich da zusammenreimt, eine «Kombination». Ein phantasievoller Amateurdetektiv.

Die absurde Erzählung erreichte ihre Vollendung schließlich in der siebten Stufe von 1956, als Vollmer Wiedergutmachung für seine KZ-Haft verlangte, um steuerbegünstigt zu werden. Nun riskierte er alles: Er habe von Elsers Attentat Kenntnis gehabt und ihm den Sprengstoff selber zur Verfügung gestellt. Das Landesamt für Wiedergutmachung schrieb empört: «Der Kläger rühmt sich also jetzt der Beihilfe zu dem Attentat.»

Das bayerische Justizministerium leitete am 23. Februar 1950 ein Untersuchungsverfahren ein: gegen «Unbekannt wegen Sprengstoffattentat». Bald wurde es abgewandelt gegen Edgar Stiller, den einstigen Leiter des Zellenbaus in Dachau: wegen Beihilfe zum Mord an Georg Elser. Die Untersuchung führte Dr. Naaf, von dessen Fleiß noch heute fünf dicke Aktenbände zeugen. Die Ausrichtung änderte sich nochmals, als Naaf im September 1950 der Kriminalpolizei in Konstanz schrieb, das Verfahren diene «in erster Linie der Ermittlung der historischen Wahrheit». Naaf stellte bald fest, daß Elser der Alleintäter war, im öffentlichen Bewußtsein änderte sich dennoch nichts.

Zu dieser Zeit gab in Augsburg ein polizeibekannter Visionär seine Offenbarung der Kripo preis: Die Bombe sei in Höchst am Main von einem Herrn Assisi gebaut worden, der die «Zeitpompenherstellung» in England gelernt habe. Der Entdecker beschrieb der Polizei seine Vision und legte eine Zeichnung des Sprengapparats bei: Während Hitler im Bürgerbräukeller sprach, saß Assisi in einem größeren Zimmer an einem Tisch, die «Zeitpompe mit einem kleinen Gasbeutel» stand auf einem Stuhl. Zuerst explodierte die kleine Gasbeutelbombe im Zimmer, nach einer Sekunde «die Pompe im Keller». Herr Assisi ließ Hitler eine Viertelstunde vorher durch einen Hausburschen warnen. Die Augsburger Polizeidirektion schrieb dazu, der Denunziant sei seit 1927 als Schizophrener bekannt und glaube, übernatürliche Kräfte zu besitzen. – Kein Grund, ihn zu belächeln, denn dieser Visionär war nicht verrückter als viele der Deutschen, auch viele Historiker und Journalisten, die damals noch fest an Nazi-Hintergründe von Elsers Anschlag glaubten.

Im selben Jahr 1946, in dem Niemöller seine These bekanntmachte, fand die historische Wahrheit einen streitbaren Vertreter. Mit der Aussage, Elser sei Alleintäter gewesen, wahrte Gisevius das Erbe seines hingerichteten Freundes Arthur Nebe, der schon im Dezember 1939 gesagt hatte: Elser allein hat das Attentat durchgeführt. Zwanzig Jahre später führte Gisevius dies weit umfangreicher aus in einer spannenden Studie über Nebe.

Der erste Ansatz einer grundlegenden Änderung der öffentlichen Meinung verdankt sich einem 1965 gesendeten Film des NDR. In der anschließenden Diskussion, bei der Heinz Boberach vom Bundesarchiv dabei war, galt Elser den Teilnehmern als Alleintäter. Ehemalige Häftlinge, die in der DDR ein Sachsenhausen-Archiv aufbauten, wurden dadurch aufgescheucht, konnten aber vor lauter Mißtrauen gegen den Westen mit Elser nichts anfangen. Der Attentäter blieb bis zum Ende der DDR tabu, in keinem der Werke über den Antifaschismus tauchte er auf, den Anschlag hatte es für die DDR-Geschichtsschreibung einfach nicht gegeben.

Bei der Fernsehdiskussion stellte sich nebenbei heraus, daß mehrere Fachleute das unveröffentlichte Verhörprotokoll bereits gelesen hatten. Schon 1958 hatte das Bonner Justizministerium das bis dahin unbekannte Protokoll dem Bundesarchiv Koblenz übergeben. Dennoch vertrödelte man zwölf Jahre, bis der Text endlich publiziert wurde.

Nach dem Aufsatz von Anton Hoch im Jahr 1969 und der Edition des Verhörs 1970 durch Lothar Gruchmann entfachte sich in Heidenheim eine Diskussion, die 1971 zur Benennung eines kleinen Parkes in Schnaitheim als «Georg-Elser-Anlage» führte. Die Vereinigung der Verfolgten des Naziregimes in Heidenheim stellte dort im nächsten Jahr einen schlichten Gedenkstein mit einer Bronzetafel auf. Der Schnaitheimer katholische Pfarrer Hermann Pretsch nahm 1979 den Abriß des Bürgerbräus in München zum Anlaß, über Elser einen gründlichen Zeitungsartikel zu schreiben. Wie Pretsch erlebt hatte, unterlag Elsers Tat selbst in Schnaitheim, wo der Schreiner den ersten Sprengversuch gemacht hatte, Zweifeln: «Denn selbst Altersgenossen Elsers, Arbeiter in Schnaitheim, die vor dem Krieg der KPD angehörten, geben zu, daß der Verdacht in ihren Reihen auch noch nicht völlig verschwunden ist, obwohl auch sie ihn mit keinem Faktum stützen können.»

Auf unkonventionelle Weise beschäftigte sich 1978 der englische Germanist Joseph Peter Stern mit Elser in seinem Werk «Hitler. Der Führer und sein Volk». Auf einmal fand auch die «Frankfurter Allgemeine» Anschluß an den verpönten Attentäter. Für Stern war Elser «der Mann ohne Ideologie: Hitlers wahrer Antagonist». Stern stellte sich gegen die Überbetonung des 20. Juli, glorifizierte seinerseits Elser als den Typ des «kleinen Mannes». So konstatierte er bei ihm «simple moralische und politische Vorstellungen», glaubte, Elser habe nicht abstrakt denken können, er sei altmodisch gewesen wie die mit ihm untergehende Handwerkerwelt. Auch wenn Stern Elser zuletzt allzusehr überhöhte, indem er ihn in einem Zug mit Kafkas Weltgefühl nannte, so bereicherte seine Interpretation dennoch die Diskussion der nächsten zwanzig Jahre. Mit der Zuschreibung einer Ideologielosigkeit verlor Elser freilich viel von seinen sozialen Motiven, seine Bindung an Arbeiterinteressen fiel unter den Tisch, seine Individualität ging unter.

Von den späten siebziger Jahren an nahm Elsers Ansehen kontinuierlich zu. Es folgten ein Theaterstück von Peter Paul Zahl, eine erste Biographie von Helmut Ortner und eine Flut von Zeitungsartikeln, die den damaligen Kenntnisstand popularisierten. Neue Materialien suchte indes niemand, man hatte am alten noch genug zu verdauen.

Gewichtige neue Anstöße gelangen ab 1988 dem Heidenheimer «Georg-Elser-Arbeitskreis». Initiator war Gerhard Majer, der das Theaterstück «Schorsch – der Attentäter aus dem Volke» herausgebracht hatte. Das Buch des Arbeitskreises ist noch heute grundlegend. Viele Mitglieder trieb der Ärger über die örtliche Rommel-Glorifizierung an, während der Widerstandskämpfer Elser keines Sterbenswörtchens wert schien. Darüber hinaus herrschte Unzufriedenheit damit, daß der Heimatort Königsbronn untätig blieb. Der dortige Bürgermeister pflegte anfragende Journalisten nach Heidenheim zu schicken. Georg Elsers Cousin Hans Elser hatte familiäre Gründe, er kannte seinen Verwandten «als einen liebenswürdigen, guten, hilfsbereiten Freund» der Eltern in Königsbronn. Ihm ging es darum, ihn zu rehabilitieren – und damit auch die Familie. Eine persönliche Aufforderung, etwas für Georg zu unternehmen, bekam er 1979 von Stern nach einem Vortrag in Heidenheim.

Durch den Elser-Film von Klaus Maria Brandauer im Jahr 1989 wurde Elser bundesweit bekannt. Bei der Uraufführung kam es zu einem einmaligen Treffen: neben Brandauer der Bruder Leonhard Elser, der Freund Eugen Rau und der Sohn Manfred Bühl.

Wenn eine Anerkennung von Dauer sein soll, braucht sie außer Publikationen auch Orte öffentlicher Erinnerung. Nach Schnaitheim folgte 1983 Konstanz mit einer Tafel am Verhaftungsort im Garten neben der Grenze, anläßlich des 50. Jahrestages von Hitlers

Machtergreifung – wie immer verbunden mit Debatten, in denen Elser zwar nicht als SS-Mann verdächtigt, aber das Attentat abwehrend behandelt wurde. Die konservative Strömung unter den Konstanzern wollte vom ganzen Thema lieber nichts wissen, die fortschrittliche nahm sich des verkannten Widerstandskämpfers an. Der «Konstanzer Anzeiger» unterstützte das Unbehagen der Ruhebedürftigen, schützte dafür mangelnde lokale Anknüpfung vor, offenbarte aber bloß die eigene Unkenntnis: «Es ist noch nicht einmal bekannt, wie lange der Königsbronner Schreiner in Konstanz überhaupt lebte.» Ein Blick ins Verhörprotokoll hätte diese Frage in wenigen Minuten beantwortet.

Im Jahr 1989 ließ die Münchner Stadtverwaltung, zehn Jahre nach dem Abbruch des Bürgerbräukellers, eine Gedenktafel genau an der Stelle anbringen, wo einst die gesprengte Säule gestanden hatte: im neuen Kulturzentrum am Gasteig. Der Ort – die Tafel ist in den Boden eingelassen – und der eng gesetzte Text machen das Gedenken an Elser fast unsichtbar. Wer die Tafel nicht kennt, läuft achtlos darüber hinweg.

Im selben Jahr folgte ein Georg-Elser-Platz im Konstanzer Stadtteil Peterhausen, eigentlich nichts als eine Wiese bei der Polizeizentrale. Niemand wird dadurch aufgescheucht, es gibt dort keine Wohnadressen, der Name taucht postalisch nicht auf. Endlich 1995 eine Gedenktafel auch in Königsbronn an dem Gebäude, in dem dann zwei Jahre später die Georg-Elser-Gedenkstätte eingerichtet wurde. Hier finden sich neben den Fotos, die auch in der Berliner Dauerausstellung zu sehen sind, Gegenstände von Georg Elser: Musikinstrumente, Uhren, die er mit Schreinergehäusen einfaßte, eine Hobelbank, die er für seinen damals kleinen Bruder Leonhard baute.

Ebenfalls 1997 erreichte nach langen Widerständen und massivem Desinteresse des offiziellen München eine lokale Initiative die Einrichtung eines kleinen Georg-Elser-Platzes in der Türkenstraße, nahe bei Elsers Zimmer und bei den Handwerkern, die einst beim Attentat ungewollt mitgeholfen hatten. Die bisher letzte Aktion in dieser Reihe: Die Stadt Stuttgart nannte 1999 eine Staffel zwischen Diemershaldenstraße und Gerokstraße Georg-Elser-Staffel. Die Schwester Maria Hirth wohnte 1939 allerdings auf der anderen Talseite, in der Lerchenstraße 52 beim Hoppenlau-Friedhof.

Die Gedenkstätte Deutscher Widerstand in Berlin sorgte 1997 für die endgültige Anerkennung Elsers, als sie eine vorzügliche Ausstellung einrichtete. Zwei Duplikate dieser Ausstellung wandern seitdem durch die Bundesrepublik. Die Lexikographen bestätigten inzwischen den Rang Elsers als Widerstandskämpfer: In jedem neueren Lexikon läßt sich sein Name finden.

Quellennachweise

Abkürzungen
F-DRA: Frankfurt a. M., Deutsches Rundfunkarchiv
LB-SA: Ludwigsburg, Staatsarchiv
M-IfZ: München, Institut für Zeitgeschichte
M-SA: München, Staatsarchiv

1 Hitler spricht unter der tickenden Bombe
Englisches Flugblatt in Boberach, 2. Bd., S. 372 f., französisches Flugblatt, ebenda, S. 430 f. / Goebbels, Teil 1, Bd. 3, S. 632 – 636 / Hitlers Rede, erhalten in F-DRA, zeigt über 200 Abweichungen gegenüber dem Erstdruck. Die Rede nach dem Frankfurter Tonband gedruckt nur bei Schoebe (leider mit vielen Fehlern); der Erstdruck des Manuskriptes in Völkischer Beobachter, 10. 11. 1939 / Hitler: Der Führer spricht, 1939 (Sonderdruck in 3 Millionen Stück); Ders.: Aufrufe, 1941, S. 54 – 65; Domarus, Teil I, 2. Bd., S. 1405 – 1414 / im F-DRA Platten mit der Erinnerungsfeier vom 8. 11. 1939 und dem Staatsakt vom 11. 11. 1939.

2 Der Attentäter scheitert an der Grenze
Joseph Rovan: Geschichten aus Dachau, S. 286 / Hochhuth: Panik, S. 147 f. / Berichte von Rieger und Zipperer, 15. 12. 1939, in M-IfZ, ZS / A-17 / 5 / Vernehmungen Rieger und andere 1950 in M-SA, NSG 25 / 1 / zu Bavaud siehe Rolf Hochhuth: Panik; Ders.: Tell, S. 38; Meienberg: Es ist kalt; Hoffmann: Sicherheit des Diktators, S. 116 – 118 / Interview Otto Grethe 1964 in M-IfZ, ZS / A-17 / 1.

3 Die Explosion

Interview Maria Strobl in M-IfZ, ZS / A-17 / 3 (in eigenmächtiger Abänderung verwendet von Günter Peis: Zieh' dich aus, Georg Elser, in: Bild am Sonntag, Hamburg, 8. 11. 1959 [die ganze Serie strotzt von Fehlern]) / Augenzeugin auf der Galerie mit dem Schaukel-Empfinden im Berliner Lokalanzeiger, 11. 11. 1939 / Hamburger Augenzeugenbericht in Schoebe, S. 33 f. / Bericht aus dem Krankenhaus und Augenzeugen im Mittagsblatt (Hamburg), 11. 11. 1939 / Münchener Neueste Nachrichten, 9. (?) 11. 1939, zitiert bei Ortner, S. 47 / Berliner Lokalanzeiger, 11. 11. 1939 (hier auch der Ingenieur Wipfel des Reichsautozugs, sein Name in der Berliner Volkszeitung 11. 11.) / Dr. Kaffl in Völkischer Beobachter, 10. 11. 1939 / ein weiterer Augenzeuge in Neue Zürcher Zeitung, 10. 11. 1939, Abendausgabe / Streicher, in Bleiber: Die Rückseite des Hakenkreuzes, S. 319 / Todesanzeigen in Völkischer Beobachter, 12. 11. 1939.

4 Der Schutthaufen wird untersucht

Albert Zoller: Hitler privat, S. 181 / Sprengstoffgutachten Vogl / Wittmann vom 9. 11. 1939 in M-IfZ, ZS / A-17 / 5, gedruckt Steinbach / Tuchel: Ich habe den Krieg verhindern wollen, S. 58 f. / spätere Darstellung von Dr. Albrecht Böhme 1949 in M-IfZ, ZS 1939 / Diensttagebuch Groscurth, Abschrift 15. 11., in M-IfZ, ZS / A-17 / 5 / Privattagebuch Groscurth, S. 225 / Zitat Oster bei Hoffmann: Widerstand, S. 320.

5 Das Echo auf den Anschlag

SD-Berichte ab 23. 10. 1939 in Boberach, 2. Bd., S. 382 ff. / zum Heimtückegesetz vgl. Bernward Dörner: Gestapo und ‹Heimtücke›, in: Paul / Mallmann (Hg.): Die Gestapo – Mythos und Realität, S. 325–342 / Goebbels, Teil 1. Bd. 3, S. 637 f. / Rommel, 15. 11. 1939, zitiert bei Hochhuth: Panik, S. 145 / Rosenberg: Tagebuch, S. 107 f. / Berliner SD-Leitabschnitt, 18. 11. 1939, in Koblenz, Bundesarchiv / Äußerungen in Oberbayern über das Attentat in M-SA, LRA 58 708, LRA 11 182, LRA 11 214, LRA 11 133 / Fall Wilhelm Jung in Mallmann / Paul: Das zersplitterte Nein, S. 108–111 / Deutschland-Berichte der Sozialdemokratischen Partei, 6. Jg. 1939, S. 1023 ff. / Erzählung des ehemaligen politischen Buchenwald-Häftlings Albert Fischer, eines Kommunisten, mir gegenüber am 21. 3. 1999 im Metzinger Naturfreundehaus / Wunderlich,

S. 26 / Erklärung von Landesbischof Wurm in Stuttgart, Landeskirchliches Archiv; andere Materialien verstreut in den Pfarrämtern.

6 Die Spuren verdichten sich

Nebes Vermutung und Arbeit nach Gisevius: Nebe, S. 174 ff. / über die Saalsicherung E. Schmitt, Göppingen, in M-IfZ, ZS / A-17 Nr. 34 / Stellungnahme von Freiherrn von Eberstein, 1964 ebenda, ZS 539 / Interventionen des Innenministers in M-SA, Gestapo 16 / Venlo-Entführung: Schellenberg, S. 96 ff.; Best: The Venlo Incident; Brissaud: Die SD-Story; Goebbels, Teil 1, Bd. 3, S. 646; Klemperer: Die verlassenen Verschwörer, S. 146 ff. (in der Einschätzung ziemlich unsinnig); Hoffmann: Widerstand, S. 156 f.; Lang: Gestapo, S. 185 ff. / Gutachten des Patentamts, Berlin, 17. 11. 1939, in M-IfZ, ZS / A-17 / 5 ; dazu Dr. Böhme (um 1965) in ebenda, ZS 1939, S. 51 ff. / Rupert Mayer in Gritschneder: Ich predige weiter, S. 185 / Erinnerungen von Weiß-Rüthel in Potsdam, Brandenburgisches Landeshauptarchiv, Pr. Br. Rep 35 H Sachsenhausen Nr. 25 / Interviews Huber 1964 / 66 in M-IfZ, ZS 735 / Steckbrief im Hamburger Tageblatt und Berliner Lokalanzeiger, 12. 11. 1939 / Zeugenvernehmung Rauschenberger 1950 in LB-SA, EL 48 / 4 Bü 1, Bl. 9 – 15 / Zeugenvernehmung Rappold 1950, ebenda, Bl. 16 / Interview mit Holl um 1959 in M-IfZ, ZS / A-17 / 1.

7 Die Königsbronner in Berlin

Zeugenvernehmung der Elsers und anderer 1950, in LB-SA, EL 48 / 4 Bü 1 / Interview mit Elsa Härlen, damals Votteler, um 1964, in M-IfZ, ZS / A-17 / 3 ; daraus machte ein Journalist eine phantasievoll ausgeschmückte Version, in: Der Stern Nr. 20, 17. 5. 1964.

8 Geständnis und Verhör

Interview Huber 1966 in M-IfZ, ZS 735 (mit etlichen Fehlern) / Goebbels, Teil 1, Bd. 3, S. 642 f. / das Verhörprotokoll nach Elser: Autobiographie, eine vergrößerte Fotokopie des einzigen Archivexemplars in der Georg-Elser-Gedenkstätte, Königsbronn / Nebes Faustregel in Gisevius: Nebe, S. 115 / Hitler über Elser in Picker: Hitlers Tischgespräche, S. 144 / Elsers «Denkmal» in der gesamten Presse am 22. 11. 1939.

9 Totenkult: der Staatsakt vom 11. November

Für den NS-Totenkult Behrenbeck und Ackermann / Totenfeier 9. 11. 1939 nachgedruckt bei Schoebe, S. 29–32 / detaillierter «Aufmarschbefehl» für die Totenfeier 10. / 11. 11. 1939 und «Regieprogramm» für den Staatsakt in M-SA, NSDAP 89 (darin Zeichnung mit der Aufstellung) / Artikel über die Totenfeier und Heß' Rede in Völkischer Beobachter, 12. 11. 1939 / Übertragung der Trauerfeier, 11. 11. 1939, in F-DRA / SD-Bericht vom 13. 11. 1939 über den Staatsakt in Boberach, 3. Bd., S. 449.

10 Die Suche nach den Hintermännern

Angebliche Reise Elsers 5. 11. nach Zürich in Schweizerische Bodensee-Zeitung, 23. 11. 1939 / Verbot der Schweizer Zeitungen in Boelcke: Kriegspropaganda, S. 222 / Elser-Akte in Bern, Schweizerisches Bundesarchiv, C.2.102, Dossier Otto Strasser, Bd. 1 und 2 (als erster hat Odenwald aus dieser Akte zitiert).

11 Attentatshausen

Bericht des Journalisten Tollmein über seine Nachforschungen in Königsbronn in M-IfZ, ZS / A-17 / 3 / Zeugenvernehmungen der Elsers 1950 in LB-SA, EL 48 / 4 Bü 1 / Schicksal Niederhofers in Süddeutsche Zeitung, 22. 6. 1946 / Gespräch Rau in: Gegen Hitler, 1989, S. 72 / Gespräch Niedermann unter Wetzel in M-IfZ, ZS / A-17 / 3 / Gespräch Elsa Härlen unter Stephan ebenda / Entnazifizierungsakte Waldenmaier in LB-SA, EL 902 / 10 AZ. 22 / 1 b / 19784 / Entnazifizierungsakte Vollmer ebenda, EL 902 / 10 AZ. 22 / 28 / 1054 / 537 / Wiedergutmachungsakte Vollmer ebenda, EL 350 / zu Vollmers Versuch, Elser aus der Lohnliste auszuradieren, siehe Notizen über eine Fernsehsendung im NDR, 9. 11. 1965, in Sachsenhausen, Archiv der Gedenkstäte KZ Sachsenhausen, XVIII, 11.

12 Jugend und Berufsjahre in Königsbronn

Sippschaftsbogen in M-IfZ, ZS / A-17 / 5 / zu Georgs Eltern die Zeugenvernehmung von Paul Bässler 1950 in LB-SA, EL 48 / 4, Bü 1, Bl. 19 ff. / Zeugenvernehmung der Mutter 1950 ebenda, Bü 1 / Verhör in Elser: Autobiographie, S. 28 ff. / Interview Elsa Härlen 1959 liegt unter Votteler in M-IfZ, ZS / A-17 / 3.

13 Freieres Leben am Bodensee
Elser: Autobiographie, S. 49 ff., Sexualleben S. 73 f. / Dornier Chronik, S. 16 ff.; Dornier: Aus meiner Ingenieurlaufbahn; Wachtel: Claude Dornier / Fotos vom Bauablauf einer zweischichtigen, zweiflügeligen Holzluftschraube, in Friedrichshafen, Archiv des Zeppelin Museums / Konstanz, Stadtarchiv, gedruckte Einwohnerbücher / Bern, Schweizerisches Bundesarchiv, Dossier Otto Strasser, Ermittlungsbericht Elser.

14 Zurück nach Königsbronn
Elser: Autobiographie, S. 58 ff. / Interview Egetemaier in M-IfZ, ZS / A-17 / 1 / Leserbrief von Josef Schurr 25. 1. 1947 in Schwäbische Donau-Zeitung, Ulm, nachgedruckt in Zahl: Elser, 1. Aufl., S. 146–148 / Gienger SA-Schläger in Kleinschmidt / Bohnert: Heidenheim, S. 125, Wahlergebnisse ebenda, S. 32 / Interview Elsa Härlen unter Votteler in M-IfZ, ZS / A-17 / 3 Nr. 43 / Zeugenvernehmung Elsa Votteler in LB-SA, EL 48 / 4 Bü 1 / Vollmers Ludwigsburger Akten genannt in Kapitel 11 / Erinnerung von Hans Elser in: Gegen Hitler – gegen den Krieg, S. 73 / Zeugenvernehmung Bässler in LB-SA, EL 48 / 4 Bü 1 / Gespräch Grupp in M-IfZ, ZS / A-17 / 1 / Zeugenvernehmung Maria Elser zur umstrittenen notariellen Regelung von 1936 in LB-SA, EL 48 / 4 Bü 1, Bl. 4; dazu Leonhard Elser ebenda, Bl. 37 R.

15 Der Entschluß zum Attentat
Elser: Autobiographie, S. 65 ff. / Nachprüfung des fehlenden Zünderrohlings 1938 in M-IfZ, ZS / A-17 / 5 / über die Kriegsfurcht ab Anfang 1937 in Zittel: Volksstimmung Schwaben, S. 21 ff. / Gisevius: Nebe, S. 214.

16 Die Vorbereitungen
Elser: Autobiographie, S. 85 ff. / Interview Michael Aigner um 1959 in M-IfZ, ZS / A-17 / 1 / Rauswurf wegen Elsa erwähnt bei Leonhard Elser in LB-SA, EL 48 / 4 Bü 1, Bl. 37 R / Zeugenvernehmung Karoline Schmauder 1950 ebenda, Bl. 35 f. / Interview Bertha Schmauder in M-SA, ZS / A-17 / 3 Nr. 27 / Arbeit Elsers bei Vollmer, Zeugenvernehmung Bässler 1950 in LB-SA, EL 48 / 4 Bü 1, Bl. 22 / Interview des Onkels Elser in M-IfZ, ZS / A-17 / 1 / Eugen Rau über den

Abschied von Georg Elser in: Gegen Hitler – gegen den Krieg, S. 67 ff. / Zeugenvernehmung Elsa Härlen unter Votteler in M-IfZ; ZS / A-17 / 3 Nr. 43.

17 Nachtarbeit im Bürgerbräukeller

Widerstand in München in: Verdunkeltes München, S. 67 f. / Rosa Lehmann gab drei verschiedene Schilderungen: 1.: Peis: Zieh' dich aus, Georg Elser!, in: Bild am Sonntag, 8. November 1959; 2.: Aktennotiz Lehmann 1969 in M-IfZ, ZS / A-17 / 2 Nr. 52; 3.: Hella Schlumberger: Türkenstraße, S. 652, S. 657, S. 691 – 698 / Nachtarbeiten nach Zeugenvernehmung Bässler 1950 in LB-SA, EL 48 / 4 Bü. 1.

18 Im Konzentrationslager Sachsenhausen

Schellenberg, S. 110 f. / Best über Elser im Dachstock in M-SA, NSG 25 / 2, Bl. 87 / über die geänderten Sinneswahrnehmungen im Zellenbau vgl. Buzengeiger / Erinnerungen von Ernst Eggert in Potsdam, Brandenburgisches Landeshauptarchiv, Pr. Br. Rep 35 H Sachsenhausen Bd. 8 / 2, Bl. 125 – 129 / Emilio Büge: 1470 KZ-Geheimnisse, in Bonn, Archiv der sozialen Demokratie der Friedrich-Ebert-Stiftung, Typoskript, S. 200 / Brief Niemöllers an Elsers Mutter, 23. 3. 1946, in M-SA, NSG 25 / 2 Bl. 21 / Wunderlich S. 38, S. 21 / Erinnerungen von Arnold Weiß-Rüthel in Potsdam, Brandenburgisches Landeshauptarchiv, Pr. Br. Rep 35 H Sachsenhausen Nr. 25 / Wunderlich über das Grauen vor dem Zellenbau ebenda, Bd. 8 / 3, Bl. 411 / Erinnerungen von Paul Wauer in M-SA, NSG 25 / 2 Bl. 24 / zwei Darstellungen Usslepps in M-IfZ, ZS / A-17 / 4 / gründliche Widerlegung von Best und Usslepp durch Hoch / mein Interview mit Franz Josef Fischer in Gruibingen am 18. 11. 1998 / 10 000 Häftlinge unterwegs nach Dachau in: Kupfer-Koberwitz, S. 234.

19 Das Ende im KZ Dachau

Zeugenvernehmung Lechner 1951 in M-SA, NSG 25 / 2, Bl. 153 – 156; Interview Lechner 1959 in M-IfZ, ZS / A-17 / 2 (diese spätere Version ist stark verharmlost) / Zeugenvernehmung Johann Neuhäusler 1951 in M-SA, NSG 25 / 2, Bl. 252 / Dr. Michael Höck ebenda, Bl. 59 ff, Karl Kunkel Bl. 177, 213 ff.; Dr. Corbinian Hofmeister im selben Band / allgemein wichtige Zeugenliteratur aus Dachau: Carls, Langbein, Goldschmitt, Neuhäusler, Schätzle, Hess, Kupfer-Koberwitz, Rost, Bakels, Joos, allgemein zur Einführung Kimmel. / Hitlers politisches Testament, S. 120 ff. / Kopie des Mordbefehls vom 5. 4. 1945 in M-SA, NSG 25 / 2, Bl. 3 ff. / über Elsers letzte Lebensstunden Karl Schmitt in M-SA, NSG 25 / 4, Paul Wauer ebenda, 25 / 2, Bl. 11 ff., Dr. Lothar Rohde ebenda, Bl. 71 f., die beiden Häftlinge im Krematorium August Ziegler ebenda, Bl. 195–198, und Franz Geiger ebenda, Bl. 269–272, der Kapo des Krematoriumskommandos Emil Mahl ebenda, 25 / 3, Bl. 3 ff. Gesamtdarstellung von Dr. Naaf, ebenda, 25 / 4, Bl. 28 ff., Best über seine Erlebnisse am 9. 4. abends ebenda, 25 / 2, Bl. 87 f. / Die erste Beschäftigung mit Bongartz und Elsers Tod bei Kimmel, S. 406 f. / zum Krematorium Hess, S. 181–183; Carls S. 128 f. / Antrag des Untersuchungsrichters Dr. Nikolaus Naaf M-SA, NSG 25 / 5, Bl. 31 / Akte Bongartz des SS-Rasse und Siedlungshauptamts in Berlin, Bundesarchiv / Personenbeschreibung Bongartz in M-SA, NSG 25 / 2, Bl. 170 / zum Grab von Bongartz siehe Heilbronn, Stadtarchiv, Böckingen Ord. 7.

20 Der lange Weg zur Anerkennung

Niemöller in Nürnberger Nachrichten, 2. 2. 1946 / Briefwechsel Marie Elser (= Anna Lober) mit Niemöller in M-SA, NSG 25 / 2, Bl. 14 a–22 / Zeugenvernehmung Niemöller 1951 ebenda, Bl. 190 / Notizen über die NDR-Sendung, 9. 11. 1965, in Sachsenhausen, Archiv der Gedenkstätte, XVIII, 11 / Rothfels, S. 66 f.; weitere Literatur zu dieser Linie siehe Hoch / Naujoks S. 167 / Wauer über Loritz in M-SA, NSG 25 / 2, Wauer ebenda seine Memoiren, S. 16 / Vollmer-Akten in LB-SA, EL 48 / 4 Bü 1 und hier im Kapitel 11 genannt / Ulmer Zeitungsartikel über Elser in: Schwäbische Donau-Zeitung 7. 1. 1947 / Akten Dr. Naaf in M-SA, NSG 25 / Augsburger Phantasieanzeige in M-SA, NSG 25 / 1, Bl. 86–90 / Stern, S. 128, S. 135, S. 145.

Bibliographie

Archive

Basel (Öffentliche Universitätsbibliothek), Berlin (Bundesarchiv), Bern (Schweizerisches Bundesarchiv), Bonn (Archiv der sozialen Demokratie in der Friedrich-Ebert-Stiftung), Frankfurt/Main (Deutsches Rundfunkarchiv), Frauenfeld (Kantonsbibliothek), Friedrichshafen (Archiv des Zeppelin Museums), Freiburg/Breisgau (Erzbischöfliches Archiv), Heidenheim (Stadtarchiv), Heilbronn (Stadtarchiv), Koblenz (Bundesarchiv), Königsbronn (Georg-Elser-Gedenkstätte), Konstanz (Stadtarchiv), Limburg (Diözesanarchiv), Ludwigsburg (Staatsarchiv), Mainz (Dom- und Diözesanarchiv), München (Institut für Zeitgeschichte, Staatsarchiv), Nürnberg (Staatsarchiv), Potsdam (Brandenburgisches Landeshauptarchiv), Sachsenhausen (Archiv der Gedenkstätte des KZ Sachsenhausen), St. Gallen (Staatsarchiv), Stuttgart (Landeskirchliches Archiv), Trogen (Kantonsbibliothek).

Literatur

Ackermann, Volker: Nationale Totenfeiern in Deutschland. Stuttgart 1990

Albrecht, Ulrike: Das Attentat, München 1987

Bakels, Floris B.: Nacht und Nebel. Der Bericht eines holländischen Christen aus deutschen Gefängnissen und Konzentrationslagern. Frankfurt a. M. 1979

Baur, Hans: Mit den Mächtigen zwischen Himmel und Erde. Coburg [9]1993

Behrenbeck, Sabine: Der Kult um den toten Helden. Vierow 1996

Berthold, Willi: Die 42 Attentate auf Adolf Hitler. München 1981

Best, S(igismund) Payne: The Venlo Incident, London o. J. [1950]

Bleiber, Beatrice, und Helmut (Hg.): Die Rückseite des Hakenkreuzes. München [2]1994

Boberach, Heinz (Hg.): Meldungen aus dem Reich. Die geheimen Lageberichte des Sicherheitsdienstes der SS. 17 Bände. Herrsching 1984

Boelcke, Willi A. (Hg.): Kriegspropaganda 1939–1941. Stuttgart 1966

Bramsted, Ernst K(ohn): Goebbels und die nationalsozialistische Propaganda 1925–1945. Frankfurt a. M. 1971

Brissaud, André: Die SD-Story. Zürich 1975

Broszat, Martin / Froehlich, Elke: Alltag und Widerstand. Bayern im Nationalsozialismus. München 1987

Burchardt, Lothar / Schott, Dieter / Trapp, Werner: Konstanz im 20. Jahrhundert. Konstanz 1990

Bumke, Oswald: Erinnerungen und Betrachtungen. Der Weg eines deutschen Psychiaters. München 1952

Buzengeiger W.: Tausend Tage Dachau # 309. O. O. u. J. (Ulm 1998)

Carls, Hans: Erinnerungen eines katholischen Geistlichen aus der Zeit der Gefangenschaft. Köln 1946

Christel, Albert: Apokalypse unserer Tage. Erinnerungen an das KZ Sachsenhausen. Frankfurt a. M. 1987

Deutsch, Harold C(harles): Verschwörung gegen den Krieg. Der Widerstand in den Jahren 1939–1940. München 1969

Deutschland-Berichte der Sozialdemokratischen Partei Deutschlands (Sopade). 6. Jg., 1939, Heft 9, Nachdruck Salzhausen 1980

Dörner, Bernward: Gestapo und ‹Heimtücke›. In: Gerhard, Paul / Mallmann, Klaus-Michael (Hg.): Die Gestapo – Mythos und Realität. Darmstadt 1996, S. 325–342

Domarus, Max (Hg.): Hitler. Reden und Proklamationen 1932–1945. Würzburg 1963

Dornier, Claude: Aus meiner Ingenieurlaufbahn. Zug 1966

Dornier. Die Chronik des ältesten deutschen Flugzeugwerks. Friedrichshafen 1983

Duffy, James P. / Ricci, Vincent L.: Target Hitler. The plots to kill Adolf Hitler: London 1992 (darin viel Unsinn, der nicht aussterben will)

Elser, Georg: Autobiographie eines Attentäters. Der Anschlag auf Hitler im Bürgerbräu 1939. Hg. und eingeleitet von Lothar Gruchmann. Stuttgart 1989 (1. Ausgabe 1970)

Gegen Hitler – gegen den Krieg! Georg Elser. Hg. vom Georg-Elser-Arbeitskreis. Heidenheim 1989

Gisevius, Hans Bernd: Bis zum bitteren Ende. 2 Bände. Zürich 1946

Ders.: Wo ist Nebe? Zürich 1966

Goebbels, Joseph: Die Tagebücher. Teil 1, Bd. 3. München 1987

Goldschmitt, Franz: Zeugen des Abendlandes. Saarlouis 1947

Gritschneder, Otto (Hg.): Ich predige weiter. Rupert Mayer und das Dritte Reich: Rosenheim 1987

Groscurth, Helmuth: Tagebücher eines Abwehroffiziers 1938–1940. Stuttgart 1970

Gross, K. A.: Zweitausend Tage Dachau. O. O. u. J. [um 1947]

Gruchmann, Lothar: Georg Elser, Tischlergeselle und Attentäter. In: Manfred Bosch, Wolfgang Niess (Hg.): Der Widerstand im deutschen Südwesten 1933–1945. Stuttgart 1984, S. 291–298

Harder, Alexander: Kriminalzentrale Werderscher Markt. Bayreuth 1963

Hassell, Ulrich von: Vom andern Deutschland. Zürich, Freiburg 1946

Heiber, Helmut: Der Fall Grünspan. In: Vierteljahreshefte für Zeitgeschichte, 5, 1957, S. 134–172

Herbst, Ludolf: Die Krise des nationalsozialistischen Regimes am Vorabend des Zweiten Weltkrieges und die forcierte Aufrüstung. In: Vierteljahreshefte für Zeitgeschichte, 26, 1978, S. 347–392

Hess, Sales: Dachau. Eine Welt ohne Gott. Nürnberg 1946

Hitler, Adolf: Aufrufe, Tagesbefehle und Reden des Führers im Kriege 1939/41. Karlsruhe 1941

Ders.: «Es spricht der Führer». Gütersloh 1966

Hitlers politisches Testament. Hamburg 1981

Hoch, Anton: Der Attentäter aus dem Volke. In: Ders./Lothar Gruchmann: Georg Elser: Der Attentäter aus dem Volke. Der Anschlag auf Hitler im Münchner Bürgerbräu 1939. Frankfurt a. M. 1980 (1. Fassung 1969)

Hochhuth, Rolf: Panik im Mai. Reinbek bei Hamburg 1989

Ders.: Teil 38. Dankrede für den Basler Kunstpreis 1976. Reinbek 1979

Hoffmann, Peter: Die Sicherheit des Diktators. München, Zürich 1975

Ders.: Widerstand – Staatsstreich – Attentat. München ³1979

Hrdlicka, Manuela R.: Alltag im KZ. Das Lager Sachsenhausen bei Berlin. Opladen 1992

Joos, Joseph: Leben auf Widerruf. Begegnungen und Beobachtungen im KZ Dachau 1941–1945. Olten 1946

Kershaw, Jan: Der Hitler-Mythos. Stuttgart 1980

Kimmel, Günther: Das Konzentrationslager Dachau. Eine Studie zu den nationalsozialistischen Gewaltverbrechen. In: Bayern in der NS-Zeit. Bd. II, Teil A. München, Wien 1979, S. 349–413

Kleinschmidt, Heiner/Bohnert, Jürgen (Hg.): Heidenheim zwischen Hakenkreuz und Heidenkopf. Heidenheim 1983

Klemperer, Klemens von: Die verlassenen Verschwörer. Berlin 1994

Kornbichler, Thomas: Adolf-Hitler-Psychogramme. Band II. Frankfurt a. M. 1994

Kupfer-Koberwitz, Edgar: Die Mächtigen und die Hilflosen. Als Häftling in Dachau, 2 Bände. Stuttgart 1957

Lang, Jochen von: Die Gestapo. München 1990

Langbein, Hermann: Die Stärkeren. Ein Bericht aus Auschwitz und anderen Konzentrationslagern. Köln ²1982 [S. 58–88 Dachau]

Langemann, Hans: Das Attentat, Hamburg o. J. [1956]

Luik, Arno / Thomma, Norbert: «Ich sprenge die Regierung in die Luft». In: die tageszeitung, Berlin, 31. 3. 1995, S. 12 f.

Mallmann, Klaus-Michael / Paul, Gerhard: Das zersplitterte Nein. Saarländer gegen Hitler. Bonn 1989

Mang, Thomas: Retter um sich selbst zu retten. Die Strategie Rückversicherung, Dr. Karl Ebner, Leiter-Stellvertreter der Staatspolizeistelle Wien 1942–45. Magisterarbeit Wien 1998 [darin über den Gestapochef F. J. Huber]

Meienberg, Niklaus: Es ist kalt in Brandenburg. Ein Hitler-Attentat. Zürich 1980

Michelet, Edmond: Die Freiheitsstraße. Dachau 1943–1945. Stuttgart 1960

Müller, Josef: Bis zur letzten Konsequenz. München 1975

Naujoks, Harry: Mein Leben im KZ Sachsenhausen 1936–1942. Berlin 1989

Neher, Franz Ludwig (unter Pseudonym Peter Hilten): Einer gegen Hitler. In: Echo der Woche vom 10. 12. 1948 – 25. 2. 1949

Neuhäusler, Johannes: Kreuz und Hakenkreuz. Der Kampf des Nationalsozialismus gegen die katholische Kirche. 2 Bände. München 1946

Ders.: Wie war das in Dachau? Ein Versuch, der Wahrheit näherzukommen. München ³1961

Odenwald, Gottfried: Georg Elser und Karl Kuch. In: Heimat- und Altertumsverein Heidenheim an der Brenz, Jg. 1995 / 96, S. 288–306 [Weiterentwicklung der von Vollmer ausgehenden Märchen]

Ortner, Helmut: Der Einzelgänger, Rastatt 1989, 2. Aufl.: Der einsame Attentäter. Göttingen 1993

Peis, Günter: Zieh' dich aus, Georg Elser! In: Bild am Sonntag, ab 8. 11. 1959 (mehrteilige Serie)

Petry, Ernst / Peis, Günter: Der Attentäter. In: Der Stern, Jg. 1964, Nr. 18–20

Picker, Henry: Hitlers Tischgespräche im Führerhauptquartier 1941–42. Stuttgart ³1976

Pretsch, Hermann: Wohin mit dem Schnaitheimer Schreiner? In: Stuttgarter Zeitung, 10. 11. 1979

Renz, Ulrich: Lauter pflichtbewußte Leute. Köln 1989

Rosenberg, Alfred: Das politische Tagebuch. München 1964

Rost, Nico: Goethe in Dachau. Hamburg 1981

Rothfels, Hans: Die deutsche Opposition gegen Hitler. Krefeld 1949

Rovan, Joseph: Geschichten aus Dachau. München, Zürich 1992

Rürup, Reinhard (Hg.): Topographie des Terrors. 7. Aufl. Berlin 1987

Sauer, Paul: Württemberg in der Zeit des Nationalsozialismus. Ulm 1975

Schätzle, Julius: Wir klagen an! Stuttgart o. J. [1946]

Schellenberg, Walter: Hitlers letzter Geheimdienstchef. Rastatt 1986 [Erinnerungen]

Scheytt, Stefan / Schrön, Oliver: Unerschrocken zugepackt – Von den Nazis belohnt – Ein Orden aus Bonn: Der Mann, der Georg Elser verhaftete. In: Die Zeit, Nr. 48, 24. 11. 1989 [über Waldemar Zipperer]

Schlumberger, Hella: Türkenstraße. München 1998

Schmädecke, Jürgen / Steinbach, Peter (Hg.): Der Widerstand gegen den Nationalsozialismus. München, Zürich 1985

Schnabel, Thomas (Hg.): Formen des Widerstandes im Südwesten 1933–1945. Ulm 1994

Schoebe, Gerhard: Die Hitler-Rede vom 8. November 1939. Hamburg 1960

Schwäbische Tüftler. Stuttgart 1995, S. 28–33 [Ausstellungskatalog]

Seeger, Andreas: Gestapo-Müller. Berlin 1966

Sheppard, Stephen: Georg Elser. Roman. München 1989

Sigel, Robert: Im Interesse der Gerechtigkeit. Die Dachauer Kriegsverbrecherprozesse 1945–1948. Frankfurt a. M. 1992

Sigl, Fritz: Todeslager Sachsenhausen. Berlin 1948, Nachdruck 1986

Steinbach, Peter / Tuchel, Johannes: «Ich habe den Krieg verhindern wollen». Georg Elser und das Attentat vom 8. November 1939. Berlin 1987

Steinbach, Peter: Johann Georg Elser: «... seinem Ziele denkbar nahe gekommen». In: Zeitgeschichte, Wien, Jg. 1990, S. 349–363

Stern, Joseph Peter: Hitler. Der Führer und sein Volk. München 1978

Strasser, Otto: Hitler und ich. Konstanz 1948

Tuchel, Johannes / Schattenfroh, Reinhold: Zentrale des Terrors. Prinz-Albrecht-Straße 8. Das Hauptquartier der Gestapo. Berlin 1987

Vermehren, Isa: Reise durch den letzten Akt (10. 2. 44 bis 29. 5. 45). Hamburg 1946 [S. 171–179 über Dachau und Elser]

Wachtel, Joachim: Claude Dornier. Planegg 1989

Weisz, Franz: Die geheime Staatspolizei. Staatspolizeistelle Wien 1938–45. Diss. Wien 1991 [darin über F. J. Huber]

Wunderlich, Rudolf: Konzentrationslager Sachsenhausen bei Oranienburg 1939–1944. Frankfurt a. M. 1997

Zahl, Peter-Paul: Johann Georg Elser. Ein deutsches Drama, Berlin 1982 [die Heidenheimer Fassung Grafenau 1996]

Zittel, Bernhard: Die Volksstimmung im Dritten Reich im Spiegel der Geheimberichte des Regierungspräsidenten von Schwaben. In: Zeitschrift des Historischen Vereins für Schwaben, 66, 1972, S. 1–58

Zoller, Albert: Hitler privat. Erlebnisbericht seiner Geheimsekretärin. Düsseldorf 1949

Personenregister

Georg Elser, Adolf Hitler und Heinrich Himmler werden nicht aufgeführt, da sie ständig vorkommen.

Quellennachweis der Abbildungen

Süddeutscher Verlag – Bilderdienst: S. 11, 31, 108
Staatsarchiv München: S. 24 (NSG 25 / 1, Bl. 76), S. 237 (NSG 25 / 3, Bl. 48)
Bayerische Staatsbibliothek München: S. 73 (Fotoarchiv Hoffmann Nr. 218)
Schweizerisches Bundesarchiv Bern: S. 75, 211 (E 4320 [B] 1970/25, Bd.1,
    Dossier C.2.102)
Hellmut G. Haasis: S. 77, 167, 190, 225
Bundesarchiv Berlin: S. 82 (Bild 183 / R99218), 241
Gedenkstätte Deutscher Widerstand, Berlin: S. 135, 137, 143, 153, 191, 204,
    205, 219
Familienbesitz Elser: S. 152, 161
Privatbesitz: S. 158

Nachtrag
zur Taschenbuchausgabe

Einige der Ergänzungen verdanke ich Lesern oder Zuhörern. So meldete sich einmal bei mir der Sohn eines ehemaligen Konstanzer Soldaten. Der Vater Joseph Zepf, geboren 1900, 17. 12. 1939 bis 10. 4. 1940 stationiert bei der 41. Landesschützenkompanie in Konstanz, führte ein Kriegstagebuch von 14 Heften. Am 6. April 1940 lernte er in einer Konstanzer Gaststätte nahe beim Kreuzlinger Zoll den Zollbeamten Rieger kennen, der Elser verhaftet hatte. In dem Tagebucheintrag erleben wir stiefelsdick die Großspurigkeit des Mitläufers Rieger. Später, in den 50er Jahren, jammerte Rieger, nach Elsers Verhaftung sei er lange von der Gestapo beobachtet, provoziert und verfolgt worden. Kein Wort davon ist wahr. In Wirklichkeit begegnen wir 1940 einem Großmaul, dessen hirnrissiges politisches Denken charakteristisch ist für einen großen Teil dieser Generation. Damit man sich selbst ein Bild machen kann, sei dieser Tagebucheintrag vollständig wiedergegeben.

«6. April 1940
Bei einem Dämmerschoppen in der Spanischen Weinhalle führte mich der Zufall mit jenem Mann zusammen, der den Attentäter im Bürgerbräu am 9. November 1939, Elser, bei seinem versuchten Übertritt über die Grenze gefaßt hatte. Im Laufe des Abends erzählte er des Langen und Breiten den Hergang der Verhaftung, fügte aber dauernd die Bemerkung hinzu, daß er vieles nicht erzählen dürfe und auch nicht wolle. Ich vermute, er tut es deshalb nicht, weil

der Prozeß noch im Gange ist, in den, wie er sagt, eine Unmenge Menschen verwickelt sind und noch verwickelt werden. An der Verhaftung habe noch ein Kollege von ihm teilgenommen, der erst 2 Tage im Zolldienst verwendet gewesen sei, und wenn auch mit Unrecht sich rühmen dürfe, dem Vaterland einen Dienst erwiesen zu haben. Mit Unrecht, denn er habe sich so feig und unbeherzt benommen, daß er ihm mal ein Musterbeispiel von Mut habe geben wollen und müssen.

Die Verhaftung selber habe aber ihn selbst, Rieger, so aufgeregt, daß er sich nicht mehr an alle Vorgänge erinnern könne. Und doch habe Elser außer ein paar beschriebenen Zetteln keine weiteren Dokumente bei sich getragen. Daß Rieger aber einen schweren Jungen vor sich gehabt habe, habe ihm der sichere Instinkt gesagt, der ihm zu eigen sei und ihm ungemein wichtige Dienste leiste. Zum Dank für seine Tat sei er zum Oberleutnant befördert worden. Tatsächlich hat er diese Uniform auch getragen. Er meinte am Schluß seines Berichtes: ‹Wer hätte auch geglaubt, daß aus dem einfachen Bauernbüblein Xaver Rieger einmal ein Oberleutnant werde?›

Dann ging er auf das Gebiet der Politik über und vertrat sehr selbständige Ansichten in einer allerdings etwas geheimnisvollen Art. Obwohl er zunächst geglaubt habe, der Krieg gehe bis Ende Mai zu Ende, sei er nunmehr der Überzeugung, er werde noch lange gehen. Der Führer werde wenig Blutopfer verlangen und noch so lange zuwarten, bis die russische Ostseeflotte fertig sei und durch den Nord-Ostseekanal in den Großen und Kleinen Belt einlaufen werde. Rußland habe auch dahinten irgendwo eine Flotte bei Japan. Auch diese werde erscheinen und zwar auf dem Wege da oben herüber ungefähr beim Nordpol. Dann wehe England! Frankreich breche innerlich zusammen, weil es alt und morsch ist. Trotzdem werde es der Führer schonen, denn wir haben ja nichts gegen dieses Land. Es werde wohl wie Böhmen und Mähren ein deutsches Protektorat werden.

Nach diesen mit Beifall aufgenommenen Darlegungen kümmerte

er sich um Sophie, die er fortgesetzt in den Armen hielt und ver-
küßte. Selbst die alte Köchin bekam von dieser Liebe etwas ab. Als
dann nach einiger Zeit eine in einen Haarpelz gekleidete Schickse
das Lokal betrat, war auch diese bald in seinen Armen, doch benahm
er sich sehr zurückhaltend, abgesehen davon, daß er ihren Kopf
öfters an sich drückte und ihr ins Ohr flüsterte. Sie muß aber
irgendwie gerochen haben, daß er beim Zoll war, und machte sich
rasch aus dem Staub. Rieger versicherte uns, er sei überzeugt, daß
sie eine Spionin sei, und meinte, er werde schwer hinter ihr her
sein. Wir trennten uns ganz vergnügt nach diesem 4-stündigen
Beisammensein.»

Soweit der Augenzeuge Zepf. Die Atmosphäre ist fidel, die Umgebung so frei, daß Rieger ungeniert eine irrwitzige Weltkriegsstra-
tegie von sich geben kann, unter Beifall der Umgebung. Ein entlar-
vender Einblick in die Hirne der Biertischkrieger, die mit ähnlichem
Schwachsinn noch lange nach 1945 den Nazikrieg zu verharmlosen
pflegten.

Ein andermal bekam ich Verbindung zu Curt Letsche in Jena, der
1939/40 zur selben Zeit wie Elser im Reichssicherheitshauptamt
(RSHA) bei der Gestapo inhaftiert war, Letsche unten in der einzigen Doppelzelle des Hausgefängnisses, Elser oben in einem besonderen Zimmer. Im März 2000 erzählte Letsche in Jena Manfred Maier
und mir seine Geschichte. 1912 in Zürich geboren, aufgewachsen in
Ulm und heute in Jena als Schriftsteller lebend, war Curt Letsche ab
1935 selbständiger Buchhändler in Freiburg/Breisgau und wurde
von den Nazis beobachtet, weil er Literatur der Bündischen Jugend
verkaufte. Letsche reiste für den Stuttgarter Widerstandskämpfer
Fred Brockamer alle vier bis sechs Wochen nach Basel, um Briefe an
deutsche Exilanten nach Paris aufzugeben und ihre Antworten aus
seinem Postfach abzuholen. Am 30. 9. 1939 wurde er in Freiburg von
der Gestapo verhaftet, nach Berlin ins RSHA gebracht und im Keller
festgehalten. Bei den Verhören bekam er die Abschrift eines seiner

Briefe vorgelegt, den er in Basel aufgegeben hatte. Damit war ihm klar: Ein Basler Postbeamter spielte den Gestapospitzel, schrieb die Post ab und gab sie der Gestapo weiter.

Letsche wurde von der Gestapo auch nach Otto Strasser gefragt. Er hatte tatsächlich einmal mit Strasser gesprochen, in dessen Wohnung in Wetzwil und in Brockamers Auftrag. Strasser deutete vage die Möglichkeit eines Attentats an. – Ein alter Wunschtraum. – Sonst hatte Letsche mit Strasser nichts zu tun, stand nur lose im Kontakt zu einem Basler Eisenbahner, einem Verbindungsmann Strassers, und bekam Strassers Zeitschrift «Schwarze Front» ins Basler Postfach geliefert. Letsches Aufgabe war, für Brockamer die politische Willensbildung und Meinung der deutschen Emigration zu ermitteln: Sind die Exilanten verstritten oder gibt es eine Einheitsfront? Brockamer flog gleichzeitig mit Letsche auf, wurde im Stuttgarter Gestapogefängnis «Hotel Silber» aufs schwerste gefoltert, vom Volksgerichtshof verurteilt und im Zuchthaus Ludwigsburg inhaftiert; er starb vor Kriegsende auf dem Hohenasperg.

Letsche selbst hat Elser nie gesehen, er lag in der Doppelzelle mit Henning Barth aus Frankfurt / Main, der wegen eines Wirtschaftsverfahrens verhaftet war. In einem oberen Stockwerk des RSHA sah Barth eines Tages, als er zum Verhör geführt wurde, wie Elser in einem Zimmer an einen Heizkörper gekettet war. Elser kam nie runter in den Gefängniskeller, er wurde oben festgehalten, sein Aufenthalt sollte den Häftlingen verborgen bleiben. Die Gefangenen, sofern sie miteinander reden konnten, hielten Elsers Attentat für eine Machenschaft der Nazis selbst. Elsers Aussehen war ihnen frisch im Gedächtnis, kurz vorher war im «Völkischen Beobachter» der große Enthüllungsartikel erschienen (22. November 1939). Zu ihrer Verblüffung lasen die Häftlinge darin, Elser werde zur Zeit in München verhört, während sie durch den Augenzeugen wussten, daß Elser bei ihnen in Berlin inhaftiert sei.

Letsche, am 30. 1. 1940 ins Berliner Gefängnis Lehrter Straße verlegt, überlebte den Krieg im Zuchthaus Ludwigsburg. 1957 übersiedelte er in die DDR, wurde Kreisbibliothekar bei Magdeburg und ein erfolgreicher Schriftsteller: 40 Bücher, darunter populäre Werke über den Widerstand und Kriminalromane.

Fritz Schmidt (Augsburg) machte mir die Aussagen einer Sekretärin des RSHA (Reichssicherheitshauptamt) zugänglich, die einst bei Elsers Verhör dabeigewesen war. Das Schriftstück fand er im Bundesarchiv Berlin, Außenstelle Dahlwitz-Hoppegarten (Signatur: ZC 14162/Akte 5). Ursula Juknat geb. Behnke aus Köpenick war von Februar 1939 bis Ende 1944 Stenotypistin im RSHA Referat IV a 1 (Verfolgung der Kommunisten), dann II A 4. Ihre Aussage bald nach Kriegsende zu Elser festigt die bisher gewonnenen Erkenntnisse: «Im November 1939 habe ich als Stenotypistin im Fall *Elser* mitgeschrieben, der das Attentat auf Hitler im Bürgerbräukeller verübt hat. Elser wurde beim Überschreiten der Schweizer Grenze festgenommen, ohne daß man gleich wußte, daß er der Täter war. Man nahm später die ganze Familie von Elser fest, da man annahm, daß er Hintermänner gehabt habe. Durch die Untersuchungshaft stellte sich aber heraus, daß Elser die Tat allein ausgeführt hat. Durch Sprengstoffdiebstahl und Zünderdiebstahl hat er sich das Material für die Höllenmaschine beschafft. Er war wohl mal Mitglied der KPD oder des KJVD gewesen, ohne aber irgendwie politisch organisiert gewesen zu sein. Er erklärte, als er nach dem Grund seiner Tat befragt wurde, Kriegsgegner zu sein. Er hatte angenommen, wenn Hitler mit den anderen Führern vernichtet werde, daß dann der Krieg beendet sei. Die Zusammenkunft im Bürgerbräukeller sah er als beste Gelegenheit an. Bevor *Elser* ins KL. Sachsenhausen kam, hat er lange Zeit im Amt in einem besonderen Zimmer gesessen und rekonstruierte da nochmals die zur Tat benutzte Höllenmaschine. Er kam später ins Lager. Warum man ihn nicht verurteilt hat, habe ich nie erfahren können.»

Hermann Pretsch, in den 70er Jahren katholischer Pfarrer von Heidenheim-Schnaitheim, gelang es 1981, Elsers kommunistischen Freund Josef Schurr zu einer langen Erzählung über die Gespräche mit Elser 1938/39 zu bewegen. Peter-Paul Zahl saß daneben und griff für sein Theaterstück auf die versteckt mitlaufenden Tonkassetten zurück; die schwierigsten Dialektpassagen übersetzte Pretsch. Wie Zahl mir soeben aus Jamaika schrieb, sind diese Aufnahmen 1988 einem Hurrikan zum Opfer gefallen. Zahl ist sich aber sicher, daß Schurrs Spuren im Elser-Theaterstück zu finden seien. «Da hab' ich den O-Ton Schurr benützt. Hermann Pretsch, der nicht nur Theologie studiert hat, sondern auch Psychoanalyse, hat Josef Schurr für mich befragt. Ich hielt nur das große Mikrofon, das ich vom SFB kriegte, *unter* den Tisch, [um] den alten Mann nicht zu verwirren. *Mir* hätte er diese Auskünfte nie erteilt. Pretsch gelang es, das Langzeitgedächtnis komplett freizulegen. (…) [Ich] hab' große Teile des Interviews / der Transskription [d. h. der Übersetzung von Pretsch] Wort für Wort in mein Stück übernommen. Else [Härlen] und Schurr waren damals ja die einzigen, denen Elser sich andeutungsweise offenbarte; daher waren sie am Tag nach der Tat auch sicher, daß E. der Attentäter war.»

Zahls Theaterstück erscheint somit teilweise in einem neuen Licht. Freilich könnten sich bei Schurr spätere Ideen oder die Erzählungen anderer mit der eigenen Erinnerung vermischt haben. Viele Passagen von Zahls Stück sind gewagte Rekonstruktionen. So trägt Zahl Passagen des Berliner Gestapoprotokolls in die frühere Zeit zurück. Am meisten authentisch sehen für mich die Gespräche vom November 1938 und Sommer 1939 aus, als Schurr von einer orthodoxen KP-Position aus Elser kritisierte (Erstausgabe S. 47–50, 73–76). Recht kühn dagegen die Konstruktion der Arbeitergespräche bei Waldenmaier im Sommer 1938 (S. 20–25).

Erfrischend wirkte eine Kritik aus Wismar. Jürgen Bartsch, Sprengmeister, ließ mich wissen, Elsers Kopfschmerzen von Anfang August 1939 seien nicht psychosomatisch zu erklären, sondern durch den Sprengstoff. «Donarit 3 ist ein nichtgelatinöser Ammonsalpetersprengstoff, der auch Sprengöl (Nitroglyzerin, Nitroglykol) enthält. Dieses Sprengöl kann gesundheitsschädigende Wirkungen hervorrufen.» Noch heute lassen sich nach Sprengungen Beschwerden feststellen. «Die Nähe zu seinem [Elsers] Sprengstoff-Koffer muß ungefähr die Auswirkung gehabt haben, als wenn er ständig beim Arbeiten mit den Sprengstoff-Patronen deren Ausdünstungen einatmet.» – Als Elser nach München umzog, hörten die Kopfschmerzen auf. Der Koffer stand im Flur von Lehmanns, zu Elsers Zimmerchen gab es genügend Distanz.

Eine absolute Ausnahme unter den frühen journalistischen Arbeiten über Elser stellt eine Artikelserie von Erwin Roth in Heidenheim (1956) dar, ein Ruhmesblatt für den Lokaljournalismus. Roth schloß sehr richtig aus der Befragung von Verwandten wie Bekannten, Elser müsse allein und aus lauteren Motiven gehandelt haben. Im ganzen Blätterwald klang es noch jahrzehntelang anders. Roths Pionierleistung ging leider unter.

Schon damals und bis in die Gegenwart lag «Der Spiegel» auf groteske Weise falsch. Rudolf Augstein antwortete am 11. 1. 1960 Roth, der das Thema Elser empfohlen hatte: «Das Attentat im Bürgerbräukeller beschäftigt mich schon seit längerem, ich habe in dieser Sache auch einmal einschlägig gearbeitet. Leider sind die Zusammenhänge so wenig aufzuhellen, daß wir uns nichts davon versprechen können, das interessante Thema anzupacken.»

Daran hat sich auch 40 Jahre danach nichts geändert. Als ich dem «Spiegel» eine Zusammenfassung meiner Funde und eine Widerlegung aller Legenden und Gerüchte über Elser anbot, rief ein Redakteur an: sie seien nur an Ergebnissen interessiert, die das Elser-Bild der neuesten Forschungen völlig umstürzten. Auf meine Frage, was er denn erwarte, kam eine unschlagbar dümmliche Antwort: Erwarten würden sie von mir zum Beispiel Elsers Tagebuch, das er in München während der Vorbereitung des Attentats führte.

Beim Magazin «Focus» war es nicht besser: Ein Redakteur bezweifelte in arrogantem Ton, daß ich etwas Neues gefunden habe, wollte wissen, ob ich dazu überhaupt fähig sei, verlangte, ich müsse von irgendeinem Institut ein Gutachten über die Echtheit meiner

Entdeckungen anfertigen lassen und dem «Focus» vorlegen, überhaupt hätte ich nach München zu kommen und dem Redakteur mein Material zu unterbreiten, damit er selber es prüfen könne. Die Identifizierung von Elsers Mörder und dessen Biographie samt Porträtfotos seien unwichtig, der sei doch bloß so ein SS-Saufkopf gewesen.

Weiteres Material zu Konstanz und den dortigen Kommunisten während Elsers Zeit fand ich im Freiburger Staatsarchiv. Über den Brand der Uhrenfabrik vom 23. März 1929 existiert eine eigene Akte. Nach den Unterlagen des Konstanzer Landratsamtes war 1932 die Linke in der Propaganda weit schwächer als die Rechte, am rührigsten die NSDAP, die KPD ungleich aktiver als die SPD.

Wer noch etwas anderes als Brandauers Film über Elser («Einer aus Deutschland», 1989) sehen will, kann sich bei der Kreisbildstelle Heidenheim den fast vergessenen Film «Der Attentäter» (Regie Rainer Erler, 1969) ausleihen. Leider nicht billig. Dieser Film beruht auf dem damals noch nicht publizierten Gestapoverhör und kommt dem wirklichen Elser sehr nahe. Hier sind Zeitzeugen zu sehen und zu hören, die heute nicht mehr leben und von denen es sonst kaum Interviews und Bildmaterial gibt.

Nachträge zu Quellen und Literatur

Freiburg / Breisgau, Staatsarchiv:
B 715/1 Nr. 456 (Brand der Uhrenfabrik Schuckmann 1929, darin 8 Pläne von 1929/30)
B 700/1 Nr. 2284 (Verzeichnis der verbotenen Druckschriften, ab 1935).
B 715/2 Nr. 375 (Bekämpfung politischer Ausschreitungen, 1932).
ab 1.611 interessante Akten (ab 1919) zu den Kommunisten, Sicherheit und Ordnung, politische Lage, Aufruhr, Frühzeit der NSDAP, Emigranten usw.

Die Akte Elser (hg. von Uli Renz) (Schriftenreihe der Georg Elser Gedenkstätte in Königsbronn Bd. 1), o. O. u. J. (Königsbronn 2000) (26 S., das Elser-Dossier aus dem Schweizerischen Bundesarchiv Bern, leider ohne die dort liegenden Fotos aus dem Bestand der Berliner Gestapozentrale)

Barthel, Karl: Die Welt ohne Erbarmen. Bilder und Skizzen aus dem K.Z., Rudolstadt 1946 (S. 59–63, das Kapitel «Einundzwanzig», berichtet detailliert über die 21 jüdischen Häftlinge, die in Buchenwald am 9. November 1939 als Rache für Elsers Attentat erschossen wurden)

Elgers, Paul: Ein Giftpilz für die Kaiserin. Attentäter Report. Rudolstadt 1983, 2. Aufl. 1986 (über Elsers Attentat S. 155–185; aufgrund westlicher Quellen, die in der DDR nicht zugänglich waren; Elser wird nicht als Widerstandskämpfer gewürdigt, sondern in eine Reihe mit anderen Bombenlegern gestellt.)

Fritze, Lothar: Die Bombe im Bürgerbräukeller. Der Anschlag auf Hitler vom 8. November 1939. Versuch einer moralischen Bewertung des Attentäters Georg Elser, in: Frankfurter Rundschau, 8. 11. 1939, S. 9 (moralische Diskreditierung Elsers, faktisch jeder Form von Widerstand in einer Diktatur; diese revisionistische Generalabrechnung lancierte eine Redakteurin, die delikaterweise zur Familie Goerdeler gehört.)

Grießinger, Andreas (Hg.): Grenzgänger am Bodensee. Georg Elser – Verfolgte – Flüchtlinge – Opportunisten, Konstanz 2000

Ders.: Konjunkturen historischen Erinnerns – Auf dem Weg in eine Gesellschaft ohne Zeitzeugen. Nachtrag zu einer Kontroverse um Georg Elser, in: Ders. (Hg.): Grenzgänger am Bodensee, 2000, S. 147–157.

Ders.: Der lange Weg des Georg Elser ins Bewusstsein der Deutschen. in: Ders. (Hg.): Grenzgänger am Bodensee, 2000, S. 13–20

Groß, Alexander: Gehorsame Kirche. Ungehorsame Christen im Nationalsozialismus, Mainz 2000, S. 44 (Kardinal Faulhaber, gerne für den Widerstand reklamiert, ließ gleich einen Tag nach dem Attentat in der Münchner Frauenkirche den großen Hymnus «Großer Gott, wir loben dich» anstimmen. Noch nach dem Attentat von 1944 erwies sich Faulhaber als Hitler-Freund). S. 63/64: Karl Leisner, geh. 1915, lungenkrank, Diözesanjungscharführer im Bistum Münster, katholischer Theologiestudent, bedauerte den Fehlschlag von Elsers Anschlag, kam deshalb in Haft nach Freiburg und Mannheim, ins KZ Sachsenhausen und zuletzt nach Dachau, wo er heimlich zum Priester geweiht wurde. Bald nach der Befreiung starb er in einem Münchner Lungensanatorium.)

Haasis, Hellmut G.: Georg Elsers Attentat im Spiegel der NS-Presse und des Schweizer Journalismus. Regionale Aspekte zum Anschlag im Bürgerbräu am 8. November 1939, in: A. Grießinger (Hg.): Grenzgänger am Bodensee, 2000, S. 91–114

Hauber, Georgia: Georg Elser – Widerstand und Alltagserfahrungen, in: A. Grießinger (Hg.): Grenzgänger am Bodensee, 2000, S. 77–89

Heuer, Hans-Joachim: Die Geheime Staatspolizei. Über das Töten und die Tendenzen der Entzivilisierung, Berlin/New York 1995 (die Anwendung der Folter war alltäglich, keine Ausnahme von angeblich besonders sadistisch Veranlagten, außerdem waren häufig Sekretärinnen und Ärzte anwesend, die Komplizenschaft also breit und somit für alle entlastend)

Petrak, Josef (Worte)/Profes, Anton (Musik): Ich trag' im Herzen drin ein Stückerl altes Wien, ein Stückerl Seligkeit aus dieser Zeit. Wiener Lied (Duett) und langsamer Walzer aus dem Wien-Film «Wir bitten zum Tanz», Wiener Arion-Verlag (Elsers Lieblingslied auf der Zither, dessen Noten ihm im Frühjahr 1945 sein Dachauer SS-Bewacher Franz Leitner kaufte.)

Polzer, Wilhelm: Der Sachbeweis in der Kriminalistik, München 1938

Roth, Erwin: Der Geheimnisvolle von Zelle 13, in: Heidenheimer Zeitung, 10. und 11. 4. 1956

Ders.: Georg Elser – die Hand am Rad der Geschichte, in: Heidenheimer Zeitung, 21. 4. 1956

Schumann, Wolfgang / Hass, Gerhart (Leitung eines Autorenkollektivs): Deutschland im zweiten Weltkrieg, Berlin / DDR 1974, S. 216 (Dank an Hans W. Krause, Hamm)

Das Schwarze Corps, Jg. 1939, Nr. 48, 30. 11. 1939 (SS-Artikel über Elser, wodurch dessen Bild in den KZs und bis lange nach dem Krieg geprägt wurde)

Setzen, Florian Henning: Der Hitler-Attentäter Georg Elser und die vermeintlichen «Hintermänner» in der Schweiz, in: Heimat- und Altertumsverein Heidenheim an der Brenz, Jg. 1997/98, S. 247–267 (Widerlegung von Odenwalds wild wuchernden Erfindungen)

Strasser, Otto: Mein Kampf, Frankfurt / Main 1969

Strauß, Christof: Kriegsgefangenschaft und Internierung. Die Lager in Heilbronn-Böckingen 1945 bis 1947, Heilbronn 1998 (heranzuziehen für das Ende von Elsers Mörder)

Weichelt, F.: Handbuch der gewerblichen Sprengtechnik, Halle 3. Aufl. 1956, S. 42/43 (über die gesundheitlichen Schädigungen durch Sprengöl: Herzkranz- und Arteriengefäße, heftige Kopfschmerzen)

Wittmann, Max: Weltreise nach Dachau. Ein Tatsachenbericht nach den Erlebnissen des Weltreisenden und ehemaligen politischen Häftlings, Stuttgart-Botnang 1946

Dank

Zum Schluß möchte ich mich bei Manfred Maier vom Georg Elser Arbeitskreis Heidenheim bedanken, mit dem ich immer wieder meine Funde und Überlegungen besprechen konnte.

Wehrmachtsausstellung, «Schindlers Liste», Goldhagen-Debatte: Bücher, die den Hintergrund beleuchten:

Omer Bartov
Hitlers Wehrmacht *Soldaten, Faschismus und die Brutalisierung des Krieges*
(rororo sachbuch 60793)

Christopher R. Browning
Ganz normale Männer *Das Reserve-Polizeibataillon 101 und die «Endlösung» in Polen*
(rororo sachbuch 60800)
Der Autor versucht nicht zu erklären, aber doch Gründe und beeinflussende Umstände dafür zu finden, wie «ganz normale Männer» zu Massenmördern gemacht werden konnten.

Jürgen Engert (Hg.)
Soldaten für Hitler
(rororo sachbuch 60794)

Peter Finkelgruen
Erlkönigs Reich *Die Geschichte einer Täuschung*
(rororo sachbuch 60792)

Helga Hirsch
Die Rache der Opfer *Deutsche in polnischen Lagern 1944 – 1950*
(rororo sachbuch 60774)
Über 100 000 deutsche Zivilisten, vor allem Frauen, Kinder und Alte, waren zwischen 1944 und 1950 in polnischen Lagern interniert, Zehntausende kamen um. Das Leid dieser vergessenen Opfer war tabuisiert, erst langsam brechen sie ihr Schweigen.

Hilde Kammer /
Elisabet Bartsch
Lexikon Nationalsozialismus *Begriffe, Organisationen und Institutionen 1933 – 45*
(rororo sachbuch 60795)
Dieses Lexikon erklärt nicht allein die Grundbegriffe der nationalsozialistischen Ideologie, sondern erläutert auch Namen und Funktionen der zahlreichen Einrichtungen und Organisationen des «Dritten Reichs».

Ian Kershaw
Der NS-Staat *Geschichtsinterpretationen und Kontroversen im Überblick. Erweiterte Neuausgabe*
(rororo sachbuch 60796)
Die Literatur über den Nationalsozialismus füllt ganze Bibliotheken, und es fällt schwer, sich einen Überblick zu verschaffen. Ian Kershaw, Autor der großen Hitler-Biographie, hat daher diesen Wegweiser durch das Bücherdickicht zum Ursprung und Wesen des Nationalsozialismus geschrieben. Diese Neuausgabe enthält ein Kapitel zur Goldhagen- und zur Wehrmachtsdebatte.

Klaus Harpprecht
«... und nun ists die!» *Von deutscher Republik*
(rororo sachbuch 60762)
Klaus Harpprecht zieht eine kritische Bilanz: Was wurde erreicht in den vergangenen fünfzig Jahren?

Barbara Hoffmeister / Uwe Naumann (Hg.)
Was die Republik bewegte
Fünfzig Zeitgenossen erinnern sich
(rororo sachbuch 60746)
Zum 50. Geburtstag der Bundesrepublik Deutschland haben 50 prominente Zeitgenossen sich jeweils ein Foto aus der jüngsten Geschichte ausgewählt und es kommentiert. Auf diese Weise ist eine subjektive Chronik der Republik entstanden – mit oft überraschenden Impressionen und Erinnerungen.

John Dos Passos
Das Land des Fragebogens
1945: Reportagen aus dem besiegten Deutschland
(rororo sachbuch 60600)

Hartwig Bögeholz
Wendepunkte – die Chronik der Republik *Der Weg der Deutschen in Ost und West*
(rororo sachbuch 60761)
Diese Chronik versammelt, was man über Politik, Gesellschaft und Kultur von 1945 bis 1999 wissen sollte – als nützliches Nachschlagewerk ebenso wie als Einladung zum Schmökern.

Wolfram Bickerich
Die D-Mark *Eine Biographie*
(rororo sachbuch 60770)
Wolfram Bickerich erzählt die wechselvolle Geschichte einer Gelddynastie, deren letzter und erfolgreichster Sproß die D-Mark war: Symbol des Wirtschaftswunders, Inbegriff von Stabilität. Ein Erinnerungsbuch für alle, die von der D-Mark geprägt wurden.

Ein Gesamtverzeichnis aller lieferbaren Titel der *Rowohlt Verlage* finden Sie in der *Rowohlt Revue*. Vierteljährlich neu. Kostenlos in Ihrer Buchhandlung.
Rowohlt im Internet:
www.rowohlt.de

rowohlts monographien
Begründet von Kurt Kusenberg, herausgegeben von Wolfgang Müller und Uwe Naumann.

Eine Auswahl:

Konrad Adenauer
dargestellt von
Gösta von Uexküll
(50234)

Kemal Atatürk
dargestellt von Bernd Rill
(50346)

Augustus
dargestellt von
Marion Giebel
(50327)

Willy Brandt
dargestellt von Carola Stern
(50232)

Heinrich VIII.
dargestellt von
Uwe Baumann
(50446)

Adolf Hitler
dargestellt von
Harald Steffahn
(50316)

Thomas Jefferson
dargestellt von
Peter Nicolaisen
(50405)

Karl der Große
dargestellt von
Wolfgang Braunfels
(50187)

Nelson Mandela
dargestellt von
Albrecht Hagemann
(50580)

Franklin Delano
Roosevelt
Alan Posener

Mao Tse-tung
dargestellt von
Tilemann Grimm
(50141)

Franklin Delano Roosevelt
dargestellt von Alan Posener
(50589)

Helmut Schmidt
dargestellt von Harald
Steffahn
(50444)

Claus Schenk Graf von Stauffenberg
dargestellt von
Harald Steffahn
(50520)

Richard von Weizsäcker
dargestellt von
Harald Steffahn
(50479)

Weitere Informationen in der
Rowohlt Revue, kostenlos in
Ihrer Buchhandlung, und im
Internet: www.rororo.de

rowohlts monographien
Begründet von Kurt Kusen-
berg, herausgegeben von
Wolfgang Müller und Uwe
Naumann.

Alfred Andersch
dargestellt von
Bernhard Jendricke
(50395)

Lou Andreas-Salomé
dargestellt von Linde Salber
(50463)

Bettine von Arnim
dargestellt von
Helmut Hirsch
(50369)

Jane Austen
dargestellt von
Wolfgang Martynkewicz
(50528)

Simone de Beauvoir
dargestellt von
Christiane Zehl Romero
(50260)

Wolfgang Borchert
dargestellt von
Peter Rühmkorf
(50058)

Albert Camus
dargestellt von
Brigitte Sändig
(50635)

Raymond Chandler
dargestellt von
Thomas Degering
(50377)

Joseph von Eichendorff
dargstellt von
Hermann Korte
(50568)

Ernest Hemingway
Hans Peter Rodenberg

Theodor Fontane
dargestellt von
Helmuth Nürnberger
(50145)

Frauen um Goethe
dargestellt von Astrid Seele
(50636)

Ernest Hemingway
dargestellt von
Hans-Peter Rodenberg
(50626)

Henrik Ibsen
dargestellt von
Gerd E. Rieger
(50295)

James Joyce
dargestellt von Jean Paris
(50040)

rowohlts monographien

Ein Gesamtverzeichnis der
Reihe *rowohlts mono-
graphien* finden Sie in der
Rowohlt Revue. Viertel-
jährlich neu. Kostenlos in
Ihrer Buchhandlung.
Rowohlt im Internet:
www.rowohlt.de